U0164653

美國

另外的一面

（從1898開始）

第三版

陳志海

香港大學法學士 / 御用大律師 / 資深大律師
香港大學榮譽院士 / 香港中文大學榮譽院士
嶺南大學榮譽法學博士

男兒當自強

　　陳志海在馬頭圍新邨和深水埗長大。他小學時曾經「考第尾」，老師的評語是「精神不集中，求學欠認真」。他中學時就讀於非傳統名校——利瑪竇書院（在兩年半內轉了三間分校）、南海紗廠（寄宿半工讀）和模範英文中學。他亦曾經在工廠當夜班雜工，高高興興地賺取「一蚊一個鐘」的工資。他會考成績平平，有幸可以在銘賢書院進修中六課程。

　　「將相本無種，男兒當自強」。他努力、努力、再努力，終於考入了中文大學崇基學院的歷史系，在那裏過了他人生中最快樂的一年校園生活。可是他人未在中環，心卻已經有了中環價值觀。他恐怕歷史系畢業「無錢途」，便自修報考香港大學的法律系。法律系對英文程度的要求是高的，但是他的會考成績只是有 D 的水平。他深信天下無難事，只怕有心人。他在決定報考之後，又再努力，用了大概半年的時間，在圖書館下了很多苦功，終於在高考英文科拿了個 A。當年的法律系，真的是少林寺式的訓練（三個同學之中有一個是升不上二年班的）。他在沉重的功課和考試壓力下仍然半工半讀，過了四年「爭分奪秒」的大學生活。當年來回深水埗和香港大學，加上晚上教書，每天都要用四小時在交通工具之上。他苦無讀書和思考的時間。怎樣辦？窮則變，變則通。他坐船時看書，坐車時思考，放暑假時閱讀來年的書本。他差不多每晚都讀到深夜，而在太疲勞之時，便在心裏唱一下《大丈夫》提神：「男兒一生要經過世上磨練共多少？男兒一生要幾次做到失望與心焦？我有無邊毅力，捱盡困難考驗……」但是，最多唱四句便要停，因為不可以花時間唱第五句。明早起床，又再搏過！有一晚夜闌人靜之時，他曾經「眼淚在心裏流」，卻不知道當時的「困難」

其實是上天的「恩賜」，不知不覺地給他帶來了年輕人最寶貴的資產：解決問題的能力。他超額完成學業，成為了當年法律系唯一的一個一級榮譽畢業生。

做見習大律師那一年是沒有薪酬的。他要養家，便繼續靠教書維生。他一星期教六個晚上和整個星期六的早上；連午飯時間，他也在師傅的寫字樓替人補習法律。其實，如果當年沒有教學工作，他是毫無疑問願意去做任何所謂「低下」的工作的（如清潔、搬運、侍應等等）。他不單會做，還會盡力做到最好。

1978 年陳志海成為大律師。開業的本錢，是他從一小時又一小時用心教書賺回來的。他的工作態度是案無大小，客無貧富，每件案都盡量做到最好。1994 年他成為御用大律師（主權回歸時改稱資深大律師）。他在法庭過了二十五年充滿挑戰的日子。

當人生的旅程走了一半有多之時，他想享受一下「從心所欲」的生活。有一天，他問自己三個問題：第一，「如果從明天開始上法庭沒錢收，我會否繼續做？」；第二，「如果不會做，我會否餓死？」；第三，「如果不會餓死，我會否悶死？」。對他來說，三個問題的答案都是明顯「不會」。於是他在五十四歲時毅然急流勇退，與世無爭。日中飲茶看書，享受古今中外前人遺留下來的文化遺產。雲與清風他常擁有，自得其樂。

四年之後，不知道他是「技癢」還是「愛財」而重操故業。不過，因他實在太享受「任我行」的生活，所以很快便放棄法律工作，重回到「從心所欲」的境界。

他希望用自己的經歷勉勵年輕人。他兩手空空，從深水埗一步一步地走上山頂。從前可能的事，為甚麼今天不可能呢？世界是不停在變的，今天的香港，已經不是從前的香港。我們不應該用二十多年前的心態看今天的世界，亦不應該用昨天的知識，指導今天的年輕人怎樣處理他們明天的事。但是，上游的機會依舊在，甚至更多和更大，雖然途徑是大大不同了。無論世界怎樣變，正確的人生態度仍然一樣：在重大的事情上，要作出「知情下之選擇」。定下了目標之後，要考慮自己的強項與缺點，繼而坐言起行，用最有效的方法及以最短的時間達標。一於勇往直前，搏盡無悔。盡人事而安天命，不枉此生。他在此告訴各位可能正面對窮困、無助或迷惘的年輕人：男兒當自強！不要怨天尤人了，不要再說是社會的錯了。站起來吧！把你認為社會的不公、他人的白眼等等都盡化為動力。從今天開始，「命運是對手永不低頭……成功只有靠一雙手……奮鬥」！

序

美國把「美國利益」包裝成「美國價值」

古時梁惠王見孟子，便問孟子：「叟，不遠千里而來，亦將有以利吾國乎？」孟子的回應是：「王何必曰利，亦有仁義而已矣。」為政之道，講求利益本是無可厚非的。但是，美國人在對外關係是不是往往都把「美國利益」包裝成「美國價值」？美國自己明明是梁惠王（以「美國利益」為先），卻要扮成孟子（講美國版的仁義：民主、自由、人權）。美國人是不是可以講一套，做一套，而卻又面不改容？美國人是不是對同一性質之事，人家做便是十惡不赦，自己做時卻是天經地義？特朗普（Trump）總統不同之處，是不是他開宗明義以「美國利益」為先？

不是全面之書

美國光輝的一面，對大多數英語世界的人來說可以說是耳熟能詳。有關美國正面的書籍，真的是俯拾皆是。美國參議員（桑德斯／Sanders）說：「如今，大多數媒體為少數幾家跨國公司所有，控制著美國人民的所見所聞。」而美國人的「所見所聞」，大多是美國光輝的一面。然而，正如一個人一樣，一個國家除了有光輝的一面之外，往往都有另外的一面。本書不是一本美國全面之書，並無意平衡美國的光輝面與陰暗面，而是聚焦於其陰暗的一面，希望令大家（在熟悉美國光輝面的前提下）對美國有比較全面的認識，不會在主流的美國文化下以偏概全、以點蓋面。

不是學術書

這一本書，是為大眾而寫的。本書的資料主要是從有關書籍（包括中文、英文，日文、德文、法文、俄文、韓文、越南文和柬埔寨文的中譯本）而來的，而不是基於原始文件。談論當代之事，是比較難看到原始文件的。有關文件一般都不公開，亦未解密。洩密者（把真相公諸於世）又少，因為後果會嚴重。

本書之目的

本書之目的是希望引發讀者的興趣，看完之後可能有意猶未盡的感覺（「到喉唔到肺」），亦可能有一點疑真疑假的迷惘（因為看到在西方主流教育下長大的人比較少看到的事物），因而產生好奇進一步去尋找更多的事實和評論，然後經過獨立思考，作出自己的判斷。本書紅色的部分，是希望透過提出問題，激發讀者的興趣和思考，並無表達我個人意見之意。無論如何，我的意見只是一個普通人之見，是沒有甚麼價值的。

求知態度

我們對任何重要事情，都應該以理性及全面的角度去了解。「先有結論」，然後利用一些手法（包括以偏概全、尋章擇句、斷章取義等）去「後找理據」，是走向文明的絆腳石。因為每一個人的背景都是不同的，所以

有人的地方，便會有左、中、右思想的人。既有建制，亦有泛民，還有中間是自然不過的現象。如果我們的思想是比較建制的，便應該多一點聆聽泛民的心聲，以求互相了解。反之亦然。我們不要因為他們的意見與我們不同，便以敵視的態度對他們作出人身攻擊，給他們扣了帽子後，便不理會他們所講的事實或者全盤推翻他們的論述。我們應該把焦點放在他們（不論是所謂「聖人」或是「魔鬼」）所講的事實是否正確。古人（陸九淵）有云：「凡事只看其理如何，不要看其人是誰。」換句話說，我們要對事不對人，不應因人廢言。我們不應該讓成見阻攔尋找真相之路。正所謂「事實不可歪曲，意見大可自由」。公正的事實，不應該因人而異。但是意見則不同，因為不同人有不同的立場和意見，這是自然的事。還有，我們對所謂「異端邪說」，應該持開放態度。我們從歷史中看到不少例子，昨天的「正統」，成為今天的「邪說」；而今天的「邪說」，亦可能成為明天的「正統」。大家都要有「和而不同」的精神，不要（尤其是有權有勢的人）動不動便喊打喊殺。自由民主美麗之處，是百花齊放，和而不同，互相尊重，對話不要對罵，更要向語言暴力說不。

不是反美之書

看過本書後，不要以為我是「反美」。相反，我欣賞美國人的性格和羨慕他們的成就。任何人（當然包括中國人）不應只是陶醉在自己國家光輝的一面，而是應該亦要知道自己國家陰暗的一面。如果每人只知道自己國家光輝的一面和其它國家陰暗的一面，那麼這個世界便難會有持久的和平。任何一個愛國之人，不僅有權利而且有義務指出其國家的不是之處，

使其可以撥亂反正。正如一位美國學者（洛溫／Loewen）所說：「了解歷史，願意找出謊言與扭曲的史實，以及能夠運用資料來源來判定歷史真相的美國人，將是捍衛民主的堅實力量。」

西方優點

西方的其中一個優點，是法治制度之下給普通人帶來的安全感。這一種「夜半敲門也不驚」的安全感，是基於三大信念。第一，立法機關所訂下來的法律，本質是保障人民的權利，而不是把法律當統治工具。第二，在法律面前，不論男女、貧富、強弱、政見，人人都是平等的。第三，法官在判案時，是獨立於任何人的。他們只會基於法律的考慮而不會受任何權勢的影響。在一個法治社會裏，如果有任何人（不論權有多高和勢有多大）想找你麻煩，或陷害忠良，其得逞的難度是高的。

用腳投票

無論我們怎樣說美國的不是，都不要忘記這個事實：一直以來，希望進入美國的人甚多，而從美國出走的人卻是比較少。正如美國總統（甘迺迪／Kennedy）所說：「自由有很多困難，而民主亦非完美。但是我們沒有築起一幢圍牆來留著我們的人民，防止他們離開。」另一位總統（列根／Reagan）亦說過：「在我們的時代，有一個簡單但卻是有壓倒性的事實：現代世界所有數以百萬計的難民的路途，都是離開而不是走向共產世界。」

本書必有錯漏。如欲指出任何不足之處，可電郵至 2008at54@gmail.com。

目錄

目錄

光輝的一面

1.1　地大物博，人才濟濟

(1)　移民

英國人來到了北美洲這一個「新天地」。他們帶著了歐洲的文明（包括人權、自由、法治和科學）而來。他們是尋夢者，而北美洲是他們的尋夢園。

(2)　建國（1776）

英國人在北美洲的東岸建立了十三個殖民地。居住在當地的人為了利益和自由，以武力爭取獨立。他們成功脫離英國，建立了美國。

(3)　性格

美國人性格開朗，無拘無束。他們少講多做，注重效率。他們放眼未來，敢於創新，又有拼搏精神。

(4)　人權

美國人深信人人都有「生存、自由和追求幸福的權利」。美國人要求最大的個人自由空間和最少的限制。個人自由是美國文化的核心。當年在殖民地的英國人，是為了自由，推翻了英國的暴政。他們轉頭來又怕自己的政府會變成一個新暴政。美國人相信國家的主權為人民所有，而國家只不過是權力的受託者。政府需要有權力辦事。但是政府的權力越大，人民的自由便會越少。所以，美國人特別小心處理政府的權力。他們的憲法，把權力分配清楚。他們注重限制公權力，保障人權。

(5) 法治

法律是用來保護公民的權利。在一個法治社會裏，法律面前人人平等。人民可以告總統，聯邦和州政府可以互告，父子又互告。告來告去，你告我，我告你，大家都相信法官在審理案件時，並不會被權貴亦不會被民粹所影響，而只會是依法辦事。在美國，法治差不多等同人民的信仰。

(6) 愛國

美國人普遍是十分之愛國的。美國的「國民教育」，是明顯的「愛國教育」[1]。

1.2 美國的成就

(1) 「不朽的憲法」

美國的憲法，在「治權」與「民權」之間取得平衡。政府行使權力之時，人民的權利亦可以得到保障。它是一本有生命力的憲法，二百多年仍然歷久不衰。

(2) 經濟大國

美國人信奉資本主義，追求「最大的自由去掙最多的錢」。

(3) 軍事大國

美國軍事力量之大，是人類歷史上最厲害的。

(4) 科技大國

多年來，美國發明了和製造出一件又一件的科技產品，改善人民的生活，一次又一次地改變了這個世界。

(5) 文化大國

美國的文化（軟實力），深入世界各地，對人類影響甚大。

參考：
[1] 洛溫（James Loewen），《老師的謊言》（*Lies My Teacher Told Me: Everything Your American History Textbook Got Wrong*），p. 11

自稱「例外」和「不可缺少」的國家

2.1　美國人相信他們是上帝的「選民」（Chosen People）

美國人相信上帝選擇了他們。他們相信「上帝賜福美國」，賜給他們大地。他們又相信上帝給他們特殊的使命，使到美國成為「山巔之城」和「自由的燈塔」。他們熱衷輸出「美國價值」，企圖以此改變世界。[1]

上帝面前，是不是人人（包括中國人）平等？試想，上帝會不會偏心？毛澤東似乎甚為幽默，他曾對基辛格（Kissinger）說：「我知道，上帝更喜歡你們。」這百多年來，美國在以「美國價值」之名追求「美國利益」之時，是不是時常都利用上帝？

2.2　他們自信美國是一個「例外」（exceptional）的國家

美國人相信他們的國家是世界上特別的、與眾不同的。這個美國「例外」論，是美國人根深柢固的信仰，深入了美國人的靈魂。多年以來，這個「美國例外論」的思想，成為了美國對外關係的心態。美國人有意或無意認為它是唯一不必受到國際規範之國家。[2]

何謂「正常」？何謂「例外」？由誰來定？美國是不是習慣了講道理和教訓他人？美國時常要求對其不友善的國家做個「正常的國家」。所謂「正常的國家」，是不是指不能挑戰美國為自己定下來的「世界秩序」（包括軍事、經濟和文化）？但是，美國這幾十年

來在世界各地的行為是不是其身不正？如果是的話，它又何以正人？學者（資中筠）說：「美國一直講自己『例外』，就是說美國在世界上可以做的事情，別的國家不可以做，這讓別的國家覺得美國對於別人很不平等。所以美國應該學習做一個正常的國家，一個跟大家一樣的國家，而不是老想著美國是特殊的，我可以做，你不可以做。」

2.3　　美國自稱它是一個「不可缺少」（indispensable）的國家 [3]

美國自稱是一個「不可缺少的國家」，所以這個世界沒有美國是不成的。為甚麼美國是「不可缺少」的？因為美國「對將來比其它國家看得更遠」（奧爾布萊特／Albright），因為「美國不單是強大，更為重要的是我們的價值觀和理想」（奧巴馬／Obama），因為「全世界的人都以我們為模範，讓我們領導」（希拉莉／Hillary Clinton）。

美國人是上帝的選民？美國既「例外」，亦「不可缺少」？美國立國二百四十多年來，發動過二百多次戰爭。試問，在過往五十年中，哪一場有眾多人傷亡的戰爭，是美國沒有參與的？上帝是好戰的嗎？

參考：
(1)　Stephen Kinzer, *Overthrow*, p. 315
(2)　*Howard Zinn Speaks*, p. 182
　　　Jeffrey Sachs, *A New Foreign Policy: Beyond American Exceptionalism*, p. 2, pp. 21-41
(3)　喬飛（Josef Joffe），《美國的帝國誘惑》（*Uberpower: The Imperial Temptation of America*），p. 255
　　　華特（Stephen Walt），《以善意鋪成的地獄》（*The Hell of Good Intentions*），pp. 75-76

美國總統：
美麗的說話

3.1 狄奧多・羅斯福（Theodore Roosevelt）（1901-1909）
「一個文明大國每次擴張都意味著法律、秩序和正義的勝利。」

3.2 威爾遜（Wilson）（1913-1921）
「每一個民族都有權選擇活在甚麼的政權之下。」
「世界的小國在主權和領土完整都應該得到同樣的尊重。」
「唯一能讓美國流芳百世的是它的良心……。美國的偉大在於它看到了其它國家沒有看到的視野，美國一貫忠誠於並支持的一件事，那就是為全人類的自由而奮鬥。」
「美國就是世界的希望……它是要接受提供給它的對世界上道義上的領導權。」
「有一件事是美國人民始終會站起來支持的，那就是正義、自由、和平的真理。」

3.3 富蘭克林・羅斯福（Franklin Roosevelt）（1933-1945）
「我們知道，永久和平不能以其他人民的自由為代價。」
「在我們力求安定的未來歲月裏，我們期待一個建立在四項人類基本自由之上的世界。第一是在全世界任何地方，人人都有發表言論和表達意見的自由……第四是免除恐懼的自由 —— 這種自由，就是

進行世界性的徹底裁軍，使世界上沒有一個國家有能力向全世界任
何地區的任何鄰國進行武力侵略。」

3.4 杜魯門（Truman）（1945-1953）
「美國人民渴望所有國家、所有民族能自由選擇他們認為合適的方
式來管理自己，過體面而滿意的生活，並決心致力於建設這樣的世
界。美國人民尤其渴望在地球上實現和平，一種以平等自願達成真
誠一致為基礎的公正和持久的和平，並決心為此而作出努力。」
「我們並⋯⋯沒有把我們的意志強加於人。」

3.5 甘迺迪（Kennedy）（1961-1963）
「讓每個國家都知道 —— 不論它希望我們好或壞 —— 為了確保自由
的存在和成功，我們將會付出任何代價，承受任何負擔，面對任何
艱難，支持任何朋友，反抗任何敵人。」
「唯有美國 —— 而且我們僅佔人口的百分之六 —— 承擔這種重大責
任。」
「美國向來支持的信念是，人人都有權自由選擇自己想要的政府類
型。」
「人類必要停止戰爭，不然的話戰爭便會毀滅人類。」

3.6 詹森（Johnson）（1963-1969）
「我們不能，亦不會，從這個世界退出。我們太富有、太強大及太
重要了，還有，我們也太關心。」
「任何追求和平和憎恨戰爭的人或國家⋯⋯會見到美國在旁邊，願
意與他們同行⋯⋯」

3.7 尼克遜（Nixon）（1969-1974）

「讓我們建立一個世界的和平結構，在這個結構中，弱小與強大同樣安全，彼此會尊重對方有活於不同制度的權利，大家只會以有力的理念影響他人，而不會訴諸武力。」

3.8 卡特（Carter）（1977-1981）

「對美國來說，最崇高和最有雄心的任務就是幫助建立一個真正人道主義與和平的世界。」

「我們的政策是基於我們的道德價值，是永遠不變的。我們的政策是得到我們的物質財富和我們的軍事力量的支持。我們的政策是為打救人類而設計的。」

「美國對人權的責任是我們外交政府的根本宗旨。」

3.9 列根（Reagan）（1981-1989）

「美國人民信奉人權，反對以任何形式出現的暴政……美國鼓勵進行民主變革，將隨時準備在這些國家及其它國家幫助實現民主。」

3.10 「老布殊」（George H.W. Bush）（1989-1993）

「在世界各國中，只有美國既有道義上的聲望，也具有維持這一聲望的手段。我們是世界上唯一能聚集和平力量的國家。正是這一領導的重任及實力，使美國在一個尋求自由的世界中成為自由的燈塔。」

「自由不是美國給世界的禮物，是全能的上帝給世界上每一個男子和女子的禮物。作為地球上最強大的力量，我們有責任幫助傳播自由。」

3.11   克林頓（Clinton）（1993-2001）

「世界之所以期待美國的領導，並不僅因為我們的規模和實力，還因為我們所支持的和勇敢反對的東西。我們是自由的燈塔、民主的堡壘，是世界上自由能給人們帶來的前景的活生生的例證。」

「我們的希望、我們的心、我們的手，都是與各大州正在建設民主和自由的人民連在一起的。他們的目的是美國的目的。」

3.12   「小布殊」（George W. Bush）（2001-2009）

「美國的政策，是尋找和支持每個國家和文化的民主運動和機構，而其最終目的是結束這個世界的暴政。」

「我們當務之急是說明我們支持的立場：美國必須捍衛自由和公義，因為這些原則對世上所有人都是適宜和正確。」

「我們會積極工作，把民主、發展、自由市場和自由貿易的希望帶到全球的每一個角落。」

「每一個生命都是寶貴的，這是我們與敵人不同之處。」

「我們的國家，是歷史上善良的最大力量。」

「美國將不會把我們政府的形式強加於不願意的人，我們的目的是去幫助他們找到他們的聲音，達到他們的自由和走他們自己的路。」

「今天，美國對世界各地人民說：所有活在暴政和絕望的人可以知道……當你們為自由站起來時，我們會與你站在一起。」

3.13　奧巴馬（Obama）（2009-2017）

「我們信美國必會繼續是戰爭行為上的典範，這便是我們和敵人的不同之處，這便是我們力量之源。」

「民主不可以從外強加於任何國家，而沒有一條路是完美的。每一個國家都應走基於它人民的文化和傳統之路。」

「一個大國不會以支配或妖魔化其它國家以展示其實力，帝國視主權國為棋盤上的棋子已成過去。」

「我們亦從經驗看到那些保衛他們人民普世價值的政府成為了我們最親密的朋友和同盟，而拒絕給他們的人民普世價值的國家選擇了成為我們的對手。」

3.14　特朗普（Trump）（2017-2021）

「我們不強求任何人接受我們的生活方式，而是要讓它成為閃亮的典範。」

當「美國價值」
遇上「美國利益」

4.1　當「價值」遇上了「利益」

(1)　古時中國有「價值」與「利益」（義、利）的討論。梁惠王與孟子見面時，便問孟子：「叟，不遠千里而來，亦將有以利吾國乎？」孟子的回應是：「王何必曰利，亦有仁義而已矣。」現實世界與理想世界不同，是講求利的。古今中外有一個普遍的現象，那就是講完崇高的道理之後，當一個人或者國家面對利益時，他們的價值觀便會開始模糊，而往往利益越大，其價值觀便會變得越模糊。

(2)　美國所宣揚的核心價值（民主、自由、人權、法治）是美好的，可能是人類的夢想。空談理想是很容易，因為是不必付出甚麼代價。美國人追求財富，喜歡做買賣。因為買賣是在市場進行的，所以對美國人來說，市場（而不是領土擴張）是非常重要的。美國與歐洲各國的殖民地政策不同，它並沒有到處建立殖民地，而是要把有利用價值的地方變成自己的勢力範圍。它是透過扶植支持親美的政權，以便在各國推行美國的政策，包括在國外建立軍事基地和進入各國市場。

(3)　道德對外交政策有影響的嗎？如果要透過不公義的手段才可以得到利益，那應該怎辦？在理想與利益之間，美國會怎樣取捨呢？從過去的事情可以看見，美國往往會選擇「美國利

益」，放棄彰顯「美國價值」，然後美化它的選擇，把「美國利益」包裝成「美國價值」。美國學者（沙達和戴維斯／Sardar and Davies）所說：「表面上，這些干預都是以保護『民主』、『人權』和『自由』，但是其結果都是為美國帶來市場。」[1] 一位法國受害者（皮耶魯齊／Pierucci）寫了一本名為《美國陷阱》（*Le piège américain*）的書，亦說「不管誰當美國總統，無論他是民主黨人還是共和黨人，華盛頓都會維護少數工業巨頭的利益」。[2]

(4) 政治人物的說話不可以輕信，因為他們一般有「說謊不臉紅」的本領。

美國是會支持對美國人營商環境有利的外國政權，不管它是民主或獨裁。特朗普（Trump）總統與其他美國領袖的不同之處，是不是他直認以「美國利益」為先，反而較少假仁假義？他說：「我們將與世界各國追求友誼和善意。但是我們這樣做，是基於一個理解，即所有的國家都有權利將其自身利益置於第一。」

4.2　有一位美國學者（布林／Blum）計算過美國在第二次世界大戰之後曾經[3]：

(1) 努力地去推翻五十個以上的外國政府，而這些政府多數都是民選的；

(2) 介入最少三十個國家的民主選舉；

(3) 企圖刺殺多於五十個外國領袖；

(4) 在三十個以上的國家投下炸彈；

(5) 在二十個國家企圖鎮壓反對無法忍受的政權的民粹或民族運動。

參考：

(1) Ziauddin Sardar and Merryl Davies, *Why Do People Hate America?*, p. 67
Susan Brewer, *Why America Fights*, p. 45
Stephen Kinzer, *Overthrow*, p. 84, p. 316
Morris Berman, *Dark Ages America*, p. 122, p. 142

(2) 皮耶魯齊（Frédéric Pierucci）和阿倫（Matthieu Aron），《美國陷阱》（*Le piège américain*），p. 350

(3) William Blum, *Killing Hope*, p. 390, pp. 463-464
William Blum, *Rogue State*, pp. 49-50, pp. 162-220

美國戰勝西班牙，走上霸權之路 (1898)

5.1　美國立國後的百多年

(1)　美國在立國之時，只有在東岸的十三個州。之後它以「明確的天命」（manifest destiny）為名，帶著「開疆拓土的精神」，從大西洋的東岸「西征」（侵佔原居民的土地），一路打到在太平洋的西岸。它又「南討」（侵佔墨西哥人的土地）。美國人相信「這個大陸是上帝為我們預備的，誰也阻擋不了這個天命的完成」。如果他們不是當年「北伐」加拿大失敗的話，整個北美洲都會是屬於美國的。

(2)　「西征」

來自歐洲的白人，視北美洲為「無主之地」和「處女地」！當時有一位牧師給情婦寫了這一首「上床」之詩：「請允許我用雙手觸碰，並自由地撫摸，向前、向後、在中間、向上、向下。哦！我的美洲！我新發現的沃土……」[1]

美國人把原居民的天地，變成了他們自己的國土。他們把侵略行為形容為「解放」。如果你們是北美洲當年的原居民，無數代的祖先已經生活在這片土地之上。有一天，突然來了一些拿著先進武器的陌生人，喝令你們離開這片土地，離開你們的家園，離開你們祖先的葬身之所。理由是「這個大陸是上帝為『他們』預備的」。他們又說美國是一個「自由帝國」，給你們帶來「自由」。試問，你們會有何感想？一個殺人無

數，自認是「一手拿斧，一手拿削頭皮刀的人」（傑克遜／Jackson）竟然成為了美國總統。他們的「美國夢」是不是原居民的噩夢？美國總統（克林頓／Clinton）說過：「我們以自由之名橫跨大陸，但是卻同時把原居民推出他們的土地。」[2] 學者（許倬雲）說：「美國建國理念，何等高尚！……方才明白，建立這一個國家，有多少弱勢人群，遭受不公不義的待遇？難道，人類的歷史，就不能逃離如此殘酷的矛盾？抓首問天；天也無言。」[3]

(3) 「南討」

美國找個藉口，向墨西哥開戰。美國打勝仗後得到了墨西哥的大片土地，包括了今天的加利福尼亞州、猶他州、科羅拉多州、懷俄明州、新墨西哥州和亞利桑那州。美國人一向看不起膚色不同的墨西哥人，把他們說成「低智」、「無資格自治」。一個大講「民族自決」、曾任大學校長的美國總統（威爾遜／Wilson）揚言要「教訓這些國家」和「教他們怎樣地『選出好人』」[4]。

請問，墨西哥人的感受又是會如何？易地而處，墨西哥人會認同美國的「天命論」嗎？墨西哥人信奉天主教，他們的「上帝」跟美國的「上帝」是同一個「上帝」。但是，他們的感受卻是正如墨西哥總統（迪亞斯／Diaz）所說「上帝那麼遠，而美國卻是與他們這麼近」。

5.2 大國崛起：走向太平洋

(1) 古巴是一個島，離美國不遠。美國「統一」了「西域」和佔領了「南蠻」的土地了，它是否會容許西班牙在它的「後花園」佔領著古巴呢？美國突然關心古巴人民的生活了，宣稱要協助古巴人脫離苦海，從西班牙｜獨立」起來。美國總統（墨金萊

／McKinley）說：「我們介入不是為了征服，而是為全人類才介入。」美國找了個藉口向西班牙開戰。美國輕易而快速地打敗了西班牙。戰後，美國從它的手中取得北美洲以外的土地，走向太平洋。這些土地包括中途島、薩摩亞島、關島、夏威夷等。

美國在北美洲以外的行為，是不是亦是「明確的天命」這種心態的延續？

(2)　美國打敗西班牙後，還要面對英國這另一個歐洲強國。美國決定在中美洲建造一條運河，打通大西洋和太平洋。美國「明確的天命」，是從北美洲的東岸擴展到西岸，再擴展到墨西哥，然後又擴展到古巴，繼而到太平洋，最後到亞洲。

對美國來說，海外市場是非常之重要的。美國總統（威爾遜）說過：「在大東方的市場是全世界現在垂涎的地方，它的市場使到政治人物和商人都必要計劃和玩競爭的遊戲，它的市場是用外交，如有需要，用武力打開之道路。」[5] 他又說過：「因為貿易是不理睬國界的，製造商堅持讓世界作為一個市場，美國的旗幟必須跟隨著他們走，其它國家關起來的門戶必須加以摧毀。金融家所取得的特許權，必須受到美國使節的保護，即使不情願國家的主權在此過程中受到侵犯也在所不惜。」[6] 看來，美國人相信上帝給美國的「天命」是一步一步地把世界各地變成它的市場，把美國的「信念」帶到全世界，強加於其他國家人民的身上。自立國以來，美國的口號是「美國價值」。但是，它的本質是「美國利益」。

參考：
(1) 詹姆斯（Lawrence James），《大英帝國的崛起與衰落》（*The Rise and Fall of the British Empire*），pp. 11-12
(2) Ziauddin Sardar and Merryl Davies, *Why Do People Hate America?*, p. 59
(3) 許倬雲，《美國六十年滄桑：一個華人的見聞》，p. 48
(4) Noam Chomsky, *Deterring Democracy*, p. 43
江涌，《誰在操縱世界的意識》，p. 288
菲格雷多（D.H. Figueredro）和阿爾戈特─弗雷雷（Frank Argota-Freyre），《加勒比海地區史》（*A Brief History of The Caribbean*），p. 142
(5) 李敖，《陽痿美國》，pp. 291-292
王瑋、戴超武，《美國外交》，p. 262
Morris Berman, *Dark Ages America*, p. 81
Michael Parenti in *Nancy Snow, Propaganda, Inc.: Selling America's Culture to the World* (2nd edition), p. 27
(6) 王曉德，《美國文化與外交》，p. 513
Nancy Snow, *Propaganda, Inc.: Selling America's Culture to the World* (2nd edition), p. 27

菲律賓：先把它變成殖民地，獨立後便支持親美獨裁

6.1 西班牙殖民地

幾百年前，西班牙從歐洲打到亞洲，侵佔菲律賓之後，以其國王的名字（菲律／ Philip）為這些海島命名，此後統治了菲律賓三百三十多年之久。在西班牙的統治期間，很多菲律賓人信奉了天主教。

6.2 美國來了，說要支持菲律賓獨立

菲律賓人民希望當家作主，獨立成國，他們起來向西班牙說不。當時西班牙和美國開戰在即。美國表示會支持菲律賓人獨立。菲律賓人付出了沉重的代價，終於打敗西班牙。他們成立了亞洲歷史上的第一個共和國。

6.3 事後，誰知美國食言

(1) 利益

美國在打敗西班牙後，取得位於太平洋的夏威夷。正如當時一個美國人所說：「一出菲律賓就是中國的無限市場。」[1] 當時美國商人（和英國商人一樣）已經忙於大賣鴉片給中國。利益當前，美國又怎會抗拒把菲律賓據為己有呢？

「美國利益」是把菲律賓據為己有。但是，這一種背信棄義的殖民地行為，是違反「美國價值」的。美國應該怎樣做？

(2) 把利益包裝成崇高的理由，甚至講成是上帝的指引

美國為了「打救」菲律賓，便要把它據為己有。美國總統（墨金萊／McKinley）說愚蠢的菲律賓人不了解美國的一片好心。他竟然說是得到了上帝的指引，決定把菲律賓收歸為美國的殖民地。他說：「除了全部接收過來，去教育菲律賓人，讓他們提升文明化和基督教之外，我們已經沒有可以盡力的地方。」[2] 世事真的是無奇不有，這位總統竟然又說：「有時候當我們為神聖的事業走向戰爭，領土會不請自來。」[3]

試問，菲律賓人民又怎會同意的呢？他們的上帝（與美國是同一個上帝）並沒有如美國一般給他們指引，叫他們接受美國的「福澤」。美國明明是在做違反美國人宗教的核心信仰和「美國價值」之事，卻又利用上帝把侵略行為說成是上帝的指引。為甚麼信教的人（無論是甚麼宗教），時常利用神，以神之名做一些不應該做的事呢？世界變了。但是，美國的本質是不是仍然一樣的？百多年之後，當美國出兵伊拉克和阿富汗時，又是不是藉口多多及再利用上帝呢？

6.4 美國給菲律賓帶來「第二次的白人入侵」（1899-1902）

(1) 菲律賓人民打走了西班牙，卻引狼入室，來了個美國。美國總統說美國「在菲律賓的旗幟……不是壓迫的象徵，而是自由的旗幟，是希望和文明的旗幟」。但是，菲律賓人把美軍的行為視為「第二次的白人入侵」，奮勇地發起反美殖民地戰爭。

(2) 美國以強大的武力，在菲律賓打了三年。殺，殺，殺。美、菲之戰，可以說是一個工業強國與一個農業社會之戰。美國很快地便在陣地戰打敗菲律賓。美國總統急不及待宣佈戰爭完結。但是，這其實只是美國惡夢的開始，因為菲律賓人民開始打游擊戰。美國動用超過五萬的兵力，以殘酷的手段屠殺菲律賓

人，焚燒他們的村落。有一次，美指揮官下令「我不需要戰俘，我希望你們去放火和殺人，你們燒的越多，殺得越多就是能取悅我」。[4] 亦有一次，美軍圍剿村民，斷絕糧食，捕殺島上十歲以上所有男子，使到該地淪為「嚎哭荒墟」。有一位英國人形容美、菲不是戰爭，而是「大屠殺」[5]。美軍不斷殺戮之後，終於成功「平亂」，把菲律賓收歸為殖民地。結果是死了二十多萬菲律賓軍民，亦有說是死了七十萬之多。當時在美國的軍官（羅脫／Root）宣稱：「美國的士兵是與人類開始以來所有國家的士兵不同，他們是保衛自由與公義、法律與秩序、和平與快樂的先行者。」[6] 此君後來獲得到諾貝爾和平獎。美國學者（馬克・吐溫／Twain）說美國侵略菲律賓使到美國「面目無光」。

6.5　獨立後的菲律賓

話說第二次世界大戰結束後麥克阿瑟（MacArthur）「將權力交給過去親日的權貴階級，以便防堵左派或共產力量盛起，而地主則取回了原本的財產，掌控權力。至今，不論政權怎麼改變，權力都不在人民手上」。[7] 美國統治了菲律賓四十八年（1898-1946）之後，菲律賓獨立成國。美軍離開之前，已經種植下親美的勢力，以延續它的間接管治。美國已經在各方面打下了深刻的烙印。阿基諾（Aquino）夫人說：「在差不多半個世紀的統治之後，美國給菲律賓人留下的創傷是把他們製造成令人不舒服的美國外觀、價值觀和品味。留下的是一個沒有了靈魂的民族……使到菲律賓人迷惑他們的身份。他們是亞洲人，但卻不是亞洲人心中的亞洲人，亦不是西方人心中的西方人……其實美國已經把我們操控（透過政治和經濟壓力）成為順從美國的人。美國的教育把我們變成了偏好美國……」[8]

6.6 美國支持馬可斯（Marcos）的獨裁統治（1965-1986）

(1) 菲律賓有美國式的民主體制，包括「普選」。馬可斯在總統大選勝出。在他任內，貪腐問題越發嚴重，肥上瘦下，貧富差距不斷擴大，人民生活困苦。人民的反抗力越大，他的打壓力卻越強。他實施十年的軍管戒嚴，國民議會被取消。他把行政、立法和軍事大權集於一身，把國家由民主政治變為獨裁。菲律賓的民主政制，名存實亡。[9] 在他統治期間：三千多人被處決，不知有多少人「被失蹤和死於拷問室和監獄中」。

(2) 一直以來，美國對此視而不見。沒有聽過美國在民主、人權和自由方面抗議或要制裁菲律賓。相反，美國對馬可斯的軍事和經濟援助有增無減。美國更透過「世界銀行」和「國際貨幣基金組織」提供貸款給菲律賓。雖然美國總統（卡特／Carter）口頭上強調人權，但是他從來沒有公開批評過馬可斯政府，而是繼續保持著美國同菲律賓的原有關係。[10] 美國在菲律賓有軍事基地。美國總統（列根／Reagan）說過：「我不知道有任何事是比這些基地更加重要的。」[11] 美國副總統讚揚馬可斯「信奉民主原則和民主程序」。[12]

當時在菲律賓爭取民主、自由和人權是十分危險的。為何沒有任何一個菲律賓的抗爭者獲得諾貝爾和平獎？在親美的地方搞抗爭，獲獎的機會有多大？

(3) 反對派領袖阿基諾（Aquino）從美國返回菲律賓。他在馬尼拉機場被槍殺之後，美國總統（列根）仍然說：「我始終對你處理問題的能力抱有信心……我們對你的友情仍然同我們對菲律賓人民的友情一樣熱情而堅定。」[13] 當菲律賓的民怨到達極點之時，民眾發動了「人民力量革命」，逼使馬可斯出走到美國。一代獨裁者，終於客死異鄉（夏威夷）。

參考：
(1) Chalmers Johnson, *The Sorrows of Empire*, p. 43
     George Herring, *The American Century & Beyond*, p. 19
(2) Susan Brewer, *Why America Fights*, p. 37
     Stephen Kinzer, *Overthrow*, p. 47
     本德（Thomas Bender），《萬國一邦》（*A Nation Among Nations: America's Place In World History*），pp. 279-280
(3) 費恩（Bruce Fein），《衰敗前的美利堅帝國》（*American Empire Before the Fall*），p. 90
(4) Stephen Kinzer, *Overthrow*, p. 53
(5) Chalmers Johnson, *The Sorrows of Empire*, p. 43
     John Foster, *Naked Imperialism*, pp. 125-127
     Howard Zinn, *A People's History of the United States*, p. 316
     William Blum, *Killing Hope*, pp. 39-44
(6) *Howard Zinn Speaks*, p. 178
(7) 布魯瑪（Ian Buruma），《零年：1945》（*Year Zero: A History of 1945*），p. 19
(8) *The WikiLeaks Files*, p. 440
(9) Stephen Kinzer, *Overthrow*, pp. 95-96
(10) 周琪，《美國人權外交政策》，p. 168
(11) Stephen Kinzer, *Overthrow*, p. 97
(12) 周琪，《美國人權外交政策》，p. 173
(13) 周琪，《美國人權外交政策》，p. 175

第一次世界大戰 (1914-1918)

7.1 美國發戰爭財

第一次世界大戰開始之後，美國保持（有傾向性）中立。歐洲各國在打生打死之時，美國軍火商樂於大做軍火生意賺大錢。當歐洲人無力付款之時，美國金融界借錢給他們繼續打。戰前，美國人欠歐洲人錢。戰後，歐洲人變了欠美國人錢。美國掌握了世界四成的黃金。英國既要賣其海外資產給美國，又要向美國借錢。

君子愛財，取之有道。歐洲各國在打仗，互相殘殺，美國卻大賣軍火。這在道德上有沒有問題？當時的美國總統（威爾遜／Wilson），口講和平和公義，但是又樂於美國人發戰爭財！美國是不是往往把戰爭視為一盤生意？

7.2 人家打了一大半，死傷無數，美國才參戰（1917）

英國希望美國參戰，以借美國之手打德國。美國卻遲遲不參戰，坐看歐洲各國互相殘殺。德國宣佈發動「無限制潛艇戰」（用武力制止一切往來於英、法等國的航行，包括中立國的船隻）。德國給了墨西哥一封電報，答應如果墨西哥幫助德國打仗，德國會協助墨西哥「收復」它在美國的「失地」。這個土地問題，對美國來說可真是太嚴重了。美國很快便對德國宣戰。美國參戰之時，英國與法國已經和德國苦戰多年，死傷無數，損失慘重。英國和法國都有意見認為美國是以廉價買到在戰後和平會議桌上的席位 [1]。

7.3　「民族自決」之雙重標準

(1)　美國總統（威爾遜）胸懷大志，宣稱其參戰的目的是「使世界的民主安全」。他提出「十四點和平原則」，說要保護「弱小國家的權利與自由」。他所提倡的「民族自決」，燃點了很多人的希望，更「激盪了殖民地世界中無數國族主義分子的想像」。戰時世界各殖民地，以為它們的「民族」在戰後便可以「自決」。埃及人要英國離開，印度人要英國離開，韓國人要日本離開。他在世界各地受到熱烈歡迎，更一度被視為救世主。

其實這一位總統，是不是以「價值」之名，行「干預」之實的先驅？他口談「民族自決」，自己卻派兵侵佔古巴、尼加拉瓜和海地，不准他們「自決」。他又干擾墨西哥的內政。他在出兵入侵墨西哥時還說：「我將教育南美洲的那些共和國去選舉好人。」[2] 你看，百多年來，世界上誰是「好人」誰是「壞人」，是憑誰來定錯對？在尼加拉瓜，他施壓決定人家的總統人選。在海地，他逼使立法機關選擇美國指定的候選人為總統，又解散不合作的立法機構。[3] 有這種言行的總統，竟然可以堂而皇之對世界講「民族自決」。這是不是十分之諷刺？

(2)　中國、越南、韓國、印度和埃及的代表都遠渡法國，希望美國總統的「十四點和平原則」，可以付諸實行。但是，他們卻被拒諸門外。原來，「民族自決」不會在戰勝國（英國、法國）的殖民地（如印度、越南、非洲）實行。

中國人說威爾遜是個說謊者。埃及人說他「違背自己的政策與誠信」，是「醜陋的背叛之舉」。[4] 事後，這位總統竟然說：「當我過去說出這些話（自決權）之時，我並不知道那些民族的存在。」[5] 天啊，他做總統前是教授和大學校長呀！

(3) 美國長年以來都是歧視亞洲人。在美國生活的中國人和日本人，難有好日子過。日本雖然是戰勝國之一，但是在和平會議期間，卻被歐、美列強「不顧或視為笑話」[6]。日本在戰勝後趁機提議把「種族平等」條文加入計劃成立的國聯（League of Nations）公約。但是，美國反對「民族平等」的建議。美國國內的種族多多，所以「平等」是會危害美國利益的。日本譴責美國，批評威爾遜是「說著天使的話語，做著惡魔的行為」[7]。

其實這位喜歡講大道理的美國總統，自己在種族議題上的記錄也相當不堪。他支持白人主義，又排外。他說過「任何外國裔的人都帶著一把匕首，只要做好準備，就打算將它刺進『美國』的核心」[8]。這位美國總統是不是當無損「美國利益」時便高談闊論「美國價值」，一旦有損「美國利益」之時，他便變臉？

7.4　德國也錯信了美國

戰時德國國內發生政變。新成立的政府是基於美國總統所講的「十四點和平原則」和「沒有勝利的和平」之說而講和[9]。誰知，原來他講是天下無敵，做便有心無力。他被老辣的歐洲政客玩弄於股掌之中，無力阻止英國和法國在和平會議中對德國的報復行為。

7.5　美國同意把德國在中國（山東）的利益，轉給日本！

在北京街頭有約六萬人參與勝利遊行。他們相信美國總統是會主持公道的。他們相信不平等的時代快會結束。有人更高呼「威爾遜總統萬歲」。山東是中國的土地，是孔子的故鄉。它在戰前被德國佔領了。中國派了約十萬人到法國挖戰壕，是戰勝國。德國是戰敗國，

照理應該是要把山東交回中國。但是，日本要得到德國在山東的利益。在中國的反對之下，美國對日本妥協，把山東的殖民地，從德國轉讓給日本 (10)。這樣，在中國便爆發了「五四運動」。北京學生從希望到失望，終於看清美國的真面目：「我們得到的結論是……我們不能再信賴任何號稱偉大領袖的人堅持原則，例如威爾遜的原則……我們不禁感到自己必須發憤圖強。」(11)

歷史的教訓：後世對教訓視而不見，使到歷史不停地重演。今時今日，是不是還有不少人相信美國是真心關心香港的民主和自由？

參考：
(1) Bronwen Maddox, *In Defence of America*, p. 26
(2) George Herring, *The American Century & Beyond*, p. 92
Alan McPherson, *A Short History of U.S. Interventions in Latin America and the Caribbean*, pp. 74-75
Tony Smith, *America's Mission*, p. 60
江涌，《誰在操縱世界的意識》，p. 288
索爾孟（Guy Sorman），《美國製造》（*Made In USA: Cómo Entender A los Estados Unidos*），pp. 306-307
(3) 洛溫（James Loewen），《老師的謊言》（*Lies My Teacher Told Me: Everything Your American History Textbook Got Wrong*），pp. 20-24
Susan Brewer, *Why America Fights*, pp. 46-47
Howard Zinn Speaks, p. 179
The WikiLeaks Files, pp. 26-27, p. 52
本德（Thomas Bender），《萬國一邦》（*A Nation Among Nations: America's Place In World History*），p. 298
(4) 馬內拉（Erez Manela），《1919：中國、印度、埃及、韓國，威爾遜主義及民族自決的起點》（*The Wilsonian Moment: Self-Determination and the International Origins of Anticolonial Nationalism*），pp. 235-236
(5) 馬內拉（Erez Manela），《1919：中國、印度、埃及、韓國，威爾遜主義及民族自決的起點》（*The Wilsonian Moment: Self-Determination and the International Origins of Anticolonial Nationalism*），p. 334
(6) Margaret MacMillan, *Peacemakers*, p. 315
(7) 馬內拉（Erez Manela），《1919：中國、印度、埃及、韓國，威爾遜主義及民族自決的起點》（*The Wilsonian Moment: Self-Determination and the International Origins of Anticolonial Nationalism*），p. 308
(8) 洛溫（James Loewen），《老師的謊言》（*Lies My Teacher Told Me: Everything Your American History Textbook Got Wrong*），p. 27
(9) Oliver Stone and Peter Kuznick, *The Untold History of the United States*, p. 30
(10) Margaret MacMillan, *Peacemakers*, pp. 331-353
Wang Dong, *The United States and China*, p. 130
George Herring, *The American Century & Beyond*, p. 123
(11) 馬內拉（Erez Manela），《1919：中國、印度、埃及、韓國，威爾遜主義及民族自決的起點》（*The Wilsonian Moment: Self-Determination and the International Origins of Anticolonial Nationalism*），p. 291

第二次世界大戰 (1939-1945)

8.1　美國又發戰爭財

美國是個資本主義國家，與蘇聯的共產主義勢不兩立。與此同時，美國亦不能坐視德國崛起，對它構成威脅。美國的策略是利用德國和蘇聯互相牽制，樂見它們互相殘殺。納粹德國入侵蘇聯之時，當時還未做美國總統的參議員（杜魯門／Truman）說：「如果我們見到德國在戰勝中，我們應該幫助俄羅斯；如果俄羅斯在戰勝中，我們應該幫助德國。這樣，讓它們互相殺死越多越好……」[1] 歐洲開戰之後，美國保持了中立二年。在此期間，美國又大賣軍火。

其實，發戰爭財，是不是很「無良」？美國並非一個「獨裁」國家，而是一個講道德的民主社會。究竟信奉「愛人如己」的耶穌和賣軍火給正在互相殘殺的人有沒有矛盾？

8.2　人家打了接近一半，美國才參戰

美國人民普遍不想參戰，所以政府想戰亦難以加入戰團。突然之間，發生了日本「偷襲珍珠港」事件，使美國人民上下一心要參戰。兩次世界大戰，美國都在其潛在對手（英國、法國、德國、蘇聯）打生打死和自己發了戰爭財之後才參戰的。

8.3　是不是蘇聯把德軍拖死？

納粹德軍大舉入侵蘇聯，蘇軍奮力抗戰。蘇軍在莫斯科、史太林格勒和列寧格勒跟德軍進行「大愛國戰爭」，傷亡慘重。美國參戰之

後，蘇聯要求盟軍在歐洲開啟第二條戰線，以減輕蘇聯的壓力。美國卻拖拖拉拉，使蘇軍和德軍繼續互相殘殺。納粹德軍死了約五百萬人。四個死亡的德軍，其中有三個是死在蘇聯的！美國總統（富蘭克林・羅斯福／Franklin Roosevelt）說：「俄羅斯軍隊比起所有其它二十五個聯合國國家加起上來殺得更多軸心國家人員和毀滅軸心國家更多物資。」[2] 美國將領（麥克阿瑟／MacArthur）說蘇軍展現了歷史上「其中的一個軍事壯舉」，又說蘇軍是「打得最多和死得最多」的 [3]。英國首相（邱吉爾／Churchill）亦說「俄羅斯軍隊打破了德軍的膽」[4]。英國電視台（BBC）說：「如果沒有俄羅斯的話，諾曼第登陸是不可能的。」[5] 當時美國對蘇軍尊敬有加，稱史太林（Stalin）為「喬叔叔」（Uncle Joe）。

8.4　是不是中國把日軍拖死？

日本（杉山元／Hajime Sugiyama）以為可以「三月亡華」。誰不知中國以土地換取時間，逼使日本打了八年仗，要從上海打到重慶，從東北到廣東。中國傷亡人數，僅次於蘇聯。中國以千萬計的軍民生命，把數以百萬計的日軍牽制在中國戰場，消耗了日本大量的人力和物資，拖住了日本陸軍的主力，使日本深陷在「中國泥潭」。話說有四十八萬日軍死在中國戰場。

8.5　美軍有沒有被美化？

(1)　有一個晚上，五百二十七架盟軍轟炸機飛到德國城市（德累斯頓／Dresden）的上空投下了無數的炸彈。話說有二萬五千平民慘死 [6]。

城市是平民住的地方。這種行為，有無不妥之處？是否戰爭罪行？英國小說家（奧威爾／Orwell）說德國的城市被炸到令人懷疑文明可否繼續。

(2) 另一個晚上，美軍派了三百三十四架戰機空襲東京。這是一個日本人（野口悠紀雄／Yukio Noguchi）的記憶：「……和我們一起躲在防空洞裡的人大部分都因為窒息而死。……看到燒焦的屍體在操場上堆積成山。……從空襲開始的深夜到大火被撲滅的短短八個小時裡，約有十萬人失去生命。在如此短的時間內，有如此多的人在同一地區死亡，這在人類歷史上也屬罕見……首先劃定了東西五公里、南北六公里的長方形區域，在邊界投下燃燒彈形成火牆。這樣後方的飛行小隊就可以根據這個標誌準確地進行轟炸……這時美軍拋下燃燒彈，造成一場人間慘劇。」[7]

東京是個大城市，人口密集，木屋又多，沒有聽過它是個「軍事基地」。美軍報告空襲期間死者被「燒焦、煮熟和烘乾」。美國將軍（李梅／LeMay）說：「如果我們戰敗，我們便會被指控為戰犯。」[8]

(3) 有一位法國學者（麗莉／Lilly）寫了一本名為《武力侵佔：第二次世界大戰期間掠奪與在歐洲的美國大兵》（*Taken by Force: Rape and American GIs in Europe During World War II*），講述美軍不為人所知的暴力，質疑美軍在諾曼第登陸的美好形象。美國學者（托蘭／Toland）在《帝國落日》（*The Rising Sun*）中說：「當美軍用手榴彈、炸藥和火焰噴射器去追捕那些躲在洞穴的獵物時，這場戰爭已經變成了一場兇殘的屠殺。」[9]

納粹德軍的殘暴，人所共知。在英、美教育下長大的人，有沒有聽過美軍在戰時的任何惡行？

8.6　用原子彈炸死平民

(1)　美軍在太平洋節節勝利，已經把日軍逼回到本土去。美軍亦已
把日本的城市炸完又炸。平民的傷亡，以數十萬計。最後，美
國出動剛發明的原子彈。原子彈爆炸在廣島造成十四萬名居民
死亡，在長崎亦造成八萬名居民死亡。兩地「延遲死亡者」，
真的不知道如何去計算。根據日本紅十字會推斷，廣島的死亡
人數是二十五萬。長崎的死亡人數亦有十二萬。[(10)]

美國有沒有需要在日本投下原子彈？假設如美國所說，登陸日
本會為美軍帶來五十萬或甚至一百萬的傷亡，美國可不可因
此便使用原子彈轟炸日本的平民，以減少美軍的傷亡？這一位
下令用原子彈的美國總統（杜魯門），是深信上帝的一位基督
徒。為甚麼他決定投下兩個原子彈時沒有考慮（或考慮之後不
顧）數以十萬計死亡的平民？為甚麼他會一直都認為自己的決
定是對的？他更說沒試過因此而失眠。[(11)] 美國的行為，是不
是以報復珍珠港之仇，又以震懾蘇聯？但是代價是在短短時間
之內，殺死了數以十萬計的平民。這是文明人之所為嗎？多年
之後，南非前總統（曼德拉／ Mandela）說美國當年「決定
殺無辜的日本人民……它有沒有資格……當世界警察？」[(12)]。

(2)　美國總統（杜魯門）解說廣島是個「軍事基地」。但是美國在
投下原子彈之後，卻嚴格「管理新聞」，限制新聞媒體進入廣
島和長崎這兩個「人間地獄」去看看真相。有記者突破封鎖所
寫成的報導，亦被封殺[(13)]。

如果美國政府真的認為自己的行為（用原子彈炸平民）是沒有
問題的，那為甚麼美國不讓世人看真相呢？你想，在美國的
各大歷史博物館（國民教育的一部分）是怎樣講述這一件事的
呢？

(3) 日本侵略中國，為中國人民帶來極大的傷害。中國人恨日本入骨，自然會樂見美軍向日本投下原子彈。在數年後的韓戰，美國指控中國入侵韓國。大家觀點與角度不同，美國視此戰爭為正義與邪惡、光明與黑暗之戰。在戰爭初期，美軍被軍備落後的中國士兵打到落花流水，顏面盡失。在這個情況之下，美國的英雄（麥克阿瑟）列出了二十六個目標，說要用五十個原子彈對付中國，炸到中國的東北寸草不生，使其在最少六十年內再不能從陸路入侵韓國[14]。

假如炸死平民以減少軍人的死傷是合情合理合法的話，那麼如果美國用五十個原子彈來結束韓戰，中國人又會是怎樣想的呢？

參考：
(1) John Gaddis, *Strategies of Containment*, p. 4
(2) Will Podmore, *British Foreign Policy since 1870*, p. 100
(3) Oliver Stone and Peter Kuznick, *The Untold History of the United States*, p. 106, p. 102
(4) Oliver Stone and Peter Kuznick, *The Untold History of the United States*, p. 111
(5) Will Podmore, *British Foreign Policy since 1870*, p. 100
(6) Ron Hirschbein, *The United States and Terrorism*, pp. 33-34
   Howard Zinn Speaks, p. 195, p. 295
(7) 野口悠紀雄（Yukio Noguchi），《日本戰後經濟史》（戦後経済史　私たちはどこで間違えたのか），pp. 2-4
(8) Ron Hirschbein, *The United States and Terrorism*, p. 25, pp. 29-30
   Oliver Stone and Peter Kuznick, *The Untold History of the United States*, pp. 157-159
   Howard Zinn Speaks, p. 195, pp. 296-297
   Noam Chomsky, *Imperial Ambitions*, p. 66
(9) 布魯瑪（Ian Buruma），《零年：1945》（*Year Zero: A History of 1945*），p. 16
(10) 鶴見俊輔（*Shunsuke Tsurumi*），《戰爭時期日本精神史 1931-1945 年》（戦時期日本の精神史 1931-1945 年），p. 218
(11) Oliver Stone and Peter Kuznick, *The Untold History of the United States*, p. 178
   Howard Zinn Speaks, p. 195, pp. 296-297
   鶴見俊輔（*Shunsuke Tsurumi*），《戰爭時期日本精神史 1931-1945 年》（戦時期日本の精神史 1931-1945 年），pp. 218-224
(12) *New York Times*, Feb 1, 2003
(13) 拉比諾（Thomas Rabino），《美國戰爭文化》（*De la guerre en Amérique*），p. 64
   Howard Zinn Speaks, p. 194
   鶴見俊輔（*Shunsuke Tsurumi*），《戰爭時期日本精神史 1931-1945 年》（戦時期日本の精神史 1931-1945 年），pp. 217-218
(14) Oliver Stone and Peter Kuznick, *The Untold History of the United States*, pp. 240-242

軍事力量

9.1 **美國透過軍力在世界「以少佔多」**

美國「遏制戰略」之父（凱南／Kennan）在幾十年前為美國指點迷津。他說：「我們只佔全球人口六點三個百分比，卻擁有世上約一半的財富。……在這種情況下，我們無可避免地會成為別人嫉妒和怨恨的對象。在未來日子裏，我們的切實工作是制定一套關係模式，令我們能繼續維持這個差距，而又不會正面損害國家安全。要這樣做的話，我們必須摒棄所有情緒和白日夢，並且要全方位地關注國家的切身目標。我們不必自欺說我們尚有餘裕慷慨無私，施惠世界。」[1] 美國要世界各地給它開放市場。美國又要控制世界資源。進一步說，美國還要把競爭者需要的資源（即使美國自己不需要這些資源）控制在它的手中，以便控制對手。究竟美國怎樣才可以在世界上「以少控多」？答案是武力。

9.2 **美國軍力**

美國在第二次世界大戰之後，一直以來都維持著最強大的軍力、絕對的優勢。它保持著十艘左右規模的航母。美國在第一次波斯灣戰爭之時，透過全球電視轉播它的高科技軍事水平，震驚全世界。

9.3 **美軍基地**

美國是一個「基地大國」。它在世界各地建立軍事基地，使其可以在短時間之內打遍全球。它在多於七十個國家（包括英國、德國、

意大利、西班牙、澳洲、日本、韓國），有大約八百個軍事基地和超過二十萬海外駐軍。美國透過其軍事基地，控制全球格局，包括世界上多個海上咽喉。美國的海外基地，儼如一個在美國的小鎮。除了軍事設施之外，還有美式房屋、學校、超市等設施。美軍和文職人員都在軍事基地外享有「治外法權」，不受當地法律的管轄。歷史上沒有一個國家像美國有這麼多國外的軍事基地。美國國會議員（保羅／Ron Paul）問：「我們要對自己誠實。如果另外一個國家，例如中國，像我們一樣在其它國家設立基地，我們會怎麼樣？」

9.4　美國軍費

美國軍費，是世界之冠。美國多年來的軍費佔世界比例之四成左右，相當於後面十個國家的軍費總和。美國每年的軍費，是足夠給所有美國人提供免費醫療和教育。[2] 話說美國每年的軍費，等於自從耶穌出生以來的每小時五萬元。

9.5　世界第一兵工廠和軍火商

美國是全世界最大的兵工廠，亦是全世界最大的武器賣家。美國軍火銷售佔全世界銷售總量的五十七個百分比。

9.6　「軍工、金融和能源綜合體」

美國的「軍工、金融和能源綜合體」多年以來，以「國防」為由，發展軍工業。美國的軍火工業是一個龐大的利益集團。美國的國防工業、國防部和國會錯綜複雜的利益糾葛變得越來越緊密。早在五十多年前，美國總統（艾森豪威爾／Eisenhower）已經警告國人要小心「軍工綜合體」對政府的「不正當影響」，以防其綁架美

國民主體制。他說：「我們必須警惕軍工綜合體在政府的各部門中獲取不正常的影響力……災難性增長的濫用權力的可能性已經存在並且會持續存在下去。」最近，美國總統（特朗普／Trump）說：「……但五角大樓高層可能不愛我，因為他們除了打仗甚麼都不想做，讓所有那些製造炸彈、飛機以及製造其它一切的公司保持開心。」

戰爭會為這個「軍工綜合體」帶來巨大的利益，理由是顯然易見的。美國人好戰，是不是並不是個人的問題而是一個制度的問題？所以，是不是誰做總統都分別不大？

9.7　窮兵黷武，美國人民會同意嗎？

(1)　美國人民一般會選擇把國家有限的資源放在衣、食、住、行、醫療、教育等方面，而不是用來製造武器。一架戰機（F-35）的成本，大概是一億美元，而「福特」號航母的成本大約是一百三十億美元。正如美國總統（艾森豪威爾）說過：「製造每一枝槍，每一艘戰艦的下水，每一支火箭的發射的金錢最後都是從沒有食物的飢餓人民和沒有衣服穿的人民身上偷回來的。」美國人民不想打仗，但是政府背後的「軍工綜合體」似乎是樂於戰爭發大財。美國是個民主社會，怎樣才可以令到人民支持國家維持龐大的軍費呢？

(2)　如果有一個恐怖的敵人，人民便會怕，就像美國高官所說：「令美國人驚恐萬狀。」美國學者（華特／Walt）說：「首先，行動主義的倡議者膨脹威脅（inflate threats）以說服美國人民相信，這個世界是一個危險的地方……。其次，支持者誇大自由主義霸權的利益……最後，政治官員試圖隱瞞那些野心勃勃的外交政策成本……」[3] 這一種「驚恐的文化」是很有效的。

當美國人驚恐的時候，便自然會聽政府的話。[4] 早在 1951 年時曼德拉（Mandela）已經說過美國有人「決心在世界製造一個永遠危機和恐懼的氣氛。他們知道一個受驚的世界不能清醒地思考……使到普通人可能會被誘騙而支持製造更多的原子彈、細菌武器和其它大殺傷性武器」。[5] 美國名將（麥克阿瑟／ MacArthur）亦說過：「我們的政府使我們活在沒完沒了的恐懼中……叫喊著重大國家緊急狀態，時常有某些可怕的魔鬼在家或者說有某些怪異的外國勢力將會狼吞我們，如果我們不團結起來給他們提供他們要求的經費。但是，回想起來，這些災禍似乎從沒有發生過，似乎從來都不是真的。」[6] 多年以來，美國不停地尋找敵人，以擴軍備。如果沒有敵人，便製造敵人，渲染危機。

9.8　美國好戰

美國名將（巴頓／ Patton）說過：「一直以來，美國人熱衷於戰鬥。」[7] 美國自立國以來，在國外的軍事行動有三百三十五次之多。在第二次世界大戰之後，美國亦有多於七十次出兵海外。有兩位學者（Kelly 和 Laycock）寫一本名為《所有美國曾侵略過的國家》（*All the Countries the Americans have ever invaded*）的書，講述美國侵略之歷史。

美國人民應該是愛好和平的。但是，為何美國會有這麼多的戰爭？除了珍珠港之外，哪一個戰爭是在美國本土發生的？美國的民主，是不是已經被「軍工、金融和能源綜合體」騎劫了？與此同時，美國的「政府、傳媒綜合體」是不是做了很多「管理」工作（新聞、形象、觀感）使到美國人相信（當時甚至事後）美國的戰爭不單止是需要的，還是正義的？

9.9 美國往往都是以「美國價值」之名開戰，但事後往往都是在世界各地建立軍事基地。正如一位美國學者（布林／Blum）所說「這便是帝國擴張之道 —— 一千個基地及其它軍事設施在世界的每一個角落……」[8]：

「在 1991 年炸完伊拉克之後，結果是美國在沙地阿拉伯、科威特、巴林、卡塔爾、阿曼和阿拉伯聯合酋長國都有軍事基地。」

「在 1999 年炸完南斯拉夫之後，結果是美國在科索沃、阿爾巴尼亞、保加利亞、馬其頓、匈牙利、波斯尼亞和克羅地亞都有軍事基地。」

「在 2001-2 年炸完阿富汗之後，結果是美國在阿富汗、巴基斯坦、哈薩克斯坦、塔吉克斯斯坦、吉爾吉斯斯坦、格魯吉亞、也門和吉布提都有軍事基地。」

參考：
(1) 洛溫（James Loewen），《老師的謊言》（*Lies My Teacher Told Me: Everything Your American History Textbook Got Wrong*），p. 249
Morris Berman, *Dark Ages America*, p. 138
William Engdahl, *Manifest Destiny*, p. 12
(2) William Blum, *Rogue State*, Preface
(3) 華特（Stephen Walt），《以善意鋪成的地獄》（*The Hell of Good Intentions*），p. 172
(4) 亨廷頓（Samuel Huntington），《誰是美國人？》（*Who Are We?*），pp. 261-262
Mike Lofgren, *The Deep State*, p. 50
Noam Chomsky, *Failed States*, p. 103
Noam Chomsky, *Who Rules The World?*, p. 158
Noam Chomsky, *Imperial Ambitions*, pp. 25-26
(5) Nelson Mandela, *In His Own Words*, p. 11
(6) William Blum, *America's Deadliest Export: Democracy*, pp. 44-45
(7) 拉比諾（Thomas Rabino），《美國戰爭文化》（*De la guerre en Amérique*），序前
(8) William Blum, *Killing Hope*, pp. 383-384, pp. 454-462

金融力量

10.1 把美元變成「美金」

基辛格（Kissinger）說過：「誰控制了貨幣,誰就控制了全世界。」第二次世界大戰後,歐洲變成了「一片瓦礫,一所停屍房,瘟疫和仇恨的溫床」。歐洲人無奈地「呆呆凝視他們已成廢墟的城市和家」。當時只有美國是不須要進行戰後復興的大國,而且擁有壓倒性大量黃金。美國取代了英國,成為軍事上和經濟上的強國。美國形勢大好,自然會趁機控制世界貨幣。美國建立了一個以美元為基礎的全球金融體系。美國把美元和黃金掛鈎（「美金」）,然後又把「美金」與其它貨幣掛鈎,變成了一個「雙掛鈎」的貨幣制度。「美金」於是成為結算貨幣和各國儲備的貨幣。這樣,「美金」便成為實際的世界貨幣。美國真的可以開始控制世界貨幣了。

10.2 「世界銀行」（World Bank）／「國際貨幣基金組織」（International Monetary Fund,簡稱 IMF）

美國帶頭成立了「世界銀行」和「國際貨幣基金組織」,為有需要資金的國家提供幫助。美國定下的規則,令它在這兩個國際金融機構擁有實質的控制權。世界各國只能接受這一個美國定下來的金融秩序,在這個秩序之下運作。要獲得資金,基本上要接受美國定下來的條件。美國透過控制「世界銀行」和「國際貨幣基金組織」,影響甚至控制其它國家。想當年的「蘇彝士運河危機」,美國因為不滿英國出兵埃及,便反對「國際貨幣基金組織」借錢給英國用來

保衛它的貨幣，逼使英國從埃及退兵。自此，美國和英國便進入「特別關係」時代（即美化了的英國「老二」地位）。

10.3 《關稅與貿易總協定》（General Agreement on Tariffs and Trade，簡稱 GATT）

美國是個工商業大國，一直以來都夢想著世界各國市場為它而開放，令美國貨品可以自由進入。除了市場之外，美國亦夢想著世界各國的資源都可以順利地供給它使用。因此，美國宣揚開放市場、自由貿易、一體化等等。美國帶頭成立了《關稅與貿易總協定》，目標是將關稅和非關稅（如限制進口）都撤除，又以多邊協議代替雙邊協議。這個協定後來發展成為現時的「世界貿易組織」（World Trade Organization，簡稱 WTO）。美國所推行的「新自由主義改革」（大市場、小政府、輕賦稅），其核心是開放市場和自由化。美國的夢想是人、貨、錢和資訊都可自由流動，使到地球「平」起來了，沒有障礙。

10.4 美國主導了世界金融秩序

「美金」成為了世界貨幣。美國透過主導「世界銀行」、「國際貨幣基金組織」和《關稅與貿易總協定》，定下了一套新的和對它有利的全球金融秩序。美國主導了世界經濟，確立了美國經濟及金融霸主的地位。英國（昨天的「一哥」）無奈地目送自己的金融霸權轉到美國手上。英國銀行一位高層說這個體系（「布雷頓森林」／Bretton Woods）是「大戰爭以外對大不列顛最大的打擊」[1]。當時蘇聯並不滿意這個安排，形容這個新的世界金融秩序為「華爾街的分行」[2]。世界上不喜歡這三個組織的人，稱它們為「邪惡的三位一體」[3]。

10.5　「美金」不再（1971）

在「冷戰」期間，美國打完韓戰，又陷入了越戰中。它的經濟不振，外貿逆差增加，國際收支赤字擴大。另一方面，歐洲和日本的經濟崛起。歐洲人，尤其是法國人，開始信賴黃金多於美金，便把美金兌換黃金。法國認為美元有「過分的特權」，又說「美元就是強盜」。法國說「我們用軍艦運美元到美國紐約，把黃金拿回來……」。[4] 久而久之，美國的黃金便越來越少。由美國所構建的「美金」便難以維持下去了。美國為了解決自己的問題，單方面關閉「黃金窗口」，宣佈「美金」不再能換黃金。世界金融，從金本位制度走向信用貨幣時代。「美金」變回了美元。從此，美國理論上可以隨便印鈔票。這個事件，被視為第一次貨幣戰爭。還有，美國為了打救自己，強迫日本和德國把它們的貨幣升值。但是，事與願違，「拋售美元」的現象持續。

世界對美元失去信心。怎樣才可以逼使其它國家繼續以美元交易，繼續以美元做儲備貨幣，令美元可以繼續主導金融世界？美國是金融大國，財技高超，又有何妙計？

10.6　「石油美元」（1974）

因為世界上很多國家都要買石油，所以石油是世界上交易最重大的商品。聰明的美國人想，如果石油買家一定要使用美元付款，那麼世界上很多國家便需要買美元來付款。這樣，美元便可以繼續成為世界的貨幣，而美元亦會繼續成為世界各國的外匯儲備。美國計上心頭，便到中東產油國地區，先與老朋友沙地阿拉伯訂下協議：沙地石油出口必須用美元作為定價和結算貨幣，而沙地則會用「石油美元」購買美國國債；與此同時，美國答應會保護沙地安全，並會售賣武器予他們。隨後，美國仿照沙地模式，與多個中東產油國達

成共識，確定美元為石油的定價和結算貨幣。「石油輸出國組織」
（Organization of the Petroleum Exporting Countries，簡稱
OPEC）以美元為交易貨幣。這樣，世界各國想向中東買石油便要
用美元來付款，因此便形成了「沒有美元就沒有石油」的「石油美
元」體系。這個油元體系讓美國得以保持美元為全球儲備貨幣的地
位，維持全球經濟霸主的寶座。

美國在美元的戰略佈局，真是高明，使到積弱了的美元仍然能夠稱
霸世界金融。美國玩弄財技水平之高，真是令人望塵莫及。難怪它
的財政部長（康納利／Connally）說過：「美元是我們的貨幣，
是你們的麻煩。」[5]

10.7　「環球銀行金融電信協會」（Society for Worldwide Interbank
Financial Telecommunication，簡稱 SWIFT）

美國亦透過這一個協會，增強對世界金融交易的控制。這一個協
會，有接近一萬間金融機構。如果不是會員的話，便難以進行國際
匯款。美國的影響力大，往往指示這個協會「辦事」，使到目標
國家或個人無法在金融市場交收。例如，近年美國禁止伊朗使用
SWIFT 進行國際交易。美國有一種「大殺傷力武器」—— 制裁。
一旦美國制裁任何國家、公司或個人，此目標都不能在美國境內進
行活動和難以在境外進行金融交易。

有不滿美國把一般的金融工具武器化的人，形容這是「金融恐怖主
義」。試問，誰有條件可以向美國說不？

10.8　美國打壓任何挑戰美元的貨幣

光陰似箭，日月如梭，又過了幾十年。今時今日，美元仍是全球通
用的交易結算和儲備貨幣，美國仍然控制著美元的供應和使用。除

了軍力之外，美國是靠美元稱霸世界的。因此，任何企圖挑戰「石油美元」的行為必會遭到美國重手打擊。過去只要有國家不願用美元結算石油都沒有好下場，伊拉克和利比亞便是清楚不過的例子。在六十年代，法國的戴高樂（de Gaulle）總統亦曾經企圖挑戰「美金」的地位。[6] 為了維持美元的霸權，美國下定決心一定要防止第二個國際貨幣的出現。

美國把美元武器化，利用金融手段來達到其政治目的。美國為了維持其美元的地位，便要維持其軍事上的霸權。美國的軍力，舉世無雙，可以在戰場上「玩死」敵人。美國的金融霸權，亦是舉世無雙，可以在經濟方面「玩殘」敵人。正所謂「倚天劍」和「屠龍刀」都在美國手中，真的是「論武功，問世間邊個夠我高」！

參考：
(1) William Engdahl, *Gods of Money*, p. 215
(2) Eric Toussaint, *"Concerning the founding of the Bretton Woods Institutions"*, February 24, 2019
(3) 江涌，《誰在操縱世界的意識》，p. 293
    鄭必模（Pil Mo Jung），《躁動的美元》（달러의 역설），p. 251
    江涌，《誰在操縱世界的意識》，p. 496
    Ziauddin Sardar and Merryl Davies, *Why Do People Hate America?*, p. 71, p. 76
(4) 拉羅西埃（Jacques de Larosière），《金融危機五十年》（*50 Ans de Crises Financières*），p. 73
(5) 何亞非，《秩序重組》，p. 117
(6) William Engdahl, *A Century of War*, pp. 150-151

「軟實力」

11.1 「美國夢」

海闊天空的大地，自由自在，追求財富，擁有房屋和汽車，穿牛仔褲，飲「可口可樂」，吃「漢堡包」和炸薯條，聽搖滾樂，看荷里活電影和百老匯舞台劇，到「迪士尼樂園」和「環球影城」一遊，看美國電視節目，在「長春藤」大學讀書，高談闊論（民主、人權、法治、市場經濟、世界一體化等等），到美國各地旅遊，接受高科技醫療，把資產轉移到美國……美國給人的觀感是美好的。希拉莉（Hillary Clinton）說：「不論你是誰或是從何而來的，如果你勤力工作和依照規則辦事，你是應該會有機會給你自己和家人帶來一個好的人生。」

「美國夢」是否不單只是美國人的夢，而且亦是世界各地不少地方的人的夢？

11.2 電影

美國的電影業，財雄勢大。法國學者（克羅克・朱里安／Julien）說：「美國的電影早已向全世界進軍，他們的推銷系統與蜘蛛網一樣，遍佈全世界各地。世界各大都市的電影院，大都上映美國的影片，……在這方面英、德、西班牙已漸漸無法與美國電影競爭。……在美國掀起的流行或狂熱，藉著電影，於數星期內即傳遍全世界。因此，美國的『價值觀念』迅速的在擴散。」[1] 美國文化，隨著美國電影，深入民心。

北韓的領導人（金正日）是否喜歡看美國電影？試問，其它地方的本土電影，如何可以與美國的大片（如《星球大戰》、《侏羅紀公園》、《職業特工隊》、《帝國驕雄》等等）爭鋒？

11.3　電視

在上個世紀的八十年代末，美國電視節目出口已經居世界之冠，而且超出第二位的英國有七倍之多！而「就連當時『反美』的法國，每日都長時間的播放美國的錄製的節目」。[2] 美國文化，隨著美國電視，深入民心。

試問「美國控制了世界百分之七十五的電視節目和百分之六十的廣播節目……別的國家怎麼抵抗呢」？[3]

11.4　體育

美國籃球節目，在一百七十五個國家以四十種語言廣播給六億人看。日看夜看之後，話說中國的中學生最欽佩的人除了周恩來之外便是米高佐敦（Michael Jordan）。[4] 亦話說北韓的第二和第三代領導人（金正日和金正恩）都是美國籃球明星（米高佐敦）迷。當年美國國務卿（奧爾布萊特／ Albright）歷史性訪問北韓時送給金正日的禮物，便是一個簽了名的籃球！美國文化，隨著美國體育，深入民心。

11.5　飲食

「麥當勞」、「肯德基」、「必勝客」、「漢堡王」、「可口可樂」、「星巴克」等等及它們強而有力的廣告，使美國飲食成為了世界上流行的飲食。

11.6　大學教育

美國的精英大學，是美國的品牌。美國的教育精神，是在思想無邊界的環境之下，敢去想，敢去試，試完再試，試到成功為止。它的大學之門，向世界開放，實行「得天下英才而教之」。他們教了之後，更可以「留」下這些精英，為美國服務。美國每年都從世界各地吸引很多學生來到求學。外來的大學生，有一百多萬，其中有三十七萬是來自中國。學成回國的精英，不單止帶著知識回國，還帶著美國文化回國。

11.7　「軟實力」：世界到處都有充滿美國思想的人

(1)　美國學者（赫茲加德／Hertsgaard）說：「在過去三十年裏，美國對於國外媒體市場控制出現了驚人的業績，到二十世紀九十年代末，美國的電影、音樂與電視產業都在依賴美國國外的銷售，其銷量占其營業收入的五十％到七十％。一九九八年，班傑明・巴伯在《聖戰與麥當勞世界》一書中報導，美國電影控制了歐洲大陸票房排行榜的前十名，占法國電影營業收入的六十％，占英國電影營業收入的九十五％。美國音樂和電視節目的銷售額不僅在歐洲出現了高峰，在新興市場亞洲、非洲，以及南美洲的市場也同樣有很高的銷售額。」[5]

(2)　法國學者（克羅克・朱里安）說：「美國人深深的知道，經由被譯成各國語言的文學，在世界各地播放的電影，美國通訊社發出的新聞，巡迴各國的傳道者以及彪炳的科學家業績，往往都足以增添美國的光榮與勢力。而且美國人也知道如何利用各種手段傳播其知識與藝術的活力。加上書籍、唱片、電影、電視、電視錄影帶的輸出、專利的販賣，都是研究開發上重要資金的來源。」[6] 歐洲人抱怨說：「我們歐洲人現在更熟悉的是

美國人的形象和面孔,而並非歐洲人。我們賞識的城市是紐約市和洛杉磯,而不是柏林和馬德里。」[7]

(3) 多年來,美國的「軟實力」對世界影響甚大。幾十年前已經有美國學者(奈伊)說過:「美國大眾文化具有廣泛的吸引力。從未到過美國的日本青年穿著印有美國大學名字的運動衣。尼加拉瓜政府在與美國支持的游擊隊作戰,而其電視台卻在播放美國的電視節目。」[8] 當年蘇聯的赫魯曉夫(Khrushchev)訪問美國,要求要到「迪士尼樂園」一遊。金正日的兒子(金正男)一家大小使用假護照偷偷地到日本的「東京迪士尼」。美國真的是無處不在。德國的一本周刊(《明鏡》╱ Der Spiegel)說:「在現代歷史上沒有一個國家像美國這樣完全控制著地球,從加德滿都到金沙薩,從開羅到加拉加斯,美國的偶像影響著全世界。」[9]

參考:
(1) 克羅克・朱里安(Claude Julien),《剖析美利堅帝國》(L' empire Americain),pp. 141-142
(2) 克羅克・朱里安(Claude Julien),《剖析美利堅帝國》(L' empire Americain),p. 141
(3) 李敖,《陽痿美國》,p. 579
(4) George Herring, The American Century & Beyond, pp. 619-620
(5) 赫茲加德(Mark Hertsgaard),《鷹的陰影》(The Eagle's Shadow: Why America Fascinates and Infuriates the World),p. 238
(6) 克羅克・朱里安(Claude Julien),《剖析美利堅帝國》(L' empire Americain),p. 122
(7) 赫茲加德(Mark Hertsgaard),《鷹的陰影》(The Eagle's Shadow: Why America Fascinates and Infuriates the World),p. 239
(8) 王曉德,《美國文化與外交》,p. 220
(9) 王曉德,《美國文化與外交》,pp. 539-540

把「軟實力」武器化

12.1 美國的「心戰」由來已久

(1) 中國古語有云「攻心為上」。美國長久以來都知道「心戰」的重要。「心戰」可以直達對方之國內，又沒有死傷，而且很難防衛。早在差不多一百年前美國的「心戰」宗師（李普曼／Lippmann 和賓利／Bernays）已經大談政府可以怎樣操控民意和「製造同意」（manufacture consent 或 the engineering of consent）。後者說：「有意識和聰明的操控大眾有系統的嗜好和意見是民主社會的一大重要元素。」[1]

(2) 美國總統（威爾遜／Wilson）利用「訊息」在國內操控民意和在國外宣揚「美國主義福音」。他成立了一個「公共訊息委員會」（Committee on Public Information），實行大搞「公關」，進行制度化宣傳和思想操控工作。該委員會的主席（克里爾／Creel）寫了一本名為《我們如何推銷美國》（*How We Advertised America*）的書，講述輿論戰「是為人的心靈而戰，為征服他們的信念而戰，而戰線延伸到每個家庭、每個國家……」。他又說報刊有最大的力量。[2]

(3) 美國總統（艾森豪威爾／Eisenhower）說，在宣傳上花一元等於在國防上花五元[3]另一位總統（杜魯門／Truman）說「冷戰」是一個「人類思想之戰」。第二次世界大戰後，美國透過設立「美國之音」（五十種不同語言）、「歐洲自由電台」等，向全世界以不同的語言廣播，大力宣傳「美國夢」。

美國「……將以這種方法一代接一代地動搖和破壞列寧主義的狂熱。我們要從青年抓起，要把主要的賭注押在青年身上……我們要把他們變成……世界主義者……」[4]「一批新人有朝一日將會在蘇聯掌權，我要努力爭取的就是這一代。」[5]

(4) 美國深明硬銷的作用不大，而且往往還會有反效果。它明白到「好的宣傳就是要做得不像宣傳」這個道理！[6] 最厲害的「洗腦」，是你已經被「洗腦」但仍然是不知道。有話語權的人，基本上可以透過文字、聲音和畫面影響大眾的思想。高水平的宣傳，是會使人信以為真，假作真時真亦假。對政客來說，真假是不重要的，重要的是使你信以為真，正所謂「觀感便是事實」。奧威爾（Orwell）說過自由社會的檢查制度，是比較獨裁社會大大地世故和徹底的，因為「不受歡迎的主見可以使其無聲，不方便的事實可以保密而無須要透過官方的禁止」。[7]

美國人民一向都反對政府對思想的控制。但是，美國政府在這一方面的工作，卻是做得非常成功的。

(5) 讓我們重溫美國歷年有關「心戰」方面的言論吧 [8]

「無論是文化交流，還是新聞宣傳，其任務都是推銷美國思想。」

「是為人的心靈而戰，為征服他們的信念而戰，而戰線延伸到每個家庭、每個國家……」

「只要把腦子弄亂，我們就能不知不覺地改變人們的價值觀念，並逼使他們相信一種經過偷換的價值觀念。」

「說服術是美國權力的一個關鍵要素。美國的說服術的軍火庫必須像我們的核武庫一樣隨手可用。」

「技巧高明又有實質內容的真理宣傳戰，如同一支空軍……真理……是屬於美國的。如果欺騙可以用來推廣真理，那麼就用欺騙也無妨。」

「讓被宣傳的對象沿著你所希望的方向行進,而他們卻認為是自己在選擇方向。」("the subject moves in the direction you desire for reasons which he believes to be his own.")

以上最後那一句真的是可圈可點,請大家留意。正如學者(岡田尊司/Takashi Okada)所言:「思想控制並非恐怖分子等一望即知是危險組織的專利,而是擺出親切的態度,站在奉獻服務的立場,不知不覺中打開你的心扉,用於控制你的手段。」

12.2　把新聞武器化

長久以來,美國利用新聞為思想工具。美國人強於包裝。他們在「新聞管理」(news management)、「形象管理」(image management)和「觀感管理」(perception management)方面的水平是非常高的。話說美國有數以萬計的「公關」,忙於進行「管理」新聞、形象和觀感[9]。美國透過各種工具和技術影響甚至操控人心。同一事件,透過選擇性的事實,焦點與角度的轉換,加上剪接、音響效果等等,忠可以變奸,奸可以變忠。話說美國政府和荷里活的這一種官商合作,把新聞「電影化」,在美國已經有百多年的歷史!難怪美國總統(列根/Reagan)笑言他懷疑一個沒有做過演員的人是如何可以當總統!從上個世紀的八十年代,美國已經進入了「杜撰時代」(Age of Spin)[10]。

報導事實,然後作出公平公正的評論是很困難的嗎?為何要這麼多的「管理」?所謂「新聞管理」,是不是要製造不盡不實、有誤導性的新聞?美國總統(特朗普/Trump)所批評的「假新聞」,是不是言之有理?所謂「形象管理」,是不是製造假象,使好人可變成壞人,而壞人又可變成好人?所謂「觀感管理」是不是要操控

觀眾的感受，要他們感覺良好時便良好，要他們感覺不好時便不好？美國是不是在操縱世界的意識形態？

12.3　把訊息武器化

(1) 美國政府要求「訊息紀律」（message discipline 或 iron-message discipline），甚至自製事實。[11] 美國高官（羅特科普夫／ Rothkopf）直言：「對美國來說，訊息時代對外政策的一個主要目標是在世界的訊息傳播中取得勝利。」[12]

(2) 在互聯網時代，美國可以憑其高科技更快和更有效把更多的「訊息」武器化。每天由美國發往世界各地的訊息不計其數。美國思維，以很強的滲透力「入侵」當地的本土文化，影響著人們的思維方式。美國總統（克林頓／ Clinton）說：「訊息時代來臨，觀念傳播不可阻擋，美國面臨著推動全球自由民主進程的歷史機遇。」今時今日，美國實行「網絡外交」，把「美國利益」包裝成「美國價值」，然後直接向目標國的人民推銷，希望給他們帶來內部矛盾。

(3) 法國學者（克羅克‧朱里安／ Julien）說：「在非共產主義國家，每天有數億人閱讀以本國文字編印出來的報紙，但其內容卻都是來自美國通訊社的報導。……這些報導，包括美國評論家的社論、花邊新聞以及附帶插圖的連載特寫和各地的通訊等。這些情報或解說，完全站在美國的立場與觀點而送到各國的。因此各國讀者在不知不覺中被灌輸美國對於越南戰爭、中東危機、非洲紛爭、戴高樂外交、蘇聯與中共現狀等的看法。美國的世界觀就在不知不覺中，一點一滴的灌輸到數百萬人的腦海裏。他們沒有理由贊同美國人所做的分析，但也無法得到可以比較的情報。」[13]

世界各地人的所見所聞，是不是都離不開美國價值觀？

12.4　把書籍武器化

(1)　美國總統（富蘭克林·羅斯福／Franklin Roosevelt）說過：「圖書如同艦船，擁有最堅硬的裝甲，最長的巡航半徑和最猛烈的火力。」[14]「中情局」認為「書籍是最重要的戰略性宣傳工具」。「中情局」人士說：「書籍同所有其它宣傳媒體不同，因為一本書就可以使讀者的態度和行為發生重大變化，這是其它任何單一媒體所不及的，所以要把書籍當作（長期）戰略宣傳最重要的武器。」多年來「中情局」活躍於出版界，投資了許多出版事業，其目標是「通過秘密資助外國出版社或圖書銷售商，在海外出版或發行書籍而不暴露美國插手其事」。[15]

(2)　法國學者（克羅克·朱里安）說：「『中情局』經常躲在『美國文化情報局』，俗稱『美國新聞處』的後面，干涉一些書本的編輯或出版。至於補助的金錢到底是由『美國新聞處』或『中情局』來的，是無法分辨的，反正都是美國政府為了維護美國的各種利益而支出的錢。」《紐約時報》的詹姆斯·烈斯頓曾說過：「新聞記者、作家、或大學各刊物的主筆，通常並不富有。有些人很容易為金錢所誘因。因此『中情局』就盡量利用他們這些弱點……」艾布斯坦常說：「問題不限於收買作家或教授而已，而是有意建立一個價值體系，根據這個體系，教授獲得升遷，編輯獲得金錢，學生得到獎學金，而且著作也出版了。這不是因為這些人本身的價值，而是他們對美國忠誠的代價。……實際上，美國的大學、外交機構、政府、『中情局』以及財團之間，並沒有太明顯的界線。」[16]

12.5   把電影武器化

(1)   美國人深明:「荷里活的電影可以遠到哈佛大學從未進入過的地方⋯⋯電影是我們最受歡迎的文化武器⋯⋯它甚至比我們的音樂更受歡迎,因為它較容易明白⋯⋯一個英雄、一個壞人、一個待救的女人——還有暴力與性⋯⋯票房賣得⋯⋯如果宗教是人民的鴉片,那影像便是最好的可卡因。」[17] 早在百多年前美國總統(威爾遜)已經講過:「電影是散播消息的一重要媒體。」

(2)   美國滲透荷里活,把政治和意識形態藏在藝術當中。有一位美國人(羅布／Robb)寫了一本名為《好萊塢行動》(*Operation Hollywood: How the Pentagon Shapes and Censors the Movies*)的書,講述美國國防部如何審查電影。他說:「五角大樓數十年來都在告訴電影製作人,甚麼能說,甚麼不能說。這是好萊塢最骯髒的小秘密。」[18] 美國政府補貼製片廠。話說美國國防部和荷里活在長達一百年的合作中,製作了幾百部電影。[19] 在這些大小製作中,美國必然是正義之國。通常的英雄人物都是美國人,打救全世界。而中國、俄羅斯、非洲等等地方的人往往都是負面的人物。久而久之,世界各地的人民便覺得美國是光明正大、義之所在。

(3)   歐洲各國怕「美國電影就像恐龍一般,正把它的利爪伸向『世界公園』,要是歐洲國家再不聯合行動,歐洲文化就瀕臨滅絕」。[20]

12.6 把電視武器化

美國學者（赫茲加德／Hertsgaard）說：「現代美國殖民的是思想，而不是土地。近五十年來，它也許是透過控制最重要的技術來達到此目的：透過電視熒幕來實行精神思想上的殖民。曾經有一段時間，世界主要是透過電影熒幕了解美國的，這就是好萊塢電影所描繪的美國生活。後來，電影受到了電視的補充，再往後就是錄影帶帶來的傳遞。錄影帶可以到達更遠、更偏僻的地方。」[21] 美國電視對全世界人民是有很大的影響的。話說「美國在國外播放的電視節目之多，任何其他國家都是望塵莫及的……而每一個洲都受到美國電視所播放的形象和價值觀念的影響」。[22] 傳媒大亨（梅鐸／Murdoch）說過，電視有潛力推倒極權政權，理由是任何政府都難以阻止人民秘密（透過無線接收器）收看電視。

12.7 把音樂和歌舞武器化

音樂可以深入人的靈魂，打動人心。美國相信音樂是可以「動搖共產集團」的，是可以「使勞動者大腦面臨被麻醉的威脅」。美國音樂（尤其是爵士樂和搖滾樂），佔領了世界各地的音樂市場，對世界各地的大眾影響甚大。有美國學者（羅素／Russell）說：「根據當時的調查顯示，蘇維埃青年對搖滾明星的了解，已經超過對馬克思、列寧、史太林等人的認識……如果爵士樂、搖滾樂、漫畫、『粗俗』電影等文化產物都促成共產主義垮台……」[23] 一個美國高官（杜勒斯／Dulles）說過：「如果我們教會蘇聯的年輕人唱我們的歌曲並隨之起舞，那麼我們遲早將教會他們按照我們所需要他們採取的方法思考問題。」[24] 多年來，蘇聯都害怕美國的爵士樂、搖滾樂會給大眾帶來可能造成的影響。

12.8　把文化武器化

美國的「軟實力」真的可說是天下無敵，而「這些東西對每個人的靈魂或思想的滲透是難以想像的」。[25] 正如美國學者（耶馬）所說：「美國的真正『武器』是……可口可樂……美國製作和美國風格的影片、服裝……」[26] 美國學者（沙達和戴維斯／Sardar and Davies）說：「所以，美國為首的環球一體化利用流行音樂、電視和流行貨品把發展中國家的年輕人變成商品，它的包裝是『自由』……而這個『自由』的引誘……破壞所有本土文化、傳統和歷史所代表的事物。」[27]

美國把其「軟實力」「武器化」成為「和平演變」之工具。世人耳聞目睹的，都是型男美女和自由自在的「美式生活」，而不是這個美化版「軟實力」背後的「強力」部門。

12.9　世界各地反抗美國的文化侵略

(1)　歐洲

歐洲多國都反對在文化上被「美國化」。多年來，法國十分之擔心它的人民「可樂－殖民化」（coca-colonization）。當年的法國外相（韋德里納／Vedrine）說：「我們在經濟、金融、科技和軍事上，同時在擠滿了世界生活方式、語言和大眾文化產品上都是感受到美國至高無上的，塑造了我們的思想，它的魔力，甚至對美國的對手都產牛了作用。」[28] 法國總統（希拉克／Chirac）說：「我們國家的前途處在危機關頭……你不會像做商品交易那樣，把你的個性也交換掉。」[29] 有個農夫（波飛／Bové）帶領九個同志「攻入」當地的「麥當勞」店，進行大肆破壞。他竟然成為了「抵抗」美國文化入侵的大英雄，更被歐洲期刊選出為給歐洲帶來改變的五十先鋒領袖之一！[30] 歐洲多國都在忙於保衛它們的本土文化。這種「保衛」

措施，包括監控美國電影和其它的文化活動。話說「1997 年就出現了這種情況，當時歐洲聯盟試圖限制美國對歐洲大眾文化的占領。歐盟準備建立一項法律，要求在歐洲播放的電視節目中，必須有 50% 的額度是歐洲本土的產品」。[31]

有人笑說法國知識分子在巴黎「迪士尼樂園」附近的茶座飲「可口可樂」又同時抗議美國的「文化帝國主義」！

(2) 加拿大

加拿大高官（科普斯／Copps）說：「我們不應該為保護文化而感到羞愧……我們可能會在全球化的單一文化中喪失自我。」[32]

(3) 試問，「發展中」國家如何抵抗美國？

經濟有「發達」國家和「發展中」國家之分。這兩種國家強弱懸殊，是很難可以有公平競爭的。所以如果一個「發展中」國家把其市場完全開放給一個「發達」國家的話，這只會是死路一條。正因如此，「世界貿易組織」對「發達」國家和「發展中」國家的待遇是不同的。同樣，一個國家的「軟實力」亦是有「發達」國家和「發展中」國家的分別。一個「軟實力」強大的國家，往往是希望一個相對上在「軟實力」弱的國家開放它的社會。原因很簡單，因為弱國是一個容易受傷的國家，不具備與強國公平競爭的條件。這個現象，在經濟上和文化上都是相同的。澳洲學者（威爾特姆／Wertheim）說：「如果歐洲國家亦覺得被威脅，可想美國在文化上的極度帝國主義已經給發展中國家的文化和人民帶來傷害。」[33] 面對一個強大的文化之時，容易受傷的文化需要保護，是可以理解的。

在這些「文化保衛戰」之中，美國的「軟實力」真是太厲害了，往往都佔盡上風。試問，比較弱勢的本土文化又可以再怎樣「保衛」自己的文化呢？

(4) 中國可以怎樣辦？

多年來，美國向中國發動「心戰」。很久以前，美國已經說過「哪個國家能夠做到成功教育這一代中國青年，哪個國家為此付出的一些努力，就會在道義、文化及商業的影響力方面獲取最大的回報……我們可以通過文化知識上和精神上對中國領袖群體起主宰作用，以最令人滿意又最微妙的方式控制中國的走向」。[34] 美國「不是通過武力，而是通過訊息、國際交流以及類似的軟手段來破壞中國的共產主義制度，在中國對此持任何異議的人都無法阻止」。在中美知識產權談判中，美國強硬要求中國開放文化市場，以便傳播美國文化。[35] 中國的「軟實力」，相對美國來說仍在「發展中」而並非一個「發達」國家。面對美國的「軟實力」，中國正在實行「保護主義」。

三十年前，美國在不費一兵一卒的情況下，不戰而使到蘇聯解體，其中的一大原因，便是美國的「軟實力」成功地深入了蘇聯社會。正當中國還在忙於「文化保衛戰」之時，全國各地不是已經有了數之不盡的「麥當勞」、「肯德基」和「必勝客」，而上海亦已經有了「迪士尼樂園」嗎？美國的大學，包括非名牌大學，是不是都有不少來自中國的留學生？隨著這些「軟實力」而來的便是經過「美化」的美國意識形態。美國政府的夢，是希望多些中國人發「美國夢」。長話短說，「和平演變」之險又來了。而這一輪是更快更大，因為有了互聯網。由於美國和中國的「軟實力」仍然有一段距離，所以中國採取了不少措施以防止中國人的靈魂被「美國化」。例如，中國有一隊龐大的「網軍」，使用「防火長城」來監控過濾網路上的通訊言論。因此，中國人民在「自由」方面（包括思想、言論、知情、集會）仍然是限制多多，不如理想的。

參考：
(1) Laurent Guyénot, *JFK-9/11: 50 Years of Deep State*, p. 7
Edward Herman and Noam Chomsky, *Manufacturing Consent*, Preface
Jill Lepore, *These Truths: a History of the United States*, pp. 401-402
Noam Chomsky, *Media Control*, pp. 14-21
(2) Laurent Guyénot, *JFK-9/11: 50 Years of Deep State*, p. 7
George Herring, *The American Century & Beyond*, p. 114
Susan Brewer, *Why America Fights*, p. 56
(3) 江涌，《誰在操縱世界的意識》，p. 305
(4) 江涌，《誰在操縱世界的意識》，p. 153
(5) 江涌，《誰在操縱世界的意識》，p. 151
(6) 桑德斯（Frances Saunders），《文化冷戰與中央情報局》（*The Cultural Cold War: The CIA and The World of Arts and Letters*），p. 1
Laura Belmonte, *Selling the American Way*, p. 178
(7) Ziauddin Sardar and Merryl Davies, *Why Do People Hate America?*, pp. 90-91
(8) 王曉德，《美國文化與外交》，p. 219
江涌，《誰在操縱世界的意識》，p. 106，p. 3，p. 232，p. 259
Frances Saunders, *The Cultural Cold War*, p. 82
桑德斯（Frances Saunders），《文化冷戰與中央情報局》（*The Cultural Cold War: The CIA and The World of Arts and Letters*），p. 5, p. 105
Frances Saunders, *The Cultural Cold War*, p. 4
岡田尊司（Takashi Okada），《當「洗腦」統治了我們：思想控制的技術》（マインド・コントロール 増補改訂版），p. 295

(9) David Greenberg, *Republic of Spin*, p. 251, p. 293, p. 317
Nicholas Schou, *Spooked*, pp. ix-x, 1-6, 7, 19, 87-88

(10) David Greenberg, *Republic of Spin*, p. 395, p. 415

(11) Susan Brewer, *Why America Fights*, p. 272, p. 233, p. 278

(12) 王曉德，《美國文化與外交》，p. 540

(13) 克羅克‧朱里安（Claude Julien），《剖析美利堅帝國》（*L' empire Americain*），p. 136

(14) 江涌，《誰在操縱世界的意識》，p. 401

(15) 桑德斯（Frances Saunders），《文化冷戰與中央情報局》（*The Cultural Cold War: The CIA and The World of Arts and Letters*），pp. 275-276
江涌，《誰在操縱世界的意識》，p. 404，p. 471

(16) 克羅克‧朱里安（Claude Julien），《剖析美利堅帝國》（*L' empire Americain*），p. 154

(17) 江涌，《誰在操縱世界的意識》，p. 154，p. 301
William Engdahl, *Target China*, pp. 177-178
Susan Brewer, *Why America Fights*, p. 64

(18) 羅布（David Robb），《好萊塢行動》（*Operation Hollywood: How the Pentagon Shapes and Censors the Movies*），p. I
Nicholas Schou, *Spooked*, p. 4, pp. 87-111

(19) 拉比諾（Thomas Rabino），《美國戰爭文化》（*De la guerre en Amérique*），pp. 66-73
江涌，《誰在操縱世界的意識》，pp. 406-407
Michel Chossudovsky, *America's "War On Terrorism"*, p. 154

(20) 王曉德，《美國文化與外交》，pp. 222-223

(21) 赫茲加德（Mark Hertsgaard），《鷹的陰影》（*The Eagle's Shadow: Why America Fascinates and Infuriates the World*），p. 236

(22) 王曉德，《美國文化與外交》，p. 221

(23) 羅素（Thaddeus Russell），《暴民創造自由民主》（*A Renegade History of the United States*），pp. 341-351

(24) 王曉德，《美國文化與外交》，pp. 219-220

(25) 王曉德，《美國文化與外交》，p. 222

(26) 王曉德，《美國文化與外交》，p. 222

(27) Ziauddin Sardar and Merryl Davies, *Why Do People Hate America?*, p. 125

(28) Henry Kissinger, *Does American Need a Foreign Policy?*, p. 48

(29) 王曉德，《美國文化與外交》，p. 223

(30) Rixa Freczc, *"French Food vs. Fast Food: José Bové Takes on McDonald's"*, Ohio University, 2002

(31) 赫茲加德（Mark Hertsgaard），《鷹的陰影》（*The Eagle's Shadow: Why America Fascinates and Infuriates the World*），p. 238

(32) 王曉德，《美國文化與外交》，p. 223

(33) Ziauddin Sardar and Merryl Davies, *Why Do People Hate America?*, p. 120

(34) 江涌，《誰在操縱世界的意識》，pp. 151-152
William Engdahl, *Target China*, pp. 175-184

(35) 王曉德，《美國文化與外交》，pp. 221-222

「中央情報局」

13.1 不務正業

(1) 顧名思義，「中情局」（Central Intelligence Agency，簡稱 CIA）的主要工作，是負責情報。但是，它成立不久之後，便開始不務正業，忙於在世界各地搞政變，推翻反美政府，扶植親美政權。被它推翻的政府，往往都是民選的，而被它扶植的政權，不少都是獨裁的。「中情局」的所作所為，連前任總統（杜魯門／Truman）都覺得不對勁，出來說他對「中情局」「超出原來工作範圍感到不安」，意想不到它成為了「和平時期的秘密陰謀運作」。[1] 話說「中情局」的經費似乎是長用長有，連它自己人都說：「天哪，我們怎麼能這麼花錢！簡直是揮金如土，而且沒有人必須報賬。真是令人吃驚。」[2]

(2) 美國的國師（凱南／Kennan）說：「美國沒有文化部，中央情報局有責任來填補這個空缺。」[3]「中情局」多年來滲透文化事業，包括秘密給電影和媒體基金會、刊物、書籍等等提供金錢上的支援。例如《動物農莊》（*Animal Farm*）（一部反共電影的代表作）實際上是「中情局」的傑作。[4]

(3) 「中情局」把文化變成「冷戰」武器。它把「非官方」團體有系統地組織起來，成為一個網絡，形成一支非官方的聯合部隊。多年來，慈善性質的基金會與「中情局」密切合作，提供掩護。這些基金會宣稱它們都是「私人」基金會。話說後來這成為一個笑柄：凡是美國的慈善機構或文化機構，只要它們的

文件上常有「自由的」或「私人的」字樣,那必定是「中情局」的外圍機構。[5]

13.2　手段惡劣

(1) 美國國務卿(蓬佩奧／Pompeo)說過:「我是『中情局』的局長。我們說謊,我們欺騙,我們盜竊。」「中情局」的惡行多多,包括暗殺外國領袖。當年(1954)它的內部甚至出了一本名為《暗殺研究》(*A Study of Assassination*)的冊子[6](1997年解密),講述刺殺之道,其中包括製造「意外」,而「最有效的意外是從七十五呎或以上墜下硬地上」。還有,「藥物是可以很有效的」暗殺方法。美國政府曾經命令「中情局」成立刺殺組。[7]被「中情局」刺殺和計劃刺殺的外國領袖為數不少。話說多年之後美國總統(福特／Ford 和列根／Reagan)命令「中情局」不可以進行刺殺行為。[8]當美國總統(特朗普／Trump)被問及俄羅斯殺死記者和反對派領袖之時,他回應說:「我想我們的國家殺了很多」,而他後來又補充:「我們有很多殺手……你想我們國家是這麼無辜?」[9]當年美國指控伊拉克計劃暗殺其前總統(「老布殊」／George W.H. Bush),便出兵轟炸伊拉克。其實,美國是否其身不正,賊喊捉賊?正如美國學者(洛溫／Loewen)所言:「當伊拉克試圖在『老布殊』前總統訪問科威特時加以暗殺,我們的政府表達了憤怒,並投彈轟炸巴格達回敬,但是美國本身卻一再安排類似的暗殺活動。」[10]

(2) 「中情局」的工作是不能見光的,要秘密進行,事後便講「必要的謊言」。它的一貫態度是「不承認任何事,否認所有事,提出反指控」[11]。此外,「中情局」參與的所有重大事件都

要處於「貌似可信的可否認」（plausible deniability）的狀態，以便美國領導人得以否認有參與過這些不可見光的事。如果沒有記錄有人把不應該做的事告知總統，他便可以說出「貌似可信的可否認」的話！[12]

多年來，美國總統在幕前講一套，而「中情局」在幕後做一套，出事時總統處於一個可以講一些「真的一樣的否認」之言。真的假不了，假的真不了，假作真時真亦假，真真假假……這一種「貌似可信的可否認」的「語言偽術」，其水平是不是真的非常高的？

13.3　形象差極

久而久之，「中情局」臭名遠播。連它自己人都認為其形象是從事陰謀活動的組織，設置出來推翻政府、暗殺國家元首和參與外國的政治事務[13]。每當壞事曝光之後，美國政府早期曾經試圖與「中情局」劃清界線，更形容它為「流氓大象」。[14] 可是當更多的事實曝光之後，政府的高層（包括總統）實在難辭其咎。有學者說「中情局」的問題實是在「流氓總統」，而不是在「流氓大象」。因為「沒有美國總統的同意，『中情局』是不敢做任何重大決定的」。[15] 話說「在伊朗、危地馬拉、南越和智利發生的政變全部都是『總統命令』的……」[16] 有學者著書立說，形容「中情局」的行為是「有組織罪行」。[17]

參考：

(1) Laurent Guyénot, *JFK-9/11: 50 Years of Deep State*, p. 51
Noam Chomsky, *How The World Works*, p. 162
Jeffrey Sachs, *A New Foreign Policy: Beyond American Exceptionalism*, pp. 77-78, 90

(2) 桑德斯（Frances Saunders），《文化冷戰與中央情報局》（*The Cultural Cold War: The CIA and The World of Arts and Letters*），p. 113
Francis Saunders, *The Cultural Cold War*, p. 88

(3) 江涌，《誰在操縱世界的意識》，p. 295

(4) Frances Saunders, *The Cultural Cold War*, pp. 247-251
Nicholas Schou, *Spooked*, pp. 87-88
江涌，《誰在操縱世界的意識》，pp. 470-471

(5) 桑德斯（Frances Saunders），《文化冷戰與中央情報局》（*The Cultural Cold War: The CIA and The World of Arts and Letters*），p. 142，p. 148，p. 150

(6) Laurent Guyénot, *JFK-9/11: 50 Years of Deep State*, p. 35
William Blum, *Rogue State*, p. 56
Andrew Alexander, *America and the Imperialism of Ignorance*, p. 186

(7) Tim Weiner, *Legacy of Ashes*, p. 214
Robert Baer, *The Perfect Kill: 21 Laws For Assassins*

(8) Robert Baer, *See No Evil*, p. 7
奈伊（Joseph Nye, Jr.），《強權者的道德》（*Do Morals Matter? Presidents and Foreign Policy from FDR to Trump*），p. 354

(9) Michael McFaul, *From Cold War To Hot Peace*, p. 431

(10) 洛溫（James Loewen），《老師的謊言》（*Lies My Teacher Told Me: Everything Your American History Textbook Got Wrong*），p. 256

(11) Tim Weiner, *Legacy of Ashes*, p. 587

(12) Douglas Valentine, *The CIA as Organized Crime*, p. 347
Laurent Guyénot, *JFK-9/11: 50 Years of Deep State*, p. 33
桑德斯（Frances Saunders），《文化冷戰與中央情報局》（*The Cultural Cold War: The CIA and The World of Arts and Letters*），pp. 31-32

(13) Laurent Guyénot, *JFK-9/11: 50 Years of Deep State*, p. 51
Tim Weiner, *Legacy of Ashes*, pp. 390-393
John Prados, *Safe for Democracy*, pp. 431-463

(14) John Prados, *Safe for Democracy*, p. xiv, p. 439

(15) 克羅克・朱里安（Claude Julien），《剖析美利堅帝國》（*L' empire Americain*），p. 199
Scott Anderson, *The Quiet Americans: Four CIA Spies at the Dawn of the Cold War*

(16) Stephen Kinzer, *Overthrow*, pp. 195-196

(17) Douglas Valentine, *The CIA as Organized Crime*

韓戰：
「獨立」後卻「統一」不成 (1950-1953)

14.1 韓國人「獨立」之後，不論南北都希望「統一」

韓國是一個文明古國。在第二次世界大戰之前，它被日本佔領了三十六年。二戰結束後，韓國人終於等到可以「獨立」之日了，真是舉國歡騰。可是，高興的時間卻是很短暫。在沒有韓國人同意下，美國和蘇聯把他們的國家一分為二：親共的北韓和親美的南韓。其實當時的韓國人，不論南北，都是希望統一的。北韓揮軍「南伐」，企圖統一韓國。北韓在短短的三星期之內，便幾乎佔據了整個南韓。美國在「冷戰」期間，已經「失去」了中國。它不願再「失去」韓國，於是便帶領聯合國出兵制止南韓被北韓統一。

美國自己是堅持統一的。為了「統一」，美國在南北戰爭（阻止分裂）時死了六十多萬人。為甚麼美國自己要統一，卻又不讓韓國人統一？在韓國，不論由誰統一，都是韓國人的內政。韓國與美國山長水遠，又沒有侵略過美國，為甚麼美國要出兵韓國？

14.2 中國差點兒要受核彈之災

美軍冒險在仁川登陸，成功收復漢城，繼而北上圍攻平壤，更推進到近中國邊境了。中國擔心「唇亡齒寒」。中國決定「抗美援朝，保家衛國」，便出兵朝鮮。當時，美軍將領麥克阿瑟（MacArthur）看不起拿著舊步槍和穿布鞋的「志願軍」。但是，美軍在二天之內

便有一千人死傷。中國「志願軍」收復平壤，繼而南下。美國戰事失利，美國將軍（麥克阿瑟）要求使用五十個原子彈對付中國。當時亦有國會議員說要用原子彈。美國總統雖然只想打有限戰爭，亦宣稱考慮「在朝鮮戰場使用原子彈」。[1]

如果當時美國是一國獨大，不是有蘇聯的制衡，可能已經使用了原子彈對付中國了。其實，當時中國剛剛立國，又窮又落後。美軍只是在遠方的戰場上一時失利（雖然有人形容此為「美國歷史上最大的戰敗」），並沒有甚麼真正的國家安全問題，更沒有國家存亡之險。一個自稱文明的國家，為甚麼會這麼快便考慮使用原子彈？如果當時中國有原子彈，而且有火箭可以射到美國，你想美國會不會這麼快便考慮動用原子彈？一般香港人（尤其是精英）對美國感覺良好，對麥克阿瑟的印象亦是不錯的。但是，似乎大多數人都不知道這一位美國人心中的英雄，曾經力陳用五十個原子彈炸中國的東北。

14.3　炸，炸，炸

中國打破了美軍不敗的神話。美國三易統帥，亦未能反敗為勝。戰爭容易使人喪失理性。美軍在北韓進行地毯式轟炸，又被指控使用化學武器（細菌包括天花）。美國在這一個細小的北韓，炸，炸，炸（包括水壩），炸到簡直沒有目標可以再炸。生存者要在洞中過活。美國軍官（李梅／LeMay）說：「我們把北韓和南韓的每一個城市燒成平地。我們殺死了多於一百萬的韓國平民和把數百萬人驅離他們的家園。」[2]

在戰爭期間，空襲敵軍，並無不妥。但是，空襲平民和民間設施，又是如何的呢？美國時常指控他人為「恐怖分子」。但是，這種行為，又是不是恐怖的呢？

參考：
(1) Oliver Stone and Peter Kuznick, *The Untold History of the United States*, pp. 240-242

Blaine Taylor, *"One of America's Most Legendary Generals Had a Terrifying Plan to Win the Korean War", The National Interest*, July 16, 2017

莫莉耶（Juliette Morillot）和馬洛維克（Dorian Malovic），《北韓一百問》（*La Corée du Nord en 100 questions*），p. 118

(2) Oliver Stone and Peter Kuznick, *The Untold History of the United States*, p. 250, p. 244

John Dower, *The Violent American Century*, p. 43

William Blum, *Killing Hope*, p. 54

William Blum, *Rogue State*, pp. 137-138

Noam Chomsky, *Who Rules the World?*, p. 132

Ron Hirschbein, *The United States and Terrorism*, pp. 104-105

Howard Zinn, *A People's History of the United States*, p. 428

南韓：
美國支持獨裁政權 *(1947-1988)*

15.1　濟州（Jeju）大屠殺（1947-1948）

(1)　濟州島在二次世界大戰後發生了警民衝突，引發工人大罷工。
　　　南韓宣佈濟州戒嚴，繼而展開「大量屠殺計劃」。南韓軍人政
　　　府在濟州屠殺了最少三萬平民。軍警將家中有人不在者列為
　　　「逃避者家屬」，然後把他們的父母兄弟姊妹「代殺」。

(2)　一路以來，這個大屠殺事件，是濟州島不能說的痛。南韓在該
　　　屠殺事件發生了四十多年之後，才公佈由政府著手調查真相。
　　　美國總統（「老布殊」／ George W.H. Bush）阻止美國駐
　　　韓大使（Gleysteen）和將軍（Wickham）為此事件作證 [1]。

這個發生在美國軍政時期的集體大屠殺，為甚麼大部分時間和大多
人都似乎是完全不知情？美國的傳媒，是不是選擇性報導？美國的
教育，是不是選擇性的教育？你想，在南韓的各大歷史博物館（國
民教育的一部分），有沒有講述這一個大屠殺？

15.2　光州（Gwangju）事件（1980）

南韓人民推翻了統治他們十二年之久的獨裁總統（李承晚／ Rhee
Syngman）之後，只帶來了短暫的民主。南韓很快便進入了漫長
的軍人統治時期（1961-1993）。一直以來，美國支持南韓的獨
裁統治。在此期間，光州人民要求民主和自由。南韓政府擴大戒嚴
令，拘捕反對領袖，又勒令大學停課。南韓軍隊暴力鎮壓，開槍殺

平民，造成數百人死亡。美國發表了「不能坐視韓國無秩序和混亂」的聲明。話說從解密檔案可以看到，美國當時是支持出兵鎮壓這個現今被定性為學生與人民的民主運動。[2] 在「光州事件」前後，美國不但如常支持南韓的獨裁軍人，更增加了對南韓的貸款。

為何大多數的美國人都知道中國的「天安門事件」而卻不知道南韓的「光州事件」？南韓人民要求民主、自由、人權，南韓政府武力鎮壓。美國支持南韓軍人政權「維穩」。你親美的，美國便會替你「維穩」。你反美的，美國便給你輸出「民主」。熱愛民主的人士，一般都歌頌學生和有關電影（如《逆權大狀》、《逆權司機》和《1987：逆權公民》），批評南韓政府的暴力，但是卻忽略了南韓政府背後美國（真正話事人）的態度。有南韓人指出，南韓歷代軍事獨裁政權，即使有組織地侵害南韓人民的權益，也始終不見美國抗議。南韓人民在三十多年中爭取民主、自由和人權的故事，真是可歌可泣。但是，為何沒有一個南韓的「抗爭者」獲得到諾貝爾和平獎？還有，美國有沒有接收南韓的異見人士？

15.3 「白色恐怖」

(1) 南韓以肅清「北韓間諜」和「北韓同情者」為理由，進行高壓恐怖政策。軍政府立下法律，如「國家安全法」和「反共法」，給予政府非常大的權力，可以肆意捉拿和禁錮。軍人壓制示威，審查媒體。警察非法拘留與毒打學生，酷刑逼供。特務隨街捉人，甚至將他們無止境地禁錮在監獄中，外邊的家屬對他們的生死音訊全無。一切生殺與輿論權，都在警察手中。當時著名的「南營洞」特務大樓，使人不寒而慄。

(2) 話說最久的一位「白色恐怖」受難者被單獨監禁達四十四年之久。另外一位受難者（徐勝），坐了十九年監 [3]。他說：「我從進進出出的人多又吵雜的首爾看守所，移到大邱監獄的特

舍，立刻被這裏肅殺的氣氛震懾住了。只要稍稍違反了規定，或者露出不服之意，就會立刻遭到叱喝，毒打。……我一到大邱就被毒打了一頓，我的情緒變得非常沮喪。志工藉著管理員的權勢，狐假虎威，可是面對他們的監視與叱喝，我不敢抵抗，我對自己的卑微感到不齒。」他被移送到大田監獄之後，被「灌水刑求」。他說：「他們把我的雙手上手銬，從手腕到手肘之間用繩子層層捆住之後，把手臂硬往後拉到後腦勺，再把捆綁手腕的繩子穿到鼠蹊部用力抓緊。然後用一個大水桶，裝著一半稀飯一半鹽巴，強迫往我嘴巴裏灌，同時兩側還有人猛踢我。鹽進我胃裏，我的內臟像是翻騰，胃裏的東西全部都吐了出來。……被繩子捆得血液不通，比毆打還痛苦。吃飯，大小便都很不方便，但是要命的是無法睡覺。」

15.4　美國一直以來都支持南韓軍人政府的鐵腕統治（1960-1990）

三十多年來在軍政府的統治下，南韓人既沒有民主，亦難有人權。美國總統（卡特／Carter）給人的印象，是倡導人權外交，但是他卻說：「南韓的統治已是相當完善的民主政體，只是人民根據自己的理解無法適應而已。」他一方面說「支持所有人的自由和正義」，但對於親美的獨裁友邦又宣稱「我們的人權政策不適用於南韓，也不適用於菲律賓」。[4] 另外一位總統（列根／Reagan），更歌頌當年那一位調動軍隊入光州的將領（全斗煥／Chun Doo-hwan）「為了朝鮮五千年走向自由傳統作出了貢獻」。[5]

在這位「人權總統」任內的預算中，所有七個被視為嚴重侵犯人權的國家都得到了美國在金錢上的援助，包括印尼、南韓和菲律賓。面對這些親美國家，美國有沒有真正打過「民主牌」或「人權牌」？美國「國家民主基金會」成立之後，沒有聽過它在南韓軍人政府的鐵腕時期做過甚麼工作。美國當時的主流傳媒，又有沒有（如它們

在反美國家民主運動之中）作出感動人心的報告和評論？美國是不是在南韓選擇維獨裁軍人政府之穩而沒有幫南韓人爭取民主？南韓的民主是不是南韓人自己爭取回來，而不是從美國輸入的，亦不是在美國支持之下成長的？

15.5　南韓可不可以向美國說不？

韓國人是一個驕傲的民族。他們夢想自主不受大國的擺佈。但是，南韓幾十年來，要面對北韓的威脅，又要面對中國的崛起。其實，他們是無奈地「親美」，無選擇地聽美國的話。試問，美國在越南打仗，又與南韓何關？不過，南韓竟然派出五萬士兵參戰。美國在南韓駐軍，有多於八十個軍事基地，駐守南韓的美軍有治外法權。美國還有「戰時指揮權」。正如金大中（Kim Dae-jung）所說：「除了我們之外，世界上還有哪個國家把自己的武裝部隊的控制權和指揮權交給一個外國？」他說過：「歸根結底，我國的內部政治問題必須由我國人民來解決，不能由美國政府決定。」

但是，美國會願意放手嗎？直到現在，南韓還是無奈地跟著美國走。就算沒有了北韓的問題，美國會願意放棄在中國附近的軍事基地嗎？美國總統（特朗普／Trump）在有意多於無意之間不禮貌地說出了美國和南韓之間無情的真相：「沒有美國的同意，南韓不會做任何事。」

參考：
(1)　Chalmers Johnson, *Blowback*, pp. 98-100, p. 117
(2)　Chalmers Johnson, *Blowback*, pp. 25-26
(3)　徐勝（Suh Sung），《獄中十九年：韓國政治犯的鬥爭》（獄中 19 年──韓国政治犯のたたかい），p. 107，p. 241
(4)　黃宏、翟唯佳，《美國的民主與人權真相》，p. 113
(5)　William Blum, *Rogue State*, p. 195

日本：
美國支持親美的「自民黨」一黨獨大

16.1　美國離開日本前種植下了一個親美黨派

(1) 第二次世界大戰結束後，美軍佔領了日本多年。日本對美國俯首稱臣，聽聽話話。日本「對佔領軍的獻媚」，真的是無微不至，包括「設置了為佔領軍服務的『特殊慰安設施』，並著手徵集『慰安婦』。這可是在終戰後的第三天啊」。[1] 美國給日本寫了一個新的憲法。之後，美國讓日本「恢復主權」。日本走上民主之路。

(2) 美國培養了親美日本人做其代理人，以便為美國做事。岸信介（Nobusuke Kishi）（安倍晉三的外公）在滿洲擔任大臣時手段出名殘酷，有「昭和的妖怪」之稱。他在戰後被遠東國際軍事法庭認定為嫌疑甲級戰犯（「滿洲國」的推動者），被關押了三年。他說自己是反戰人士。美國認定他是「服從美國的日本」之人選。美國不起訴他（他被視為「美國最喜愛的戰犯」）。他重獲自由之後參政。美國在背後支持他成立「自民黨」（自由黨和民主黨的合併）（LDP），更扶植他成為了首相。[2] 美國副總統（尼克遜／Nixon）形容他為美國的偉大及忠誠的朋友。

美國臨走前在日本種植一個親美的政黨。自始，美國是不是一直透過「自民黨」影響或甚至控制日本政治？

16.2　美國支持「自民黨」一黨獨大，打壓反對勢力

(1)　日本有民主制度的形式。但是美國在背後透過不同的方法，務使聽命於它的「自民黨」長期一黨獨大。多年來「中情局」一方面秘密支持「自民黨」，另一方面打壓和分化反對勢力。美國總統授權「中情局」，透過美國的商界秘密資助「自民黨」。從美國的解密文件看到，美國「採取這些活動最重要的是要保守秘密，絕不能留下美國政府提供援助的證據。為此，不管是資金還是建議，都通過『中情局』和美國大使館無關係的第三者來提供」。[3] 有日本人把「中情局」和日本政界的「合作」視為一種結構性的貪污，更有人視「自民黨」為美國的傀儡。[4]

(2)　「中情局」駐日本人員（范文／Feldman）說：「我們在佔領時期管理日本，我們在佔據之後以不同的方式管理日本。」他又說：「麥克阿瑟將軍有他的方法，我們有我們的方法。」[5] 有二位美國學者，寫了一本名為《沒有軍隊的佔領》（*An Occupation Without Troops*）之書，講述華爾街五十年來控制日本政治之事。[6] 正如一位日本學者（松田武／Takeshi Matsuda）所說：「對日佔領的長期遺產是日本在日美關係中所體現出對美國半永久性的依存及其『從屬性的獨立』。」[7] 日本參議員（椎名素夫／Motoo Shiina）說過：「日本不被允許擁有反美的『奢侈』……」[8] 一直以來，日本對美國都是聽聽話話。有一次美國以日本官房長官「過於接近北韓」為理由，要求日本首相（細川護熙／Morihiro Hosokawa）免去他的職務。[9] 在日本，既有「不該知的真相」，亦有「檯面下的規模」。日本學者（矢部宏治／Koji Yabe）說：「原來，我們日本人不是活在『戰後體制』，而是『韓戰體制』之下……比延續『占領體制』更加惡劣。」[10] 看來「日本之苦」，是「面對強大的美國，如何最大限度地實現自身價值？」。[11]

(3) 「自民黨」管治了日本五十四年（其中有一年出現過聯合政府）後，才轉由一個不親美的政黨（民主黨）執政。在此期間日本首相（鳩山由紀夫／Yukio Hatoyama）提出「東亞共同體」和「脫美入亞」。美國官員甚為不快，說不再與他打交道。民主黨政權只是維持了三年（2009-2012），其後管治權亦重回到親美的「自民黨」。[12] 一位日本的前外交官（孫崎享／Ukeru Magosaki）寫了一本《戰後の日美同盟真相》的書。他說被視為「自主派」的政治人物，都會因為美國的干涉，而結束了他們的政權。

16.3 日本對美國言聽計從

(1) 一直以來，日本對美國的要求，都得言聽計從，並無自主可言。例子之一，可以說是美國第一次的波斯灣戰爭。當時美國要求日本出錢出力，提供「具體可見的貢獻」。美國總統（「老布殊」／George H.W. Bush）說要「讓全世界徹底了解日本服膺美國是非常重要的大事」。美國官員對日本不滿，說「日本是抽一鞭動一下的國家」。話說日本怕「不流血，不流汗，日美關係將陷入危機」。終於日本的援助金額為所有國家最高的一百三十億美元。後來更因為日元貶值，被要求多增援五億美元。[13] 正如前外交官（孫崎享）所言：「二戰結束至今，日本可說是完全依照美國的意思而行動。」日本面對種種痛苦，卻從未公開對美國表示不滿，基本上仍然是「對美一邊倒」。他問：「為甚麼日本在美國壓力面前如此脆弱？」[14]

(2) 美國在日本駐軍，享有種種特權。美國在日本橫須賀基地有自己的警察、郵局和銀行等等。而且系統都和美國國內統一，形成了一個國中之國。話說戰後美軍統治沖繩，以權威者、勝利者的姿態，目中無人，亦無法治。[15] 在沖繩縣，當地人的感

覺是「美軍明明違法，卻可以不須要受日本法律制裁」。話說美國要求日本與俄羅斯「交涉北方四島的問題時，不得承認歸還的島嶼上不設立美軍基地」。[16]

16.4　美國長期在日本培植親美文化

(1)　戰後，美國運用「一切媒體和傳播手段」，把親美文化一點一滴地植入日本人的心中。美國透過「中情局」出錢出力，悄悄地在日本進行「心戰」（洗腦教育），令日本人更加親美。美國早已從文化、消費和社會三方面進入了日本，使到日本人都普遍親美。其中的文化活動，包括投資在日本電影、電視和電台等。[17]

(2)　如果你想多了解美國在日本的滲透，想找本書看看，這似乎是會有困難的。因為正如那位前外交官（孫崎享）說：「在日本，沒有一本書是以抵抗美國壓力為主軸來描述日本戰後史的全貌。」他又說：「美國對日本的學術界提供資金和『指導』。其對象是東京大學。這也是東大教授盛產親美的美國研究學者的背景。」[18]

16.5　日本政府明親暗反？

(1)　日本的「和平憲法」（規定日本不可有陸海空軍）是美國寫的。美國的外交便是日本的外交。日本政府表面上是親美。但是，這只是無奈的親美。日本要面對北韓和中國，自己又連一個「正常國家」也不是，所以無奈地選擇「親美」。其實，不少日本政治人物的骨子裏是反美的。

(2)　安倍晉三（Shinzo Abe）是追求日本自主的。他不認為日本發動過侵略戰爭，亦不認為「甲級戰犯」是罪犯。他始終堅持

「擺脫戰後體制」的理念，鼓吹「日本再生」。他說：「原本日本應在……恢復主權之時，就把為期七年的美國監管時代所建的憲法與教育基本法等國家重大結構重新改正，讓日本從佔領軍一手打造的歷史中獲得解放。在此之後，才能以日本的傳統和文化為本，邁出新日本的第一步。」[19] 他又說：「……為了恢復日本真正的獨立……國家的骨架，得由日本國民親手，從頭開始打造，如此才能獲得並恢復真正的獨立。」[20] 他主張通過修憲擴大武裝，實現日本的自主獨立。他說他「一定會用盡全力『奪回』日本」。[21]

(3) 作家（百田尚樹／ Naoki Hyakuta）對美國更加反感。他說：「……南京大屠殺這件事是在東京審判的時候被提出來的，這是為了隱瞞美軍的戰爭罪行……由於東京大空襲與廣島原子彈的犧牲者人數實在太多了……美軍投下原子彈這種不可原諒的行為……絕對不能忘記美國的慘無人道。」[22]

(4) 石原慎太郎（Shintaro Ishihara）說「日本像美國的小老婆」。他痛責美國為日本制定和平憲法，割掉了日本的睪丸，讓日本變成了中國太監式的國家。他言下之意，是日本至今仍然是美國的殖民地。他說：「戰後日本一直處於異國文化 —— 美國文化統治之下……日本人有個缺點……總是看他人臉色行事，處處都要使他人如意……然而，現在我們國家已經到了應該發揮男子漢作用的時代了。日本在二次大戰後一直追隨著美國，這種日本有史以來最女性化的被動的生存方式應當結束了。」

參考：
(1) 孫崎享（Ukeru Magosaki），《戰後の日美同盟真相》（戰後史の正体），p. 59
(2) Tim Weiner, *Legacy of Ashes*, pp. 133-138
(3) 孫崎享（Ukeru Magosaki），《戰後の日美同盟真相》（戰後史の正体），p. 38
亞諾，《CIA 美國中央情報局全傳》，pp. 54-55
Glenn Davis and John Roberts, *An Occupation Without Troops*, pp. 124-143
William Blum, *Rogue State*, p. 225
George Herring, *The American Century & Beyond*, pp. 395-396
(4) Tim Weiner, *Legacy of Ashes*, pp. 139-140
(5) Tim Weiner, *Legacy of Ashes*, p. 140
亞諾，《CIA 美國中央情報局全傳》，p. 53
(6) Glenn Davis and John Roberts, *An Occupation Without Troops*
(7) 江涌，《誰在操縱世界的意識》，p. 112
(8) 孫崎享（Ukeru Magosaki），《戰後の日美同盟真相》（戰後史の正体），p. 321
(9) 孫崎享（Ukeru Magosaki），《戰後の日美同盟真相》（戰後史の正体），p. 303，pp. 35-36
(10) 矢部宏治（Koji Yabe），《非正常國家》（知ってはいけない 隠された日本支配の構造），p. 10, p. 201
(11) 孫崎享（Ukeru Magosaki），《戰後の日美同盟真相》（戰後史の正体），p. 26
(12) 廉德瑰，《日美同盟實相》，p. 108
(13) 井上亮（Inoue Makoto），《狂潮》（熱風の日本史），pp. 298-305
(14) 孫崎享（Ukeru Magosaki），《戰後の日美同盟真相》（戰後史の正体），p. 17，p. 33
(15) 布魯瑪（Ian Buruma），《零年：1945》（*Year Zero: A History of 1945*），p. 19
(16) 矢部宏治（Koji Yabe），《非正常國家》（知ってはいけない 隠された日本支配の構造），pp. 8-10
(17) 江涌，《誰在操縱世界的意識》，pp. 114-115
(18) 孫崎享（Ukeru Magosaki），《戰後の日美同盟真相》（戰後史の正体），pp. 140-141
(19) 安倍晉三（Shinzo Abe）、百田尚樹（Naoki Hyakuta），《安倍晉三 X 百田尚樹對談集》（日本よ、世界の真ん中で咲き誇れ），p. 97，p. 55
(20) 安倍晉三（Shinzo Abe），《邁向美麗之國》（美しい国へ），p. 31
凌大為（David Pilling），《底氣：逆境求生的藝術，從日本看見自己》（*Bending Adversity: Japan and the art of survival*），pp. 318-327
(21) 安倍晉三（Shinzo Abe）、百田尚樹（Naoki Hyakuta），《安倍晉三 X 百田尚樹對談集》（日本よ、世界の真ん中で咲き誇れ），p. 55
(22) 安倍晉三（Shinzo Abe）、百田尚樹（Naoki Hyakuta），《安倍晉三 X 百田尚樹對談集》（日本よ、世界の真ん中で咲き誇れ），pp. 157-159

台灣：
美國支持獨裁政權 (1945-1988)

17.1 蔣介石的鐵腕統治（1945-1972）

蔣介石一人包攬黨、政、軍大權。他製造「蔣家政治蔣家黨」、「蔣家王朝蔣家臣」和「蔣家天下蔣家軍」的局面。台灣人既沒有民主，亦無自由。相反，它有「終身總統」，更有「萬年國會」，亦有聽聽話話的司法機構。

17.2 「白色恐怖」（1949-1991）

(1) 學者（李敖）說：「國民黨失敗，在台灣撐起小朝廷。蔣介石甫痛定思痛，痛恨『把共產黨殺光論』未能徹底實行，以致『革命尚未成功』，因此在台灣重施故技，大殺特殺起來。不過，與大陸不同的是，當年在大陸，由於大陸太大了，殺力分散，所以難竟殺功；如今在台灣就不同了，台灣只有大陸千分之三大，且地處海島，四面是水，抓起人來，十分方便……『殺人如草不聞聲』起來。」[1]

(2) 台灣的戒嚴，延續了三十八年之久，成為了世界上實施最長久的戒嚴。「白色恐怖」，更長達四十二年之久。黨禁，報禁，書禁，禁，禁，禁，毫無自由或人權可言。

(3) 台灣立下「特別刑法」，如「顛覆政府」、「參加叛亂組織」、「匪諜」、「資匪」、「知匪不報，與匪同罪」等罪名。逮

捕人的機構多多，包括警察、憲兵、特務。他們到處捉人，對宣稱涉案者以逮捕，拘禁。警察任意冠上罪名。為了讓被捕者認罪，取得自白書，他們偵訊時少不了刑求逼供。被拘捕者直接送軍法處理，不經司法審判程序。軍事法庭的審判是閉門性的。

(4) 政府鼓吹民間「檢舉匪諜，人人有責」和「監視言行，秘密偷報」。人民為了自保，便先「告密」，使到人心惶惶，人與人之間的互信盡失。坐政治監的人，包括判監十年的雷震、判監十二年的柏楊和判監五年的李敖。

(5) 慘無人道的偵訊，刑求方法包括：「把你脫光光澆糖水，讓螞蟻來咬，咬的痛要死」，「拔掉甲，指甲拔了，你就痛得要死」，「跪在冰塊裡一邊跪一邊打」，「坐老虎凳，灌辣椒水」，「一旁穿制服的軍官持續對她刑求，而在她腳下，則是一攤鮮血及一個呱呱落地的胎兒」，「把一位下半身赤裸的女子架在一條粗麻繩上，女子的下體緊鄰著粗麻繩，麻繩上沾滿鮮血，女子則面露呼救的痛苦神情」[2]。

共產黨殺人，美國朝野廣泛報導。但是，當人民被親美的獨裁政權殺害之時，美國朝野的反應又是如何的呢？

(6) 「火燒島」（綠島）

「綠島」是白色恐怖期間專門監禁政治犯的地方。「每房住十個人，每人可分到兩台尺寬，六台尺長的『勢力範圍』。也就是說胖子必需側睡。」[3]

17.3 柏楊回憶

(1) 他的第一次入獄

「押房擁擠不堪，只能容納十幾個人的獸籠裡，有時能塞進三十幾個人，大家只好蹲在那裡，輪班睡覺，伙食既簡單又骯

髒，大多數人都瀉肚，馬桶就在我身邊，臭味還在其次，有時還有糞汁濺出來。我無法靜下來思索怎會落得這種下場，陷入我從沒有想過的困境，呼天不應，喚地不靈，沒有人告訴我怎麼會發生這種事情？也沒有人指引我怎麼自救。從每天不斷塞進來的囚犯口中，知道外面正大肆瘋狂逮捕，一個人因身上插著紅花在新公園被捕，一個士官因不小心掉了帽被捕，但很多人都是因為『偷聽共匪廣播』，我膽怯起來，萬里渡海，難道為了到台灣斷送殘生？」

「就這樣，我受到漫長的囚禁，沒有人問一句話⋯⋯。我還沒有站定，他就開始宣判說：『閱讀非法書刊，為匪宣傳，處有期徒刑十五年。』⋯⋯終於有一天，我再被叫到軍事法庭，另一位軍法官宣佈說：『竊聽共匪廣播，處有期徒刑六月。』」

(2)　他的第二次入獄

「一九六八年，蔣家班發動了『文化消毒』運動，開始明目張膽的逮捕文化界的敗類，我恰恰首當其衝，成為被消毒的第一名。接著就是在火燒島建造政治監獄，使這項消毒行動得以毫無限制的擴大範圍。」他說：「社會上受到普遍尊重又有充分自由的紳士，突然間被捕，推入四周都是鐵欄的小房間裡，被侮辱，被毆打，精神會霎時崩潰。貨真價實的『叛徒』，反而比較輕鬆，因為只要決定招出甚麼，或不招出甚麼就夠了。只有那些欲招卻無供可招的人，苦難最多，因為他必須揣摩問官所引導的方向，假設當初預定你是參加民主同盟的話，如果你忽然參加了共產黨，他們就無法接受，假定你的猜測始終不能符合他們給你的暗示，苦難就更大。」唉！「往事如煙，忠貞與叛徒同樣伏屍牆下，同樣埋葬一個亂崗荒丘，現在全都化成塵土，無一點蹤跡可尋，蒼蒼者天，曷其罔極。」

17.4 雷震入獄

蔣介石說要「反攻大陸」。雷震卻提出「反攻無望論」，又反對蔣介石修憲以便連任總統。他創辦《自由中國》半月刊。他刊登的文章被蔣介石指控「對中共是有利的」。他又組織反對黨。他被冠上「為匪宣傳」和「知匪不報」的罪，入獄十年。此後多年台灣不再有反蔣的聲音。雷震對史學家（唐德剛）說在獄中「他左右鄰難友都煩躁不堪，一個不斷傻笑，另一個終日唧唧咕咕，大小便都不能控制，結果一個一個死掉。」在蔣介石的威權獨裁之下，連胡適也不便前往監獄探望他。他坐監時無奈創造出「欣賞坐牢」的思想，得以減少痛苦。

17.5 李敖回憶他的監獄日子

「當我被夜以繼日、日以繼夜的疲勞審問中，完全無法辨別是日是夜，只能從早餐的情況感覺出又一天開始了。」

「就這樣的，我在暗無天日的保安處訊問室第五房住了近一年後，……是我一生中最陰暗的日子，在這房中，我歷經了國民黨特務們的凌辱刑求……歷經了終年不見陽光的孤單歲月。」

17.6 蔣介石政權，在台灣實行「白色恐怖」統治四十年有多。美國一直都支持著蔣氏政權。

美國是不是幾十年來都在台灣幫助獨裁政權「維穩」而沒幫台灣人民爭取民主？台灣的民主，是不是台灣人民自己爭取回來，而不是從美國輸入的？

參考：

(1) 李敖，《白色恐怖述奇》，p. 4

(2) 《戒嚴時期白色恐怖與轉型正義論文集》
    葉瑜娟，《風傳媒》，2015 年 7 月 26 日
    沈嫄璋下體受的「繩刑」成為了電影《風聲》的橋段。

(3) 林樹枝，《白色恐怖 X 檔案》，p. 387

印尼：美國支持獨裁政權 *(1966-1998)*

18.1　很久之前，印尼是個伊斯蘭教的王朝。後來，荷蘭入侵，在印尼殖民百多年。第二次世界大戰之後，印尼人趕走了荷蘭人，統一各島，建立了一個新國家（1950）。它是全球最多伊斯蘭教徒的國家。

18.2　美國不滿不親美的總統（蘇加諾／Sukarno）（1950-1966）

(1)　印尼總統採取中立。當時中國、蘇聯和美國都爭相拉攏他。「冷戰」時期，美國視印尼為東南亞抵制蘇聯和越南的平衡力量。美國下令「中情局」要用「所有可行的隱密方法」阻止印尼向左轉。[1] 他對美國的霸道甚為不滿。他說：「不要公開視蘇加諾為一個寵壞的小孩，不聽話便不給他糖果。」他又說：「殖民主義⋯⋯一種以經濟控制⋯⋯和思想文化控制為形式的現代偽裝之下。」[2]

選擇中立的人，往往是形勢不夠人強，既不想得罪左，又不想得罪右。美國口口聲聲講民主、自由和人權，卻遠到印尼阻止它選擇中立，強迫它靠美。這種行為，是不是霸道？

(2)　印尼總統做了一些令「中情局」不安的事，包括訪問蘇聯和中國，又從東歐國家買武器。「中情局」曾經考慮刺殺他，又策劃推翻他。「中情局」為了破壞他的形象，曾經拍了一部叫《良辰美景》的色情片，用張冠李戴的方法意圖搞臭他。「中情

局」在菲律賓基地訓練士兵，滲透印尼，鼓勵異見軍官政變。「中情局」更出動美國飛機師飛行搞破壞，但是不幸軍機被打下來，飛機師被活捉，令美國政府極為尷尬。「中情局」的計劃亦失敗告終。[3]

(3) 印尼有一個反共軍人，名叫蘇哈圖。他開始奪權行動，一步一步地控制政府。當他實權在握之時，便進行血腥肅共的「驚人大屠殺」。在他的領導之下，發生大量共產人士（大多為華人）被殺事件。當時殺人「就像殺雞殺鴨一樣」，更使用「砍人頭」方式。因為殺人者怕被殺人家屬報復，所以一殺殺全家。[4] 估計有五十萬人死亡，超過一百萬人坐監。事後，連「中情局」也把這屠殺視為「二十世紀其中一個最慘的集體謀殺」。[5] 他逼總統交出政權，成為了新總統。

美國樂見不聽話的總統被推翻。當時美國政府形容此事件為「二次大戰以來最大的民主勝利」。美國傳媒是不是奇怪，面對這一個「驚天大屠殺」，還讚美印尼是「亞洲的一線光芒」[6]，美國政府似乎沒有關心印尼民主、自由或人權的問題。其實，美國怕的是在印尼有真民主，因為真民主不會支持獨裁軍人政權，亦不會聽命於美國。幾十年來，美國在東南亞所支持的政府（包括台灣的蔣介石、菲律賓的馬可斯、越南的吳庭琰、柬埔寨的龍諾和印尼的蘇哈圖）是不是大多都是獨裁者？

18.3 美國支持親美的獨裁政府（蘇哈圖／Suharto）（1966-1998）

蘇哈圖親美，所以美國便支持了這個腐敗、無民主又不自由的政府三十二年之久。美國替印尼武裝訓練「印尼特種部隊」。美國總統（克林頓／Clinton）形容蘇哈圖為「我們的同類夥伴」。[7]

不知道美國政府或國會有沒有批評印尼在軍政府統治時期的違反人

權事件？當然沒有聽過美國對印尼實行制裁或禁運之事。亦不知道美國的「國家民主基金會」在印尼有沒有如它在東歐、前蘇聯和中國那麼努力工作？

18.4　美國沒有真正反對印尼侵佔東帝汶（East Timor）（1975-1999）

(1)　帝汶是一個海島，分開東、西兩個部分。西面是印尼的一部分，而東帝汶的情況卻不同。印尼人與東帝汶人有甚多差異。印尼有自己的言語，大多數人信奉伊斯蘭教。東帝汶人用葡萄牙語，信奉天主教。

(2)　葡萄牙放棄殖民地時，東帝汶人便宣佈獨立。可是，印尼欲吞併東帝汶，不許東帝汶獨立。試問，東帝汶人民又怎會同意呢？因為印尼聽命於美國，所以美國在這件事上的態度十分重要。當時美國總統（福特／Ford）和基辛格（Kissinger）正在訪問印尼。在他們離開印尼的第二天，印尼便立即攻打東帝汶。之後，印尼佔領了東帝汶二十四年之久，期間殺死了十至二十萬東帝汶人民。順帶一提，印尼用的武器是美國供應的。二十五年過去了，美國才在國際壓力下改變政策，不再支持印尼的行為。

沒有美國的明示或者默許，印尼敢出兵嗎？美國又上演幕前反對，幕後支持印尼用武。福特不是「人權總統」嗎？他的人權言論真的是可敬的。但是當「美國價值」和「美國利益」碰頭時，他的底線又是如何？基辛格寫了很多書，講東講西，但是，為何他沒有提及印尼在出兵前的一天，印尼總統對他說過些甚麼話呢？他有沒有說過：「重要的是你做甚麼也好要快速成功。」（"It is important that whatever you do succeed quickly."）[8] 美國支持沒有民主、沒有自由和沒有人權的親美政權，卻不支持要求民主和自由的東帝汶人民！美國自稱的核心價值去了哪裏呢？

參考：

(1) Tim Weiner, *Legacy of Ashes*, p. 166

(2) 本德（Thomas Bender），《萬國一邦》（*A Nation Among Nations: America's Place In World History*），p. 298

(3) Tim Weiner, *Legacy of Ashes*, pp. 165-177
John Prados, *Safe For Democracy*, pp. 174-180
George Herring, *The American Century & Beyond*, p. 394
Oliver Stone and Peter Kuznick, *The Untold History of the United States*, pp. 347-348
亞諾，《CIA 美國中央情報局全傳》，p. 64

(4) 李敖，《陽痿美國》，p. 585
William Blum, *Rogue State*, p. 181
Tim Weiner, *Legacy of Ashes*, pp. 298-302

(5) Oliver Stone and Peter Kuznick, *The Untold History of the United States*, p. 352
William Blum, *Killing Hope*, pp. 99-103, pp. 193-198
Edward Herman and Noam Chomsky, *Manufacturing Consent*, p. xxxix

(6) Noam Chomsky, *Yugoslavia*, p. 170

(7) Noam Chomsky, *Who Rules The World?*, p. 75
Noam Chomsky, *Failed States*, p. 117

(8) Chalmers Johnson, *The Sorrows of Empire*, p. 76
Christopher Hitchens, *The Trial of Henry Kissinger*, p. xxiii-xxvii, pp. 138-166
格蘭丁（Greg Grandin），《基辛格的影子》（*Kissinger's Shadow: The Long Reach of America's Most Controversial Statesman*），p. 116，p. 133
Noam Chomsky, *Yugoslavia*, p. 172

越戰 (1965-1973)

19.1 越南人趕走了法軍，但卻是仍然不能統一

(1) 越南人和中國有歷史恩怨，亦不是早已選定行社會主義之路。北越人民並不是為甚麼共產主義而戰，而是為了獨立、自主和自由而戰。胡志明宣佈越南獨立之時，引用了美國的憲法，又請求美國協助 [1]。但是，美國沒有回應，選擇了支持法國在越南繼續殖民。

(2) 法國人口講自由和人權，但同時又在越南（和其它地方）繼續搞殖民地統治。越南人亦想有自由和人權。他們寧死不屈，以武力反抗法國的管治。打啊打啊，終於在奠邊府（Dien Bien Phu）打敗了法軍（1954），逼使法國退出越南。

(3) 然而，越南雖然戰勝了法軍，但卻仍然是統一不成。越南人在一個國際會議，被迫接納臨時把越南分為南越與北越。他們要等待兩年之後，才可以舉行全國大選，決定統一問題。[2]

19.2 大選不成打內戰

(1) 越南人民視北越的胡志明（Ho Chi Minh）為戰勝法國的民族英雄，而視南越的政府為外國的傀儡。南越和美國都認為如果當時選舉如期在全國舉行的話，北越的胡志明是勝算在握。南越明知選舉會輸，在美國的支持之下，索性不舉行這個大選。越南不能透過選舉統一國家，便產生了南與北的內戰，人民無奈要透過戰爭（而不是選票）來決定誰來統一誰。

當美國面對明知道會輸的選舉時便變臉了，不再要「民主」了！「美國價值」讓路給「美國利益」，又多了一個例子。

(2) 美國扶植的南越總統（吳庭琰／ Ngo Dinh Diem）開始不聽話。不久，他在政變中被殺。美國支持和扶植他之時，美國總統（艾森豪威爾／ Eisenhower）讚美他為「亞洲的奇蹟」。另一位總統（詹森／ Johnson）稱他為「亞洲的邱吉爾」。他在美國又有「東南亞的華盛頓」之美譽。但是，美國不支持他時⋯⋯

19.3 美國出兵，阻止北越統一南越

(1) 為何美國要遠到越南打仗？美國總統（尼克遜／ Nixon）說：「我們國家在二十世紀發動的四場戰爭，包括我們現在正在進行並即將結束的這一戰爭，都不是出於國人利益，而是幫助它國人民抵抗侵略，讓我們為此感到自豪吧！」[3]

(2) 話說「美國介入越戰後，美國銀行和美國商業銀行即在西貢設立分行。隨後花旗銀行和美國通用銀行也相繼設立。美國花旗銀行副總裁⋯⋯說：『我們相信將來得勝後，越南必須重建，這是一椿大事業。到時自然必須貸款，貸款當然是屬於銀行獨占的業務。』」。[4]

越南人有沒有自由選擇自己想要走的路？如果統一之後他們選擇了社會主義，美國人有沒有權反對？一個國家可不可以講出幾句所謂「骨牌理論」等話，然後找個藉口大舉出兵？美國學者（洛溫／ Loewen）說：「美國的教科書和大多數的老師沒有協助學生對越戰進行批判性地思考，或是以歷史證明來支持他們的結論，也從沒提出過『打這場戰爭是對的嗎？它合乎道義嗎？』。」

19.4　美國越打越瘋狂

(1)　美國是一個工業和科技大國，而越南則是一個貧窮的農業小國。美軍以大欺小仍然在戰場上失利，要不停地增兵。最高峰時竟然有五十四萬美軍在小小的越南作戰！當時美國有一位將軍說會把北越「打回到石器時代」。[5] 基辛格（Kissinger）下令「給我把北越狠狠地打，不要停，直到打到他們清醒為止」。他說，像北越這一個「四流國家」一定會有一個「轉化點」。[6] 但是，北越人民仍然繼續奮力抵抗。美軍亦越打越瘋狂，打到開始喪失理性。美軍不但狂轟猛炸，還使用化學武器（覆蓋了南越的大片農田），更曾經多次考慮使用核武。[7] 美軍在越南投下的炸彈，是它在第二次世界大戰全部戰場（包括兩個原子彈）所投的三倍 [8]，亦等於每個星期投下一個日本原子彈而持續投了七年半！

(2)　北越選擇和美軍打游擊戰，而不是陣地戰。死於美軍炮火之下的，有很多平民。美軍在美萊村大屠殺平民，包括老弱婦孺，在美國民間產生震盪。但是，正如後來做了國務卿的軍人（凱瑞／Kerry）所說：「這並非單一事件，而是所有指揮階層的軍官完全清楚的每日罪行。」他亦說美軍「在東南亞犯下的戰爭罪行」包括「親自強暴，割掉人耳，割掉人頭，用可攜式電話的電線綁縛生殖器然後通電，割掉四肢，爆炸人體，隨機射殺平民，以會讓人聯想到成吉思汗的方式將村莊夷為平地，為取樂而射殺牛隻與狗，對貯藏的食物下毒，一般而言就是將南越的鄉間蹂躪殆盡」。[9]

在越南，基辛格為求勝利，下令狂炸北越、柬埔寨和老撾。這種基辛格式的轟炸，是不是戰爭罪行？然而，狂轟濫炸之後，反而令越南人越戰越勇。美國打不贏這一場仗，收兵又無面子，要「光榮地結束越戰」唯有求和。在這個情況之下，給基辛格這個諾貝爾「和

平獎」，是不是大有問題？同時得獎的北越外交官（黎德壽／ Le Duc Tho）並沒有領獎。諾貝爾和平獎是不是偽善？[(10)]

19.5　越南人的心聲

胡志明說：「越南人從沒有做任何事傷害美國⋯⋯但美國卻犯了反和平和反人類的罪行，越南人是永遠不會向武力屈服的。」他又說：「美國人可以派遣數以十萬甚至百萬的士兵，戰爭也可以持續十年、廿年或是更長，但我們人民在取得勝利之前會一直奮戰。房屋、村落和城市可能會被破壞，但我們不會懼怕。待我們重獲獨立，便會從頭重建更美好的國家。」武元甲（Vo Nguyen Giap）說：「我們會戰勝，因為我們寧願死去也不要做奴隸。我們的歷史證明了此事。我們心底的願望一直是自主自決。面對強大的敵人，這種精神為我們帶來堅毅、勇氣和創造力。」

19.6　越戰的教訓

美國國防部長（麥納瑪拉／ McNamara）事後說：「我們不論對敵友所做的判斷如出一轍，反映我們對中南半島歷史、文化、政治、以及各國領袖的個性、行為的無知。」他又說：「我們從越戰中得到的這些經驗，對今後的全世界都是有建設性且可以引以為鑒的。」[(11)]

天啊！死了這麼多人，才講這些說話！開戰之前，美國是不是應該要「知己知彼」？其實美國究竟有多了解越南？還有，美國有沒有從越南吸取歷史的教訓？美國兩次出兵伊拉克之時，有多少理解伊拉克？美國出兵前南斯拉夫、阿富汗和敘利亞之時，又有多少了解這些地方？美國是不是往往都從美國看世界，而沒有去理解究竟世界是怎樣看美國的？

參考：
(1) Stephen Kinzer, *Overthrow*, p. 150
William Blum, *America's Deadliest Export: Democracy*, p. 21
(2) Qiang Zhai, *China & The Vietnam Wars*, 1950-1975, pp. 4, 62
(3) 劉明福，《論美國》，p. 14
克羅克・朱里安（Claude Julien），《剖析美利堅帝國》（*L' empire Americain*），p. 21
(4) 克羅克・朱里安（Claude Julien），《剖析美利堅帝國》（*L' empire Americain*），p. 28
(5) 拉比諾（Thomas Rabino），《美國戰爭文化》（*De la guerre en Amérique*），p. 257
(6) George Herring, *The American Century & Beyond*, p. 467
格蘭丁（Greg Grandin），《基辛格的影子》（*Kissinger's Shadow: The Long Reach of America's Most Controversial Statesman*），p. 91, p. 95
(7) Christopher Hitchens, *The Trial of Henry Kissinger*, pp. 38-40
Edward Herman and Noam Chomsky, *Manufacturing Consent*, pp. xxx-xxxii
(8) Oliver Stone and Peter Kuznick, *The Untold History of the United States*, p. 387
(9) 洛溫（James Loewen），《老師的謊言》（*Lies My Teacher Told Me: Everything Your American History Textbook Got Wrong*），p. 282
江涌，《誰在操縱世界的意識》，p. 325
Howard Zinn, *A People's History of the United States*, pp. 479-481
Edward Herman and Noam Chomsky, *Manufacturing Consent*, pp. 196-198
(10) 陳立樵，《縱觀百年西亞》，pp. 101-103
(11) 麥納瑪拉（Robert McNamara），《回顧》（*In Retrospect*），p. 389，p. 3

柬埔寨：美國狂轟濫炸 *(1969-1973)*

20.1　古時的吳哥王朝（Angkor）及高棉（Khmer），便是今天的柬埔寨。它被法國殖民統治了幾十年，又被日本侵佔過。第二次世界大戰之後，西哈努克帶領柬埔寨人民從法國手中爭取到獨立（1953）。

20.2　西哈努克（Sihanouk）：十五年的中立日子（1955-1970）

柬埔寨人民，生活落後，靠耕種為生。他們想安樂生活，不想捲入大國政治，更不想捲入越戰，所以實行中立政策。李光耀說：「在六十年代戰火紛飛的中南半島，柬埔寨是一片和平繁榮的綠洲……西哈努克是他們神化的國王。在中南半島烽煙四起的時代，他在共產黨和西方國家之間維持了岌岌可危的平衡，令柬埔寨保持一塊和平與富饒的綠洲。」但是，美國希望柬埔寨和美國合作，便譴責柬埔寨是「不道德的中立」。美國在柬埔寨製造「政權轉移」。親美的龍諾，發動政變，推翻西哈努克，成立新政權。

為何柬埔寨人民沒有選擇中立的自由？美國的態度，是不是正如後來的總統（「小布殊」／George W. Bush）所說，你不是我的朋友，便是我的敵人？如果這種話是出於一個專制的暴政，我們可以明白，但是這些話卻是出於自稱是以民主、自由、法治和人權為核心價值的美國總統！美國是不是一個「獨裁的自由國家」──對自己自由，卻對人家獨裁？

20.3　五年的親美龍諾（Lon Nol）政府（1970-1975）：炸，炸，炸

在越南，越共向南越發動游擊戰。越共利用在柬埔寨山中的小徑，運輸物資到南越。美軍為了阻止越共的行動，便在柬埔寨山區進行地毯式轟炸。尼克遜（Nixon）指令基辛格（Kissinger）：「我要所有可以飛的都進入［柬埔寨］把他們炸死。」（"I want everything that can fly to go in there and crack the hell out of them."）[1] 美國初時不宣而炸，偷偷摸摸，瞞著美國人轟炸柬埔寨。美軍把柬埔寨炸到滿目瘡痍，還用上磷燃燒炸彈和集束炸彈。美軍投下的炸彈，是美軍在日本投下的一倍半。美國支持龍諾政府的時期，亦是美軍轟炸柬埔寨最猛烈的時期。被美軍炸死的人民，估計有二十萬之多。在柬埔寨，平均四個人有一個被炸死或流離失所，一個又一個鄉村被破壞得蕩然無存。有一位軍官告訴國會是他負責把在柬埔寨空襲有關文件用火燒掉的。[2] 結果怎樣？美國又在另一個國家製造仇恨：「我們村裏人人都恨美國人，不明白美國人為甚麼來炸我們」，「老百姓恨美國，這才是為甚麼那麼多人加入紅色高棉的原因」。[3] 幾個留學法國的年輕人（包括波爾布特），回到柬埔寨後成立赤柬，進行抵抗親美的龍諾政府，救國救民。他們終於成功推翻了這個親美的龍諾政權。

炸，炸，炸，終於炸了一個共產政權的「紅色高棉」出來！基辛格的良心有沒有問題？他說沒有，因為他說美國必須「保衛自己」，因為「是北越的部隊首先發動侵略的，他們利用柬埔寨做庇護所，屠殺美國士兵」。可能這一位博學多才的基辛格一時忘記了，被炸死的是不是平民？還有，這場戰爭是在遠離美國的柬埔寨打，而不是在美國本土打的！

20.4　四年的共產「紅色高棉」（Khmer Rouge）（1975-1979）：恐怖波爾布特（Pol Pot）成立了「紅色高棉」。這一個共產黨政權，痛恨城市人、知識分子和資本主義等等。他們一入城便把二百萬人驅趕至鄉村，進行勞改，強迫人民過著無學校、無貨幣、無工資、無商品、財產公有、平均分配的原始而清苦生活。話說有一百多萬人死於這種強制勞動政策。

20.5　越南推翻「紅色高棉」，扶植洪森（Hun Sen）政權（1979）
越南指責「紅色高棉」入侵其國土，又屠殺居於柬埔寨的越南人。與此同時，「紅色高棉」認為越南「實現其一直的野心，即對整個印度支那實行實質上的或直接的控制」。越南入侵柬埔寨，成功推翻赤柬。洪森成立了一個受控於越南的新政府。聯合國譴責越南的侵略行為。蘇聯承認這個政權，中國卻形容它為「傀儡政權」。中國出兵「教訓」越南。轉眼間又過了十年。蘇聯陷入經濟困難，更面臨解體，已經無力繼續支持越南。沒有了蘇聯這個「大哥」，越南幾乎自身難保，終於撤離柬埔寨。

20.6　美國支持流亡的「紅色高棉」（1979-1989）
越南控制了柬埔寨政府。赤柬被迫走到柬埔寨和泰國邊境的山區，成立流亡政府，繼續抗越。美國協助流亡的赤柬（包括提供資金、食物、軍備），而且一直繼續支持赤柬在聯合國的席位。[4] 美國「人權總統」（卡特／Carter）的國家安全顧問（布熱津斯基／Brzezinski）說：「我鼓勵中國人支持波爾布特……波爾布特是令人厭惡的。我們永不能支持他，但是中國可以。」[5] 順帶一提，英國（戴卓爾／Thatcher）亦支持赤柬流亡政府。

西方社會不是把「紅色高棉」形容為恐怖政權嗎？你還記得赤柬頭號人物波爾布特嗎？當這個政權被越南趕走了，美國卻反過來支持這個政權，包括支持它在聯合國的地位。一個時常站在道德高地批評別國的美國，為甚麼會支持赤柬流亡政府？美國是不是基於敵人（越南）的敵人（赤柬）就是我的朋友的想法，違背其自稱的「美國價值」？美國的主流傳媒昨天視波爾布特為「另一個希特勒」和「屠殺了二百萬那個人」，但是今天又卻選擇「忽視」美國支持流亡的波爾布特，不再大做文章。

參考：
(1) Oliver Stone and Peter Kuznick, *The Untold History of the United States*, pp. 388-389
格蘭丁（Greg Grandin），《基辛格的影子》（*Kissinger's Shadow: The Long Reach of America's Most Controversial Statesman*），pp. 70-75
Noam Chomsky, *Who Rules The World?*, pp. 67-68
Howard Zinn, *A People's History of the United States*, pp. 481-483
John Dower, *The Violent American Century*, p. 44
George Herring, *The American Century & Beyond*, p. 469, p. 471
(2) 格蘭丁（Greg Grandin），《基辛格的影子》（*Kissinger's Shadow: The Long Reach of America's Most Controversial Statesman*），p. 137
(3) 格蘭丁（Greg Grandin），《基辛格的影子》（*Kissinger's Shadow: The Long Reach of America's Most Controversial Statesman*），pp. 175-179
Edward Herman and Noam Chomsky, *Manufacturing Consent*, p. 273
(4) William Blum, *Rogue State*, p. 120
(5) Edward Herman and Noam Chomsky, *Manufacturing Consent*, p. xxxvii
William Blum, *Rogue State*, pp. 118-119

老撾（寮國）：
美國炸破了世界記錄 (1964-1973)

21.1　　老撾有「萬象之邦」之稱，亦有「水中有魚，田裏有稻」的美譽。
　　　　老撾被法國統治了幾十年後，得以獨立（1954）。

21.2　　**美國干涉老撾內政**
　　　　老撾小國寡民，只是想過安樂生活，不欲捲入戰爭，於是採取了中
　　　　立政策。但是，美國為了在全球反共，不容許老撾中立，更不容許
　　　　老撾親共。美國透過「中情局」在老撾扶植親美政權，支持他們與
　　　　親共軍作戰。[1]

21.3　　**美國在老撾炸出個世界記錄**
　　　　越共利用老撾的樹林小徑，作為運輸通道來往南、北越。美軍為了
　　　　阻止越共的運作，便在老撾進行地毯式轟炸。美軍飛行員平均每隔
　　　　八分鐘就出動一次！美軍在這個小小的一個國家投下的炸彈，比整
　　　　個第二次世界大戰時投下的炸彈還要多，相當於對每個老撾人平均
　　　　投下兩噸炸彈，是人均轟炸程度最嚴重的國家。美軍還使用化學武
　　　　器，投下橙色化武落葉劑。這不單帶來了即時的死傷，更是後患無
　　　　窮，真是喪心病狂的行為。農夫只想耕田過活，但是死不去的只可
　　　　以活在洞內，而每天只可以在很短的時間（沒有空襲時）進行耕種。
　　　　根據美國學者的調查，美軍的轟炸，造成了超過十萬平民的死亡，
　　　　因此老撾非常不幸地成為了「歷史上遭受空襲最為慘重的國家」。[2]

老撾地小人寡，只是一個落後、貧窮的農業社會。美國堂堂一個大國，對它不宣而戰，瘋狂轟炸。我們試試站在仍然活著的老撾人民的角度看一看，想一想。他們耳聞目睹一個又一個的親朋戚友，慘被炸死。在他們的心中，究竟美國代表了哪門子文明的人民？

21.4 美國「中情局」的行動，包括支持在「金三角」種植鴉片的部族，而這些部族更成為了「中情局」在老撾的骨幹[3]。

21.5 多年之後，美國總統（奧巴馬／Obama）訪問老撾。他輕描淡寫地承認當時的轟炸，令到「多個鄉村和整個山谷都消失了，無數的平民被殺」。他說美國有「道德上的責任，幫助老撾康復」。
聽其言，觀其行。奧巴馬和記者們離開之後，美國在老撾做了甚麼補救工作？

參考：
(1) Alfred McCoy, *In the Shadows of the American Century*, pp. 162-164
Tim Weiner, *Legacy of Ashes*, pp. 291-295
William Blum, *Rogue State*, pp. 139-141
William Blum, *Killing Hope*, pp. 140-145
Simon Jenkins, *Mission Accomplished?*, p. 15
Edward Herman and Noam Chomsky, *Manufacturing Consent*, pp. 255-260
(2) Edward Herman and Noam Chomsky, *Manufacturing Consent*, pp. 253-260
(3) John Carter, *Covert Action as a Tool of Presidential Foreign Policy*, pp. 122-123

中美洲：
危地馬拉、尼加拉瓜、巴拿馬

危地馬拉（Guatemala）

22.1　美國推翻不聽命於它的民選總統

危地馬拉貧富懸殊，人民過著接近奴隸的生活。後來，危地馬拉走向民主。民選出來的總統（阿班斯／Arbenz）要推行改革，改善人民的生活。他要把土地分配給赤貧的農民。美國商人在危地馬拉有不少的商業利益。改善工人的工作條件往往都是會衝擊美國商人的利益。一如既往，美國又要出手幫助它的商人了，便密謀推翻這一位總統。美國故技重施，首先把他標籤為「親共」和妖魔化他。「中情局」秘密在美國訓練叛軍進入危地馬拉。它又在危地馬拉國內製造不穩，包括透過宣傳抹黑政府。話說「中情局」這個行動，是美國總統（艾森豪威爾／Eisenhower）下命令的。[1] 美國更出動海軍封鎖危地馬拉海港，甚至出動空軍轟炸危地馬拉市。一浪接一浪的行動，終於推翻了這位總統。[2]

美國把這個政變說成「民主」戰勝「共產」。其實，美國最怕的是南美各國（它的「後花園」）有「真民主」。美國是不是害怕它們成功走上民主之路而對美國不利？況且，這一位民選總統真的親共嗎？就算他親共，危地馬拉人民難道沒有權利選擇他們想行的路嗎？美國認為對它會有問題。這是出兵的理由嗎？

22.2　美國支持親美的獨裁政府（1980 年代）

政變過後，危地馬拉的民主變成了獨裁。軍人總統自稱是神的安排讓他成為總統。他取消憲法，解散國會，獨攬大權於一身。不滿政府的人，對政府展開游擊戰。政府軍為了追擊山上的游擊隊，實行「焦土政策」，把原住民居住的馬雅（Maya）農村付之一炬，又屠殺馬雅人。這個軍人總統對原住民說：「跟從我們的話就餵養你，否則便殺掉你。」[3] 美國支持這一個恐怖的政府軍，更替它培訓軍人。在美國一直的支持下，危地馬拉「陷入長達四十年之久的高壓恐怖統治，導致約二十萬人死亡」。[4] 多年之後，美國總統（克林頓／ Clinton）出訪危地馬拉時說：「我要鄭重聲明，支持軍方和情報組織參與暴力行動和大規模鎮壓是錯誤的，美國一定不會重蹈覆轍。」[5]

美國政府說它「關心」危地馬拉人民。美國國務卿（奧爾布萊特／ Albright）說：「為甚麼我們美國關心這裏發生的事？因為我們是一家人，當家中有人不快或受苦，我們全都受苦。」[6] 試問，危地馬拉人聽到這些說話時會有甚麼感想？為甚麼美國不向危地馬拉人民輸出「民主」，而是給其獨裁軍人「維穩」？為甚麼美國的「國家民主基金會」在東歐、蘇聯、中國等地努力工作，而不在危地馬拉工作？

尼加拉瓜（Nicaragua）

22.3　美國出兵佔領（1909-1933）

尼加拉瓜與美國疏遠，更向歐洲靠攏。當時的歐洲是美國的競爭對手。尼加拉瓜的問題，是它太接近美國了。美軍找個藉口便出兵進駐尼加拉瓜。但是，沒有人民是會樂意被佔領的。尼加拉瓜人民視美軍的佔領為恥辱。他們的民族英雄（桑地諾／ Sandino）高叫「為祖國的自由而戰」，帶領人民打游擊戰。他宣言要「割斷所有美國

人，以及與他們接觸的外國人的喉嚨」。尼加拉瓜人民苦戰了七年
之後，終於逼使美軍離開。但是，美軍在離開之前，已經種植下了
親美的勢力，使其可以繼續控制沒有了美軍駐守的尼加拉瓜。

22.4 美國支持親美的（索莫查／Somoza）獨裁王朝（1936-1979）
在尼加拉瓜，軍人當政。美國支持尼加拉瓜的軍人既血腥又腐敗的
獨裁統治達四十多年之久。有美國高官說這位獨裁軍人為「狗娘養
的」。美國總統（富蘭克林・羅斯福／Franklin Roosevelt）回應
說「他是我們的狗娘養的」。換句話說，不管他是獨裁與否（「狗
娘養的」），最重要是他要聽命於美國（「我們的狗娘養的」！）。
[7] 美國百年來外交政策的本質，盡在他們二人的笑談中。人民受了
四十多年的苦痛之後，終於起來推翻了這個親美的軍人。

22.5 美國不承認民選政府，又支持叛軍推翻民選政府（1984-1990）
(1) 在尼加拉瓜舉行首次的總統選舉中，反美的「桑地諾民族解
放陣線」（奧爾特加／Ortega）取得勝利。美國不承認這個
對它不利的選舉結果，更視其政府為支持恐怖主義而制裁之。
美國害怕尼加拉瓜會成為「第二個古巴」，便說它是美洲的
「癌」，大力支持叛軍與政府進行多年的內戰。
一個初生的民主，還要面對美國這一個世界經濟大國的制裁，
真是苦不堪言。美國以民主大國自稱，竟然不幫助這個「小民
主」成長，反而要消滅它。千錯萬錯，是不是錯在它不親美？
(2) 美國支持叛軍（「反革命軍」／Contras）。美國政府在尼加
拉瓜真的是為所欲為。身為美國外交人員，竟然主導叛軍推翻
政府。美國又非法動用販賣軍火給伊朗的錢來支持叛軍，引
發後來所謂「伊朗門」（Irangate）事件。此外，美國為了
幫助這些「反革命軍」，竟然公然在尼加拉瓜海域放置水雷，

封鎖尼加拉瓜。「中情局」給叛軍寫的指南，包括刺殺法官，用強姦的手段報復，聘用專業罪犯做事，製造警民衝突，煽動暴動和開鎗，使人覺得死了的人是烈士。美國官員對親美的叛軍指示：「打敗共產主義的唯一方法就是通過綁架、殺人、酷刑、劫掠等相同的方法、相同策略。民主方式並無效率。」他又說：「我們破壞大批學校、醫療院所和類似的東西。我們企圖令到尼加拉瓜政府無法為農民提供社會服務，無法發展他們的計劃。」凡此種種，連「中情局」前高層都視這種行為為「國家恐怖主義」。[8] 雖然這些「反革命軍」惡行多多，但是美國總統（列根／Reagan）卻形容他們是「自由戰士」和「道德上的國父」。[9]

美國宣稱民主、自由和人權是它的核心價值。但是，尼加拉瓜的故事，又多了一個美國講一套、做一套的例子。美國在台前良言美語，但是在幕後卻做盡不應該做的事。美國一直以來的態度，是不是不管你是民主的政府，還是殘暴的叛軍，只要你是聽命於美國的，便沒有問題？

(3) 尼加拉瓜忍無可忍，告上「國際法庭」（International Court of Justice）。「國際法庭」宣判美國的行為違反國際法，命令美國賠款。美國不承認法庭的判決。面對聯合國時，美國投反對票。[10]

22.6　美國干擾內政，協助親美政黨選舉（1990）

光陰似箭，尼加拉瓜又舉行選舉。美國不想見到親左的人士（奧爾特加）連任，便又干涉尼加拉瓜的內政。美國做了不少工作，包括秘密提供三千萬美元。「中情局」積極參與選舉工程，協助組織反對人士的聯盟，又打傳媒戰，終於成功阻止親左總統連任。[11]

巴拿馬（Panama）

22.7 巴拿馬運河

(1) 美國欲在巴拿馬建運河，打通大西洋和太平洋。可是哥倫比亞
卻不合作，拒絕美國提出的九十九年租約的要求。美國便重施
故技，以支持巴拿馬從哥倫比亞「獨立」為名，行控制巴拿馬
之實，然後透過控制巴拿馬而控制運河。

(2) 美國控制巴拿馬

巴拿馬「獨立」之後，從一個哥倫比亞的省變成了一個被美國
控制的國家。[12] 由於巴拿馬的軍事獨裁政權反共，所以得到
美國的支持。但是，巴拿馬的人民既反對其獨裁軍人，亦同時
反對美國對巴拿馬的操控。有一次，美國試圖在巴拿馬運河附
近的校園懸掛美國國旗，卻遭受巴拿馬學生激烈的反對。美國
派兵鎮壓，結果二十四名學生死亡，四百名學生受傷。[13]

22.8 美國出兵在巴拿馬捉它的總統（1989）

諾列加（Noriega）是巴拿馬總統。美國國務卿（舒茲／Shultz）
讚賞他對民主發展作出的貢獻。[14] 但是，他開始不聽命於美國。
他曾經多次宣佈，為了收回巴拿馬運河，巴拿馬人民將鬥爭到最後
一滴血！美國對他甚為反感，要搞一個「政權轉移」。美國先來
一個制裁，然後又來一個軍事政變，但都是失敗了。[15] 美國要出
兵了。美國先啟動它的宣傳機器，妖魔化他。美國宣佈要進行「反
毒戰爭」，指控諾列加販毒，宣傳要打壓「毒品恐怖主義」。美國
又宣稱：「我們正在努力支持巴拿馬實現民主進程，確保美國公民
的生命安全得到持久保障。」美國出動二萬七千之多的士兵到巴拿
馬，把他捉回美國。話說美軍殺了三千至四千個巴拿馬平民。[16]
當這位前總統被囚禁在美國的監牢之時，美國已經扶植了一個親美

的新總統上任了。南美洲各國齊齊聲討美國。聯合國決議，認定美國這行為是侵略，違反國際法。「美洲國家組織」亦譴責美國在巴拿馬的行為。[17]

美國的行為真的是匪夷所思，它怎可以派兵到一個主權國家，把人家的總統捉回來受審！巴拿馬人民的心境，會不會和墨西哥人相似：「上帝那麼遠，而美國卻是與他們這麼近？」

參考：
(1) Noam Chomsky, *Imperial Ambitions*, p. 104
(2) Alan McPherson, *A Short History of U.S. Interventions in Latin America and the Caribbean*, pp. 139-146
Morris Berman, *Dark Ages America*, pp. 126-127
Stephen Kinzer, *Overthrow*, pp. 132-145
Tim Weiner, *Legacy of Ashes*, pp. 107-118
Antonella Vilasi, *The History of The Central Intelligence Agency (C.I.A.)*, pp. 41-43
George Herring, *The American Century & Beyond*, pp. 385-387
Laurent Guyénot, *JFK-9/11: 50 Years of Deep State*, p. 35

John Prados, *Safe for Democracy*, pp. 108-123
Noam Chomsky, *How The World Works*, p. 22, p. 419
The WikiLeaks Files, p. 55
William Blum, *Killing Hope*, pp. 72-83, pp. 147-148
王曉德，《美國文化與外交》，pp. 381-382
克羅克‧朱里安（Claude Julien），《剖析美利堅帝國》（*L' empire Americain*），pp. 177-186

(3) Thomas Pearcy, *The History of Central America*, pp. 9-10
(4) Tim Weiner, *Legacy of Ashes*, p. 529
Edward Herman and Noam Chomsky, *Manufacturing Consent*, pp. 71-86
Stephen Kinzer, *Overthrow*, p. 203
(5) Stephen Kinzer, *Overthrow*, p. 207
(6) William Blum, *Freeing The World To Death*, p. 145
(7) *The WikiLeaks Files*, p. 60
(8) Noam Chomsky, *Deterring Democracy*, p. 80
William Blum, *Rogue State*, pp. 61-62
William Blum, *America's Deadliest Export: Democracy*, p. 42
Laurent Guyénot, *JFK-9/11: 50 Years of Deep State*, p. 94
Antonella Vilasi, *The History of the Central Intelligence Agency (C.I.A.)*, pp. 64-68
John Dower, *The Violent American Century*, pp. 61-62
Goerge Herring, *The American Century & Beyond*, p. 591
Joshua Freeman, *American Empire*, pp. 395-396
(9) Alan McPherson, *A Short History of US Interventions in Latin America and the Caribbean*, pp. 161-162
Noam Chomsky, *Imperial Ambitions*, p. 95
王曉德，《美國文化與外交》，p. 390
(10) Noam Chomsky, *Who Rules the World?* p. 200
Noam Chomsky, *Hegemony or Survival*, pp. 99-102
(11) William Blum, *America's Deadliest Export: Democracy*, p. 182
Noam Chomsky, *Hegemony or Survival*, p. 105
(12) George Herring, *The American Century & Beyond*, pp. 68-69
(13) Thomas Pearcy, *The History of Central America*, p. 19
克羅克‧朱里安（Claude Julien），《剖析美利堅帝國》（*L' empire Americain*），p. 72
(14) Noam Chomsky, *Hegemony or Survival*, p. 112
Tim Weiner, *Legacy of Ashes*, p. 489
Stephen Kinzer, *Overthrow*, p. 239, p. 245
(15) Tim Weiner, *Legacy of Ashes*, pp. 490-491
Joshua Freeman, *American Empire*, p. 411
(16) Chalmers Johnson, *The Sorrows of Empire*, p. 69
William Blum, *Killing Hope*, pp. 305-314
格蘭丁（Greg Grandin），《基辛格的影子》（*Kissinger's Shadow: The Long Reach of America's Most Controversial Statesman*），pp. 192-197
(17) 鮑威爾（Colin Powell），《我的美國之旅》（*My American Journey*），p. 273

加勒比海：
古巴、海地、多明尼加、格瑞那達

古巴（Cuba）

23.1　美國支持古巴「獨立」之後，控制古巴（1902-1959）

(1)　古巴人民爭取獨立之時，美國總統（墨金萊／McKinley）說美國必須在「人道和文明的名義下」，把古巴從西班牙的統治中解放出來。古巴人革命成功了，終於脫離了西班牙的殖民統治。可惜古巴的「獨立」，卻是名大於實。古巴人打走了西班牙人，卻引來了美國人。古巴人說：「我們沒有想到在戰後我們的盟友（美國）是會佔領我們的國家。」[1] 古巴雖然沒有被美國兼併，但是卻被迫接納了一條美國法律，使到美國有權干涉古巴內政。古巴成為了美國的附庸經濟體系。

(2)　古巴獨立之後，一直都是被獨裁軍人統治。在獨裁統治期間，憲法失效，異見人士被拘捕、虐待及殺死，報社被封。美國五十多年一直支持在古巴的親美政權。

23.2　卡斯特羅（Castro）推翻親美政權

他熱愛古巴。他反對美國在古巴的所作所為，企圖以武力推翻古巴的親美政權。他失敗之後，在法庭上發表了題為〈歷史將宣判我無罪〉的辯詞。後來，他終於推翻了這個獨裁政權，成立一個獨立自主的政府。曼德拉（Mandela）說過古巴的勝利「粉碎了白人壓迫者無敵的神話，激發了南非的戰鬥大眾」。

23.3 美國企圖推翻卡斯特羅

(1) 美國一直都視古巴為其「後花園」，而「後花園」是要安全的。卡斯特羅不肯聽命於美國。他的政策亦對美國不友善。他投向蘇聯，更要把革命輸出到中、南美洲。一個小小的古巴，竟敢向美國說不！美國無法容忍一個不肯屈服於美國的古巴，一定要令古巴永無寧日。美國透過「中情局」在古巴進行破壞，目的是要發動一個「政權轉移」，把卡斯特羅除去。「中情局」更策劃一場古巴流亡分子登陸古巴「豬灣」的戰爭，打了七十二小時，可惜大敗，令美國顏面盡失。[2]

(2) 美國總統（甘迺迪／Kennedy）指示在古巴進行一個「龐大秘密計劃」的「消滅活動」。美國要在古巴製造不穩，包括破壞一個大型煉油和儲存設施、一個大型發電廠、製糖廠、鐵路橋樑、海港設施及在水底拆除碼頭。美國亦曾經計劃擊沉自己的船隻，把它偽裝成恐怖事件，以此製造出兵古巴的藉口（代號「諾斯伍德行動」／Operation Northwood）。美國的「恐怖行動」（terror campaign）還包括偽裝成古巴政府的人，劫持一架民航班機或者民用船，擊落一架從美國飛往南美國家的民航包機等等。雖然後來沒有進行這些計劃。[3]

甘迺迪總統說過「美國向來支持的信念是，人人都有權自由選擇自己想要的政府類型」。對一般的普通人來說，真的是很難想像一個相貌堂堂的人可以在幕前說出這些話，於同一時候在幕後做完全相反的事。世界角落很多人都喜歡引用美國總統的名言，把他們的良言美語視為「唐詩三百首」，搖頭擺腦地朗而誦之。可是，很多這類良言美語是不是都只是美麗的謊言，不可信以為真？

(3) 根據卡斯特羅所說，美國曾經向古巴進行化武戰，把豬病菌（1971）和登革熱（1981）帶進古巴，使多人死亡，包括不少兒童。[4]

23.4   「古巴導彈危機」（1962）

美國早前在蘇聯鄰近的土耳其部署導彈。蘇聯以其人之道還治其人之身，在美國鄰近的古巴部署導彈。因此，在古巴便發生了「人類史上最危險的一刻」的「古巴導彈危機」。自始之後，美國與古巴更為敵對。

世界上大多數人只知道蘇聯在美國附近安裝導彈對準美國，而不知道美國之前已經在蘇聯附近安裝瞄準蘇聯的導彈，亦沒有留意美國已經在沖繩島部署了導彈對付中國。為甚麼美國可以在蘇聯和中國附近設置導彈，而蘇聯卻不可以在美國附近設置導彈？

23.5   美國多次企圖暗殺卡斯特羅

卡斯特羅這個「嚇不怕，壓不垮，打不倒的大鬍子」，敢向美國說不，成為了千萬拉丁美洲人民心中的英雄！美國立下決心，一定要推翻卡斯特羅。差不多半個世紀以來，美國佛羅里達州的南部是一大反卡斯特羅分子的訓練基地。美國不停在古巴搞事，更多次企圖刺殺他，包括在他的食物下毒和交給他會在燃點時爆炸的雪茄。「中情局」組織指使或支持謀害古巴領導人的事件，前後竟有六百三十八次之多。卡斯特羅說過：「今天我還活著，但錯不在我，而是美國的中央情報局。」[5]

美國教科書有沒有講述這些暗殺事件？答案是正如美國學者（洛溫／ Loewen）所說：「教科書作者對我們打算暗殺卡斯特羅的企圖保持緘默……沒有一本教科書提到甘迺迪曾嘗試殺死卡斯特羅。」

23.6   制裁

美國因為「要盡快用各種方法打擊古巴的經濟，使其人民陷於飢餓、絕望，並起來推翻政權」[6]，所以對古巴滴水不漏地禁運和制裁了四十年之久。在長年的禁運期間，古巴的農業產品不能銷售出

去，藥品等的必需品也不能入口。這種禁運和制裁，無疑是「大規模毀滅式制裁」。連前「中情局」人員都視此為國家支持的恐怖主義。[7] 但是美國的禁運和制裁並沒有令卡斯特羅政權垮台，只能令古巴人民受苦，反而加強了仇美的力量，令卡斯特羅的政權更為穩固。

23.7　在美國，快樂的時間過得真快。但是，古巴人托美國所賜，過了五十年「活著」的日子。可能是美國史上最能言善辯的總統（奧巴馬／ Obama）竟然還可以驕傲地說：「美國在以往的五個十年在古巴支持民主和人權……此政策是建基於最大的善意……」

海地（Haiti）

23.8　西班牙和法國前後統治了海地有三百多年之久。法國把大量奴隸從非洲送到這裏種植甘蔗。他們受到了十分殘暴的對待，簡直是生不如死，因而在此產生了「喪屍」（Zombie）文化。海地人成功爭取獨立。它是世界上第一個由黑人建立的共和國。但是獨立後的海地，卻遭到西方國家聯手進行經濟封鎖。它的經濟很快便崩潰了。它的政局長期動盪不安，是一個苦命的國家。

23.9　美國出兵佔領（1915-1934）
美國想在加勒比海建立軍事基地。早在一百多年前，美國以保護僑民為理由，出兵佔領海地。美軍透過武力解散其國民大會。海地的反美運動，死了萬多人。美國卻宣稱海地「穩定」下來了。[8] 美軍佔領期間，參議院被關閉。[9] 此外，美國商人（尤其是農業界）進入海地，佔據大量農地。當地的農民被逼使戴上手鎯建築道路，以方便美商的業務。有海地人覺得，他們從解放了的自由歲月走回到

奴隸時代的日子。他們「工作沒有工錢；工作時只穿一條褲子，赤著背向太陽；只有病倒才可遣送回家；吃不飽，只有粟米和豆；只能睡在監倉或工地上；想逃走的話便殺掉你」。海地人的反美情緒激烈。他們時有反抗侵佔的示威行動，包括發起「懦弱者戰爭」。[10]美軍的回應是暴力打壓，血腥鎮壓，壓，壓，壓。美軍「不分青紅皂白地殺戮當地人的行為已持續一段時間」，是「海軍陸戰隊有史以來最駭人的行為」。失民心，失海地。美軍終於要離開了。美軍離開海地時，已經在海地種植下了親美的勢力，可以透過當地親美的軍人，使海地走親美的政策。

23.10　美國支持親美的獨裁統治（杜瓦利／Duvalier）（1957-1986）

(1) 海地在大選之後，被一個號稱「杜爸爸」或「爸爸醫生」的獨裁者統治。他集大權於一身。他連童子軍也不能容忍！他把鎮壓的粗暴提升至前所未有的新高點，被形容為「暴力無邊界」。他自稱是巫毒教牧師，有無處不在之能。在他的統治之下，海地人民並無民主、自由可言。他說：「世上沒有任何力量可以到來教導我們民主。」他的「秘密警察」殺害反對人士。活著的海地人，痛苦地嘲諷說：「杜瓦利表演了經濟上的奇蹟，他教我們沒有錢地過活，沒有食物地進食，沒有生命地生活著。」

(2) 他去世之後，他的「兒子醫生」繼任做總統。當子承父業之際，美國為了維穩，竟然派戰艦在海上巡遊，以防事故發生，使到父親的獨裁統治可以順利由獨裁兒子延續！基本上，兒子的血腥手段較其父親可謂有過之而無不及。

(3) 在這兩父子的高壓統治期間，美國一直都支持著這個政權。美國為海地提供金錢、物資和武器，原因是他們兩父子都聽命於美國。美國要一個獨裁者在海地維穩，不要海地人民民主。

然而，人民實在太苦了。終於，他們「寧願站著死，不肯跪著生」，起來反抗暴政。美國亦再不能支持「兒子醫生」了，便要求他離開海地。[11]

23.11　美國一直以來都在干擾海地的內政，破壞不友善的民選政府，目的是在扶植親美的政權。近年，美國的「非政府組織」包括其「國家民主基金會」，亦在海地活躍於以「民主」之名，搞干政之實的活動。[12]

多明尼加（Dominican Republic）

23.12　美國出兵佔領（1916-1924）
　　　　美國早在一百年前已經出兵佔領過多明尼加，在當地建立軍事基地。美國商人的蔗糖公司亦進駐多明尼加，控制當地的蔗糖生產。在八年的佔領期間，美國實行軍事法律，建立警察部隊鎮壓抗爭者。但是，多明尼加人民不斷反抗，終於逼使美軍撤走。美軍雖然撤走，卻留下了它的代理人，以便繼續控制多明尼加。

23.13　美國支持親美的獨裁軍人（特魯希略／Trujillo）（1930-1961）
　　　　多明尼加被一個獨裁軍人統治了三十年有多。此人大力鼓吹個人崇拜，封自己為「太陽」和「光明」。在他的統治之下，經濟得以發展，而他亦贏得了「國家財政獨立的修補者」的稱號。然而，他打壓異見分子，把反對聲音視為叛國行為，嚴刑拷問，刺殺，以及不斷殺戮。有人認為這個獨裁政權堪稱南美洲的「極權政權」。[13]這個獨裁的軍人政權，幫助美國打壓加勒比海一帶的解放運動，包括協助美國推翻位於中美洲的危地馬拉的民選總統。

格瑞那達（Grenada）

23.14 小小的一個島國，竟然敢向美國說不

新政府上場，推行改革。它接受蘇聯武器，又同意讓古巴訓練它的軍隊，並對美國不大友善。美國警告它不要走向古巴。但是，它反而勇敢地對這個世界大國說：「沒有人有權告訴我們要做甚麼或者怎樣管治我們的國家，或者應該與哪些人友好……我們不是在任何人的後花園。」(14)

23.15 可是，勇敢面對美國的下場，是……

美國以「恢復民主制度」和「保護僑民」為理由，帶領七個加勒比海國家進軍這一個小島國。這場戰爭是美軍在越戰之後的第一個重大軍事行動。當時的美國還活在越戰的陰影中。美國勝利了，打敗了這一個小島國。有美國人說：「我們低頭示弱的日子就此結束了。」又有美國官員說：「我們灰心喪氣了這麼多年，這一次終於通過進攻格瑞那達得到了宣泄。」連美國總統（列根／Reagan）都說：「我們的武裝部隊又挺直腰桿，重新站起來了。」(15)

23.16 聯合國視此侵略為「公然違反國際法」的行為，(16)連一貫支持美國總統（列根）的英國首相（戴卓爾／Thatcher）也對此侵略甚為不滿。可是，美國一於充耳不聞譴責聲。面對差不多全世界的反對聲音時，美國總統的回應是：「這全不會煩擾到我的早餐。」(17)

參考：
(1) Alan McPherson, *A Short History of U.S. Interventions in Latin America and the Caribbean*, p. 34
(2) John Prados, *Safe for Democracy*, pp. 236-272
(3) Laurent Guyénot, *JFK-9/11: 50 Years of Deep State*, p. 39
　　孫崎享（Ukeru Magosaki），《戰後の日米同盟真相》（戰後史の正体），p. 36
　　George Herring, *The American Century & Beyond*, p. 408
　　Tim Weiner, *Legacy of Ashes*, p. 240
　　John Carter, *Covert Action as a Tool of Presidential Foreign Policy*, pp. 63-78
　　Noam Chomsky, *Who Rules the World?*, p. 109
　　Noam Chomsky, *Hegemony or Survival*, p. 85
　　Memorandum For the Secretary of Defence. Subject: Justification for US Military Intervention in Cuba, 13/3/1962 (Unclassified)

(4) William Blum, *Rogue State*, pp. 142-146

(5) John Dower, *The Violent American Century*, p. 58
John Prados, *Safe for Democracy*, p. 321
Laurent Guyénot, *JFK-9/11: 50 Years of Deep State*, pp. 46-47
Tim Weiner, *Legacy of Ashes*, pp. 180-181, p. 216
Major Problems in American Foreign Relations, Volume II: Since 1914, pp. 362-362
Fidel Castro, *My Life*, pp. 253-254
亞諾，《CIA 美國中央情報局全傳》，pp. 79-80

(6) Noam Chomsky, *Failed States*, p. 113

(7) William Blum, *America's Deadliest Export: Democracy*, p. 42

(8) *The WikiLeaks Files*, p. 53
Noam Chomsky, *Failed States*, p. 153

(9) 菲格雷多（D. H. Figueredo）和阿爾戈特 - 弗雷雷（Frank Argote-Freyre），《加勒比海地區史》（*A Brief History of The Caribbean*），p. 179

(10) 菲格雷多（D. H. Figueredo）和阿爾戈特 - 弗雷雷（Frank Argote-Freyre），《加勒比海地區史》（*A Brief History of The Caribbean*），p. 180

(11) 菲格雷多（D. H. Figueredo）和阿爾戈特 - 弗雷雷（Frank Argote-Freyre），《加勒比海地區史》（*A Brief History of The Caribbean*），p. 184

(12) *The WikiLeaks Files*, p. 30, pp. 60-62, pp. 510-514
Noam Chomsky, *Who Rules The World?*, p. 13
Noam Chomsky, *How The World Works*, pp. 183-188
Noam Chomsky, *Failed States*, p. 109, p. 153
William Blum, *Killing Hope*, pp. 370-382

(13) 菲格雷多（D. H. Figueredo）和阿爾戈特 - 弗雷雷（Frank Argote-Freyre），《加勒比海地區史》（*A Brief History of The Caribbean*），pp. 186-190

(14) Alan McPherson, *A Short History of U.S. Interventions in Latin America and the Caribbean*, p. 165

(15) Stephen Kinzer, *Overthrow*, p. 232, p. 238
George Herring, *The American Century & Beyond*, pp. 589-590
Noam Chomsky, *Imperial Ambitions*, p. 97
Joshua Freeman, *American Empire*, p. 398
格蘭丁（Greg Grandin），《基辛格的影子》（*Kissinger's Shadow: The Long Reach of America's Most Controversial Statesman*），p. 191
黃樹東，《大國興衰》，pp. 222-223

(16) William Blum, *Rogue State*, p. 245
Stephen Kinzer, *Overthrow*, p. 237
John Dower, *The Violent American Century*, p. 56

(17) William Blum, *Rogue State*, p. 245
Stephen Kinzer, *Overthrow*, p. 233, p. 237
Alan McPherson, *A Short History of U.S. Interventions in Latin America and The Caribbean*, p. 169

南美洲：巴西、智利

24.1 禿鷹行動（Operation Condor）（1968-1989）

美國在南美洲秘密進行「禿鷹行動」。參加的國家包括智利、阿根廷、巴西、烏拉圭、巴拉圭和玻利維亞。此行動透過暗殺、綁架、刑求等手段，對付異見人士（尤其是有左傾嫌疑的人）。據估計此行動至少造成五萬人被殺，三萬人失蹤，四十萬人入獄。[1]

南美洲國家的人為甚麼不可以「左傾」？這個「禿鷹行動」是不是違反「美國價值」，亦是不是違反這些南美國家的法律？這個行動和有組織的黑社會活動及國家恐怖主義有甚麼分別？

巴西（Brazil）

24.2 美國支持巴西軍人推翻不親美的民選總統

美國人喜歡到世界各地從事商業活動。他們在巴西亦有商業利益。他們多年來僱用當地低工資和沒有議價能力的工人。巴西的民選總統（高拉特／Goulart）為了大眾的利益推行改革，希望工人和窮人得益。他又接受共產黨的合法性。但是，這種改革損害了美國商人的利益，使到他們大為不滿，要把這個總統除之而後快。與此同時，這一位總統亦採取獨立的外交政策，拒絕贊成美國對古巴實行制裁。更嚴重的是，美國懷疑他親共。一個古巴已經太多了，又來一個可能會親共的巴西？美國開始兩手準備。「中情局」一方面干擾巴西的選舉，另一方面發動軍人政變。「中情局」用了五百萬美

元在巴西進行「不穩定化計劃」，搞亂它的政府。美國又支持巴西的親美軍人，包括秘密提供軍火，推翻這個民選總統 (2)。終於，巴西總統被迫出走。美國形容這件事為「民主革命」！

24.3 美國支持軍人政權（1964-1988）

在巴西，取代這位民選總統是一個軍人政權。這一位軍人在執政的第一個月已經拘捕了五萬多人。在這個「政權轉移」之後，新的政府改為「親美」，又參加美國對古巴的制裁。在這個所謂「民主革命」之後，美國支持一個又一個的獨裁軍人。

智利（Chile）

24.4 美國操控選舉失敗之後便推翻不親美的民選總統

(1) 智利有一個政治領袖，名叫阿連德（Allende）。他幫助窮人，又偏向社會主義。美國不容許偏左的人在智利當政，便用盡辦法阻止他當選。美國（基辛格／Kissinger）坦言：「我不明白我們為甚麼要袖手旁觀，看著一個國家由於國民的不負責任而走向共產主義。這個問題太重要了，不能交給智利選民自己去決定。」他又說美國是支持多元化的，但是「我們決定多元化的界限」。(3) 美國要阿連德敗選。「中情局」又行動了：做新聞，鼓吹對阿連德不利的評論，散播謠言等等，更恐嚇選民。(4) 但是，智利人民仍然選擇了阿連德。他當選了總統。
民主、自由和法治都是美國的核心價值。智利是一個主權國家，為甚麼它的人民不可以選擇他們想走的路？如果他們所走的路有損美國利益，美國是不是可以干涉他們的選舉？

(2) 美國死心不息，「堅定和繼續的政策是要透過政變把阿連德推翻」（解密的「中情局」電報）。(5) 但求目的，「中情局」

又不擇手段了。它賄賂軍人政變，軍人不聽話時又殺了他，把責任推在總統的身上。[6] 美國務要使到智利進入「不可管治」（ungovernable）狀態。「中情局」所用手段包括製造恐慌、進行綁架和暗殺等等。「中情局」主導的反對勢力，一步一步地進逼總統。叛軍兵臨城下之際，總統拒絕辭職。他選擇了自殺。[7] 他死了。智利的民主政制亦完蛋了。

24.5 美國支持親美的軍人（皮諾契特／Pinochet）獨裁政府（1973-1990）

美國推翻民選總統後，便支持軍人獨裁統治。這位獨裁者解散了國會，又透過秘密警察殺人及虐囚無數。當時有個足球場被使用作集中營。在他的統治期間，時會出現「人間蒸發」的事情：人民忽然不見了，且永遠消失。試想，如果你的丈夫或妻兒出門後便不再回家，且音訊全無，你又投訴無門……智利人民被迫活在暴政下達十六年之久。[8] 在這一個獨裁者的統治之下，人民沒有民主、自由，或人權。但是，他卻反而得到美國的讚揚。基辛格形容他「是一位全世界所有左派組織的受害者，他最大的罪過就在於推翻了一個走向共產主義路線的政府」。美國還「要鼓勵鼓勵他們」，透過「國際貨幣基金組織」向這個政府提供貸款。[9]

參考：

(1) 呂正理，《共產世界大歷史》，pp. 366-367

(2) George Herring, *The American Century & Beyond*, p. 418
William Blum, *Killing Hope*, pp. 163-172

(3) 洛溫（James Loewen），《老師的謊言》（*Lies My Teacher Told Me: Everything Your American History Textbook Got Wrong*），p. 261
Stephen Kinzer, *Overthrow*, p. 179
Christopher Hitchens, *The Trial of Henry Kissinger*, pp. 82-85
Morris Berman, *Dark Ages America*, p. 125
Oliver Stone and Peter Kuznick, *The Untold History of the United States*, p. 373
Tim Weiner, *Legacy of Ashes*, p. 355

(4) Tim Weiner, *Legacy of Ashes*, p. 356
Christopher Hitchens, *The Trial of Henry Kissinger*, p. 83-102
Stephen Kinzer, *Overthrow*, pp. 177-180

(5) John Prados, *Safe for Democracy*, p. 413
David Harvey, *The New Imperialism*, p. 8
George Herring, *The American Century & Beyond*, pp. 488-489
Christopher Hitchens, *The Trial of Henry Kissinger*, pp. 90-101
Stephen Kinzer, *Overthrow*, pp. 184-194
The WikiLeaks Files, pp. 66-67

(6) Laurent Guyénot, *JFK-9/11: 50 Years of Deep State*, p. 84

(7) Chalmers Johnson, *Blowback*, p. 18
George Herring, *The American Century & Beyond*, p. 489
Tim Weiner, *Legacy of Ashes*, pp. 356-365

(8) 格蘭丁（Greg Grandin），《基辛格的影子》（*Kissinger's Shadow: The Long Reach of America's Most Controversial Statesman*），p. 149
Stephen Kinzer, *Overthrow*, pp. 210-211
Andre Vltchek, *Western Terror: From Potosi to Baghdad*, pp. 195-199

(9) 格蘭丁（Greg Grandin），《基辛格的影子》（*Kissinger's Shadow: The Long Reach of America's Most Controversial Statesman*），p. 149
Oliver Stone and Peter Kuznick, *The Untold History of the United States*, pp. 377-378
Stephen Kinzer, *Overthrow*, p. 211

非洲：剛果

25.1　剛果人民之苦

比利時國王把剛果據為己有，然後在當地搜括象牙、橡膠等，勞役及殘殺人民。話說死了一千萬人。這位國王把自己的財富建築在剛果人民的痛苦之上。剛果領袖（盧蒙巴／Lumumba）帶領人民成功脫離比利時，爭取到獨立。在獨立的儀式中，他與比利時國王針鋒相對。他說：「我們不再是你的猴子。」

25.2　但是這位建國總理卻是慘死收場

剛果獨立後，其建國總理被視為對美國不利。美國高官（杜勒斯／Dulles）又打「反共」牌，認為他是會容易被共產黨「收買」的。[1]美國要「處理」這一位總理。剛果發生騷動，「中情局」鼓勵及支持反對這一位總理的勢力。長話短說，他被一個反對勢力捕捉，被毒打致死。行兇者毀屍滅跡，把他的屍體砍成碎塊後，用濃硫酸銷毀。一個不聽命於美國的總理，慘死收場。在剛果，他被視為民族英雄。四十多年之後，多個英、美傳媒指出當年是美國總統（艾森豪威爾／Eisenhower）下令要求幹掉（eliminate）這位總理的。[2]

25.3　美國支持親美的獨裁政府（莫布圖／Mobutu）（1965-1997）

建國總理被除掉後，旋即出現了一個「中情局」支持的獨裁、貪污的總統。他成為世界巨富之一。他建有「遼闊宮殿建築群」，以供自己享用。話說他聚斂了五十億美元財產。這個政權，選擇了親美。

三十多年來，美國一直支持他，更形容他為「友善的暴君」和「我們看重的朋友」。[3]

25.4　美國的教科書

美國學者（洛溫／Loewen）指出：「……教科書《美國的成就》和 1991 年出版的《美國通史》……這兩本都沒有提及中情局在 1961 年主張刺殺盧蒙巴……對美國涉及那暗殺的事隻字不提，並以最快樂的結果為結論……『剛果……成為非洲最繁榮的國家之一。』這是真的就好了！事實上，中情局協助……莫布圖……上台……無論是經濟，還是政治方面，都已經成為非洲最悲慘國家之一，跟《美國的成就》的說法恰恰相反。」

參考：

(1) John Prados, *Safe for Democracy*, p. 277
(2) George Lardner Jr., *Did Ike Authorize a Murder? The Washington Post*, August 8, 2000
Martin Kettle, *President 'ordered murder' of Congo leader, Guardian*, August 9, 2000
Alex Duval Smith, *Eisenhower ordered Congo Killing, Independent*, August 14, 2000
Tim Weiner, *Legacy of Ashes*, p. 188
John Prados, *Safe for Democracy*, pp. 277-279
William Blum, *Killing Hope*, pp. 156-163
George Herring, *The American Century & Beyond*, p. 416
(3) William Blum, *Killing Hope*, pp. 257-263
Tim Weiner, *Legacy of Ashes*, p. 189

伊朗：美國推翻民選總理，支持親美獨裁，封殺反美政府

26.1 伊朗人民之苦

伊朗（波斯）是一個有七千萬人口的文明古國。千多年前阿拉伯人在伊斯蘭教的團結之下，南征北討，侵佔了伊朗。自此，大多數的伊朗人亦信奉了伊斯蘭教。伊朗的國土比起大不列顛、法國和德國加起來還要大。它在中東和中亞之間，地理位置是重要的。伊朗多年來不停地被外國干擾其內政。伊朗發現了石油，本來應該是一大喜事。但是，因為英國的海軍需要石油，所以英國人便來了。伊朗的石油利益大部分都落在英國人手中。石油是伊朗的。但是伊朗人民只能看著英國公司控制他們的石油，而自己卻繼續生活在困苦之中。凡此種種，令到伊朗人大為反感。

26.2 伊朗選出了一個為國為民的總理

天亮了，伊朗人選出了一位要推行改革的總理（摩薩台／Mosaddegh）。當美國與伊朗還沒有利益衝突之時，這位伊朗的總理登上了《時代雜誌》的封面，成為「風雲人物」（當年落選的包括邱吉爾、麥克阿瑟、杜魯門和艾森豪威爾）。他更被譽為「伊朗的華盛頓」。美國大使認為他有絕大部分伊朗人民（九十五至九十八百分比）的支持。但是，這位民選總理要把石油利益留在伊朗，便推行石油國有化政策。這項措施自然會大大損害英國的利

益。不過此時英國國力已經大不如前，所以便找來美國幫忙，對付這個不知好歹的總理。

26.3　美國要推翻這位民選總理（1953）

(1)　美國新總統剛上場，決定要推翻這個不識時務的總理。可是，一個自由和民主不離口的美國，又怎麼可以干涉伊朗的內政，莫說要推翻一個有絕大部分伊朗人支持的總理？這種不光彩的壞事，美國只可以秘密地進行。於是，這項行動要由「中情局」承辦了。

(2)　伊朗當時真是問題多多。伊朗的民主，只是一個初生的民主。在一個民主社會，自然會有反對聲音，會有集會和抗議的自由。在這種情況之下，搞事者相對上是容易下手的。「中情局」的行為，包括收買及團結反對黨派和中間派人士，透過友好和被收買的傳媒誇大社會問題，少講政府成就。話說當時大概八成的伊朗報紙都已經受「中情局」的影響，而這些報紙的文章甚至有是「中情局」在美國寫的！他們積極抹黑甚至妖魔化總理，把他形容為「精神錯亂、陰險狡詐……是我們有史以來必須面對的最危險的頭目」，甚至把他稱為「第二個希特勒」。「中情局」組織反政府示威，收買遊民搞破壞，製造暴力事端。「中情局」在搞亂局這一方面的辦事能力甚高。它甚至可以為各種具體行動編訂時間表，這反映其計劃是如何周詳！美國向伊朗軍隊「供應物資……他們手中所持的槍械，他們……的無線電通訊器材等……供給他們的」。[1] 凡此種種，終於釀成警察向民眾開槍事件。長話短說，總理被迫下台。他無奈地說：「我最大的罪是把伊朗的石油國有化及取消了世界上最大的帝國剝削我們政治上和經濟上的制度。」[2]

為何昨天被美國形容為「伊朗的華盛頓」，卻變成了今天的「第二個希特勒」？同一個人，是天使還是魔鬼是由美國定的！當美國啟動其宣傳機器之時，真是天使可變成魔鬼，而魔鬼亦可變成天使！美國在伊朗的行為，是完全違反美國自稱的核心價值。一個以民主、自由、法治和人權自稱的美國，竟然會因為一己私利，用醜陋的手段去推翻一個初生民主！試問在英語世界長大的精英，有多少人知道伊朗的初生民主是被美國推翻的？

(3) 幾十年來美國都否認有參與推翻伊朗的民選總理。「中情局」辦事，總統放心，因為他任何時間都可以作出「貌似可信的可否認」。當美國想和伊朗打交道時，美國國務卿（奧爾布萊特／ Albright）終於為此事作出有限的道歉。美國總統（奧巴馬／ Obama）亦承認：「冷戰時期，美國在推翻伊朗民選政府的行動中起過作用。」美國國務卿（希拉莉／ Hillary Clinton）說美國當年推翻了「一個民主選舉出來的政府……這是一個典型的冷戰行為而有很多伊朗人永不會原諒美國」。美國在事發之後六十年才承認有參與推翻伊朗總理之一事。[3] 美國的主流傳媒和學術界有沒有報告、討論並總結當年美國在伊朗的行為，使美國人民知道美國另外的一面？如果不是美國欲「重回」伊朗，它會重提舊事嗎？一個健康的國民教育，是否不單只講其國家光輝的一面，還要講其另外的一面？[4]

26.4　美國扶植一個親美國王統治了伊朗二十六年之久（1953-1979）

美國推翻民選總理之後，便扶植了一個親美的國王（巴勒維／ Pahlavi）。這位國王任用秘密警察，高壓統治伊朗。在國王鐵腕統治之下，人民既無民主，又無自由，人權更是欠奉。但是，在此

期間伊、美兩國合作無間。伊朗賣石油給美國，美國賣武器給伊朗。大家各取所需，樂在其中。伊朗國王除了鎮壓國民外，還替美國做波斯灣的守護者。[5] 當時，伊朗國王的陸軍規模全球位列第五，並擁有海軍和空軍。美國亦樂於協助伊朗發展核能。但是，人民的生活卻是「不如美國的一條狗」。難怪伊朗人民終於忍無可忍，起來推翻國王。在革命成功之時，伊朗指控美國為「大魔鬼」。

有人視美國推翻了一個愛國愛民總理為美國在中東的「原罪」[6]。事後，美國扶植和支持了一個獨裁政府，令伊朗人民受了二十六年之苦。民主、自由和法治難道不是美國自稱的核心價值嗎？當這些核心價值與石油利益碰頭時，美國是否選擇了石油，推翻不聽話的民選總理而支持聽話的獨裁國王？美國在伊朗的所作所為，伊朗人民會忘記或原諒嗎？每當美國批評伊朗的民主、自由、法治、人權之時，伊朗人會否是百般滋味在心頭，有不知應從何說起之感慨呢？

26.5 美國打壓不聽話的伊朗（從 1979）

(1) 美國視伊朗為敵

伊朗人民推翻「親美」的國王之後，便不聽命於美國。伊朗學生佔領美國在伊朗的大使館，把使館人員扣押達四百四十四天之久。美國企圖營救他們的行動又告失敗，令美國顏面盡失。美國與伊朗的關係急劇惡化，從此和伊朗勢成水火。美國在中東（宮廷王族內）扶植獨裁的國王，但是伊朗卻在中東（街道上的普通人）輸出革命。伊朗的行為，為親美的獨裁政權帶來不穩，因此對美國在中東的利益有害。美國凍結伊朗政府的資產，實施武器禁運、商品禁運，禁止金融交易。禁，禁，禁。美國對伊朗的制裁越來越嚴重，最近新一輪的行動更被形容為史上最強的經濟封鎖。

伊朗是靠出口石油和天然氣為生的。試想伊朗石油不能賣，帳不能轉，進出口都被封鎖，甚至連它的飛機在海外都不能加油！怎麼辦？

(2) 美國已經從伊朗的北面（中亞）、西面（伊拉克）和東面（阿富汗）三面包圍著伊朗了。美國在土耳其亦有軍事基地。[7] 美國甚至企圖在中東聯合以色列及以沙地阿拉伯為首的集團，成立一個在中東類似「北約」的組織，以打壓伊朗。

伊朗遠離美國，既無意圖，亦無實力給美國帶來任何國家安全上的問題。但是美國卻不停封殺伊朗，其目的是不是希望「政權轉移」到親美的人手上？

(3) 美國不准伊朗發展核武

伊朗與美、英、法、俄、中和德國（P5＋1）（還有歐盟）經過漫長的談判之後，達成協議，同意不發展核武（限制鈾濃縮活動等等），以換取西方國家取消制裁。但是，美國的新總統（特朗普／Trump）上任之後，便單方面宣佈退出協議，並重新啟動比以前更嚴厲的經濟制裁。他說：「任何人與伊朗做生意便不要和美國做生意。」美國不准人向伊朗買石油，不然的話便要面對經濟後果。試問，誰敢向美國說不？英航和法航停止來往伊朗了，歐洲不少財團停止與伊朗的生意來往。伊朗能源產能落後，貨幣大貶值，人民生活更加困苦。

美國國務卿（希拉莉）問：「在 1979 年的伊朗革命之時，伊朗的經濟是接近大於土耳其的四十個百分比；在 2014 年之時卻倒轉了。究竟伊朗的核武發展是否值得把一個明亮的文明和一個驕傲的人民淪為乞丐，使其枯竭？」但是，面對美國幾十年來的文攻武嚇、制裁、圍堵和打壓，如果伊朗沒有核彈「防身」，是不是十分危險？在伊朗人的心中，伊拉克和北韓的分別，是不是伊拉克沒有核武，而北韓有核武？伊拉克政府沒有

了，北韓政府仍在。還有，美國選擇和擁有核武的印度與巴基斯坦友好，而不是打壓。所以有核武「防身」，是不是國家生死存亡之事？以色列學者（溫其耀／Martin van Creveld）說：「世人看到了美國如何在後來證明了沒有理由之下攻擊伊拉克。如果伊朗不試圖發展核武，他們會是瘋的了。」

參考：
(1) Stephen Kinzer, *Overthrow*, pp. 120-128
    Morris Berman, *Dark Ages America*, pp. 166-167
    王曉德，《美國文化與外交》，p. 378
    克羅克·朱里安（Claude Julien），《剖析美利堅帝國》（*L' empire Americain*），pp. 160-167
(2) Laurent Guyénot, *JFK-9/11: 50 Years of Deep State*, p. 35
    Michael Luders, *Blowback*, pp. 2-6, pp. 10-12
    John Prados, *Safe for Democracy*, pp. 102-107
    Tim Weiner, *Legacy of Ashes*, pp. 95-105
    Antonella Vilasi, *The History of The Central Intelligence Agency (C.I.A.)*, pp. 39-41
    William Blum, *Killing Hope*, pp. 64-72
    George Herring, *The American Century & Beyond*, pp. 373-374
(3) David Oualaalou, *The Ambiguous Foreign Policy of the United States Toward The Muslim World*, p. 39
(4) Stephen Kinzer, *Overthrow*, p. 202
(5) Morris Berman, *Dark Ages America*, pp. 167-169
(6) Michael Luders, *Blowback*, p. 1
    Stephen Kinzer, *Overthrow*, p. 201
(7) William Blum, *America's Deadlist Export: Democray*, p. 63
    Noam Chomsky, *Who Rules The World?*, p. 50, pp. 140-141

伊朗、伊拉克戰爭：美國兩邊賣軍火，悶聲發大財！ (1980-1988)

27.1　伊拉克出兵伊朗

伊朗人民革命成功，推翻了親美的伊朗國王。伊拉克以為伊朗經過政治大清洗之後，軍人會缺乏戰鬥力，甚至不堪一擊。所以，伊拉克決定趁機出兵伊朗。伊拉克希望打敗伊朗，成為中東的首領。開戰之初，伊拉克果然大勝。可是，伊朗不久之後還擊，轉守為攻。真不知道是光陰似箭還是度日如年，兩伊戰爭，一打便打了八年。

27.2　美國：兩邊賣軍火，發大財！

(1)　美國賣軍火給伊拉克

美國是樂見伊拉克攻打伊朗的，更出售武器給伊拉克。[1] 伊拉克使用沙林毒氣這種化武，對付伊朗，殺了數萬個伊朗士兵。美國在聯合國安理會阻擋譴責伊拉克使用化武的議案。[2] 當伊拉克反美時，美國把它列入恐怖名單。但是，當美國要利用它時，便把它從恐怖名單上移除，以便合法地幫助伊拉克。[3]

誰是恐怖，誰是不恐怖。是不是話語權在美國？

(2)　美國亦賣軍火給伊朗

美國雖然支持伊拉克打伊朗，但對伊拉克並沒有好感。伊拉克夢想復興阿拉伯世界。美國不能容許伊拉克在中東壯大起來，所以美國又出售武器給伊朗。美國實行大做兩邊軍火生意，任由兩伊人民互相殘殺。話說戰爭死了一百萬人。

一個自稱信奉上帝，又自稱是神的「選民」，又自稱是「自由的燈塔」，又自稱是著重人權的國家，既賣武器給伊拉克，又賣武器給伊朗，樂見兩伊人民互相殘殺。打完仗後，伊拉克欠債累累。當它出兵「收回」科威特之時，美國便啟動了「波斯灣戰爭」。打呀打呀，最大的受益人，自然會是美國的軍火商。為了利益，美國會去到幾盡呢？

27.3 美戰艦在波斯灣（伊朗水域內）打下在伊朗的領空的伊朗民航機，使到二百九十名平民（包括六十六名兒童）死亡（1988）。美軍辯稱當時誤認該民航機為正在執行攻擊任務。無論如何，美國副總統（「老布殊」／ George W.H. Bush）說：「我永遠不會為美國道歉，我不管事實如何。」[4]

這件事不是發生在美國附近，而是遠在伊朗的門口！試問，美軍戰艦山長水遠到人家的門口做甚麼？如果俄羅斯戰艦在美國門口打落了一架載滿乘客的美國民航機，美國會有何反應？

參考：
(1) Oliver Stone and Peter Kuznick, *The Untold History of the United States*, p. 420
Stephen Kinzer, *Overthrow*, pp. 286-287
Noam Chomsky, *How the World Works*, pp. 51-52
Simon Jenkins, *Mission Accomplished?*, p. 81
William Blum, *Freeing The World To Death*, p. 125
George Friedman, *America's Secret War*, pp. 18-20
Michael Luders, *Blowback*, pp. 31-32
(2) 洛溫（James Loewen），《老師的謊言》（*Lies My Teacher Told Me: Everything Your American History Textbook Got Wrong*），p. 303
Michael Luders, *Blowback*, pp. 31-32
Morris Berman, *Dark Ages America*, pp. 176-178, p. 183
Peter Galbraith, *The End of Iraq: How American Incompetence Created a War Without End*, pp. 17-19
(3) Noam Chomsky, *Hegemony or Survival*, p. 95
拉比諾（Thomas Rabino），《美國戰爭文化》（*De la guerre en Amérique*），p. 133
(4) William Blum, *Rogue State*, p. 302, p. 387
Noam Chomsky, *Who Rules The World?*, p. 163

「國家民主基金會」

28.1 美國以「民主」之名，搞「政權轉移」之實

美國在世界各地高舉「民主」的旗號，但是它其實往往是最擔心民主政權在這些地方建立起來。對美國來說，最重要的是你有沒有利用價值，是否願意附庸於美國，而不是你的人民有沒有民主或自由。因此多年以來，美國以「民主」之名，在國外推翻反美的民選政府，支持親美的獨裁政權。據說「近代貪腐領袖之最」的前三名分別是印尼的蘇哈圖（Suharto）、菲律賓的馬可斯（Marcos）和剛果的莫布圖（Mobutu）。巧合的是，這三大貪腐領袖都得到美國長期的支持。

話說美國的教育，是鼓勵獨立思考的。你想，在美國各地的歷史博物館（國民教育的一部分）有沒有講述美國這一百年來在世界各地給獨裁政權「維穩」之事？

28.2 透過「非政府組織」（NGO）做「中情局」的工作

(1) 美國對不友善政權的打壓方法主要是給它「輸出民主」。美國政府不方便公然干涉外國內政。「中情局」多年來做了不少壞事，聲譽不好。所以美國便透過「非政府組織」去做不可見光的事。當年「中情局」局長獻計給總統成立一個「非政府組織」，更為它立了個好名字，叫做「國家民主基金會」（National Endowment for Democracy，簡稱 NED）（1983）。這個「國家民主基金會」的宗旨是促進及推動全

球的民主化。它的運作資金是來自國會撥款。[1] 它以對「教育、文化、通訊」活動援助的方式來達到傳播民主思想之目的。它透過各種行動，把美國塑造為支持民主和人權維護者的道義形象，利用新聞媒介和其它「非政府組織」製造輿論。

在一個「民主」是絕對正確價值觀的時代，有誰會敢向民主說不？試問，面對一個鼓吹民主、自由、人權的「國家民主基金會」，一般人是否不會抗拒它，反而會歡迎它？如果有政府反對此「非政府組織」，便很容易予人反民主的感覺。美國人是不是很聰明？

(2) 美國透過此「國家民主基金會」，多年來積極「輸出民主」，令到反美的政府一一發生「政權轉移」。這個「國家民主基金會」成功進入波蘭，促成了波蘭的「和平演變」，繼而進入蘇聯。除此之外，還有尼加拉瓜、蒙古國、保加利亞、阿爾巴尼亞、委內瑞拉、海地。[2] 它所資助的組織，包括在新疆、西藏、內蒙、台灣和香港。有一個美國學者（布林／Blum）寫了一本名為《美國最致命的輸出：民主 —— 美國外交的真相及其它》（*America's Deadliest Export: Democracy - The Truth About US Foreign Policy and Everything Else*）的書，指出美國在世界各地以「民主」之名行「政權轉移」之實，又講述「國家民主基金會」的所作所為。對於亡了國的蘇聯和被圍堵的俄羅斯，這是遲來了的一本書。俄羅斯宣佈「國家民主基金會」為不受歡迎組織。在這一方面，中國亦訂立了《境外非政府組織境內活動管理法》。

美國輸出民主的政策，是有選擇性的。它不會把「民主」輸出已親美的獨裁國家。所以，它不會把「民主」輸出到沙地阿拉伯或者埃及。

28.3 「中情局」的華麗轉身

「國家民主基金會」的首任主席（溫斯坦／ Weinstein）說：「我們今天所做的大部分工作，二十五年前是由『中情局』偷偷摸摸地做的。」（"A lot of what we do today was done covertly 25 years ago by the CIA."）[3]

參考：
(1) William Blum, *America's Deadliest Export: Democracy-The Truth About US Foreign Policy and Everything Else*, p.ix
William Engdahl, *Manifest Destiny*, pp. 7-11
Douglas Valentine, *The CIA as Organized Crime*
Daniel Lazare, *"The National Endowment for (Meddling in) Democracy"*, The American Conservative, March 8, 2018
James Phillips, *"The National Endowment for Democracy: An Important Weapon in the War of Ideas", The Heritage Foundation*, July 8, 1993
韓召穎，《輸出美國：美國新聞署與美國公眾外交》，p. 133
(2) William Blum, *Rogue State*, p. 241
Martin Pastor, *"National Endowment for Destabilization? CIA Funds for Latin America in 2018", teleSUR*, April 4, 2019
Thierry Meyssan, *"NED, the Legal Window of the CIA", Voltairenet.org*, August 16, 2016
(3) William Engdahl, *Manifest Destiny*, p. 7
Hernando Ospina, *"NED et.al: The CIA's Successors and Collaborators", Global Research*, April 15, 2008
江涌，《誰在操縱世界的意識》，p. 299

蘇聯解體 (1991)

29.1 美國念念不忘，要消滅蘇聯

(1) 一百多年前，俄羅斯人民搞革命，推翻獨裁的沙皇。其後，支持有產階級的「白軍」和支持無產階級的「紅軍」發生內戰。資本主義與共產主義水火不容，美國一直以來都有「恐共症」。美國希望把共產主義消滅於萌芽，便出兵協助「白軍」。但是此行動失敗告終。蘇聯在內戰結束之後便成立了。

(2) 第二次世界大戰期間，美國和蘇聯合作對付納粹德軍。仗剛打完，美國便把昨天的戰友視為今天的敵人。美國總統（杜魯門／Truman）定下了一個叫「總體」的計劃，設想用二十至三十枚原子彈摧毀蘇聯二十個城市。正如蘇聯領袖（史太林／Stalin）所說，如果蘇聯晚一兩年才成功試爆原子彈的話，美國的原子彈就會在它的頭上爆炸了。還有，在「冷戰」時期，美國做了一個在蘇聯各大城市投下千多個原子彈的研究。[1]
「寧要原子，不要褲子」是錯還是對？原子彈對世界無益。但是，在現實世界，人有你無時會怎樣？

(3) 美國國務卿和「中情局」局長（杜勒斯／Dulles兄弟）聲言共產主義「是魔鬼的產物，上帝終使其消失」。但是，蘇聯亦有核彈了，不能輕言透過戰爭使到蘇聯消失了。他們相信可透過思想去改造蘇聯的人民。他們在這方面的言論包括：「如果我只能選擇一條對外政策原則，而不能選擇其它的話，我會

宣佈這條原則就是自由的訊息潮。」，「只要把腦子弄亂，我們就能不知不覺地改變人們的價值觀念，並逼使他們相信一種經過偷換的價值觀念。」，「……我們將以這種方法一代接一代地動搖和破壞列寧主義的狂熱。我們要從青年抓起，要把主要的賭注押在青年身上……我們要把他們變成……世界主義者……」。他們計劃以「和平演變」方式，通過貿易、交流和旅行等等的手段去改變蘇聯。美國的國師（凱南／Kennan）要「導致蘇聯政權的瓦解或逐步軟化」，指望「使蘇聯在一夜之間從一個最強的國家變成一個最弱和最可憐的國家」。[2]

(4) 美國希望和蘇聯交換大學生。原因何在？正如美國總統（艾森豪威爾／Eisenhower）所說：「一批新人有朝一日將會在蘇聯掌權，我要努力爭取的就是這一代。」美國希望在蘇聯有「美國製造」的領導人和知識分子。[3]

(5) 美國總統（尼克遜／Nixon）要「不戰而勝」。他說：「增加貿易和接觸，能夠促進蘇聯集團內部的和平演變。」[4]

(6) 美國總統（列根／Reagan）把對蘇聯的政策由「圍堵」改為直接對抗。當時還是年輕的格林斯潘（Greenspan）向總統建議引誘蘇聯進行一場其無法承受的軍備競賽（使其燒錢），引誘蘇聯發展石油經濟（使其食老本而不思進取）和引誘蘇聯進行金融活動（使其跌落陷阱）以使蘇聯崩潰。美國推行「星球大戰」計劃，擴展軍備，逼使美、蘇軍事競賽，鬥燒銀紙，拖垮蘇聯。[5]話說列根時期是美國「軍工綜合體」的黃金時期。[6]美國對蘇聯的破壞活動，據說包括給蘇聯提供有「毒」的高科技產品，使到西伯利亞一條天然氣管爆炸。[7]

29.2 美國引蘇聯進軍阿富汗，利用伊斯蘭教戰士，把它拖垮（1979-1988）

(1) 美國引蘇聯出兵阿富汗，讓它「去經歷他們的越南戰爭」。

阿富汗位於蘇聯的南面，人民信奉伊斯蘭教。在百多年前，英國（當時的世界強國）曾經數次入侵阿富汗，但大都是以失敗告終。阿富汗自古是「帝國墳墓」。美國當年在越南受了不少苦，如果可以使蘇聯經歷這種痛苦便好了。在阿富汗國內，有親蘇勢力，亦有反蘇勢力。美國欲把蘇軍引入阿富汗，然後煽動全球各地的「聖戰士」進入阿富汗，對蘇軍展開「聖戰」，把蘇聯拖垮。正如美國國家安全顧問（布熱津斯基／Brzezinski）所說：「讓蘇聯人去經歷他們的越南戰爭。」要他們「流血」。[8] 美國在阿富汗支持反蘇勢力，搞破壞。由於蘇聯不能坐視在其門口有一個親美的阿富汗，所以蘇聯是不會對阿富汗所發生的事坐視不理的。蘇聯終於沉不住氣，出兵阿富汗。

(2) 美國鼓勵及協助各地的伊斯蘭教徒進入阿富汗打「聖戰」（Jihad）

蘇聯入侵阿富汗之後，世界各地的伊斯蘭教徒感到有「伊斯蘭大義」的責任。他們有錢出錢、有力出力去保護阿富汗。以美國為首的多個國家，包括英國、巴基斯坦、沙地阿拉伯、埃及和中國，都支持伊斯蘭的「聖戰」，驅逐蘇軍[9]。美國總統（列根）把這些伊斯蘭教戰士形容為「自由戰士」，又把他們比喻為美國的「國父」。[10] 戰爭期間美國在巴基斯坦建立伊斯蘭戰士培訓基地，而其中一個被培訓的沙地戰士便是拉登（bin Laden）。蘇聯退出阿富汗之後，拉登在阿富汗建立了「基地」組織（Al Qaeda），目的是要推翻親美的伊斯蘭政權，包括沙地。[11]

美國借刀殺人，利用「好打得」的阿富汗人打蘇聯，是不是高招？美國除了利用阿富汗人之外，還利用世界各地的「伊斯蘭戰士」加入打蘇聯，真是更高招！還有，出錢打仗的，亦是伊斯蘭教國家（主要是沙地）！

(3) 蘇聯入侵阿富汗之後，雖然有十萬大軍之多，但是仍然陷入了曠日持久的戰爭。蘇聯不能自拔，使它成為了一個流血不止的大傷口。戰爭更動搖了它的根基。美國國家安全顧問高興地說：「蘇聯果真陷入了一場令其政府無法支撐的戰爭，使得該帝國信心盡失，分崩離析。」[12]

拉登及其伊斯蘭恐怖分子，是否美國培養出來對抗蘇聯的？美國這一位國師，是不是伊斯蘭「聖戰士」（「恐怖主義」）的始作俑者？美國利用「伊斯蘭戰士」打蘇聯，有沒有自食其果？蘇聯解體之後，當國家安全顧問被問他有沒有因製造了伊斯蘭恐怖分子而後悔之時，他說：「究竟是蘇聯帝國的滅亡重要，還是『塔利班』重要？」[13]

29.3 美國在波蘭進行「和平演變」（1980 年代）[14]

(1) 波蘭是蘇聯的鄰國。大部分波蘭人信奉天主教。在第二次世界大戰之後，波蘭產生了共產政權，受控於蘇聯。波蘭和俄羅斯在歷史上有牙齒印。因為波蘭是蘇聯勢力範圍中較弱的一環，所以美國便在波蘭落手。

(2) 波蘭問題多多，包括失業、通脹等等。國家欠下了大筆債務，並沒有還債能力。民間存在極大的不滿情緒。美國「中情局」給波蘭的反對勢力提供資金。美國「國家民主基金會」，在波蘭初試「輸出民主」，把思想傳入波蘭，又把大量資源，包括印刷工具、溝通工具等等透過教會送進波蘭。美國支持波蘭的華勒沙（Walesa），逼使政府承認工會（「團結工

會」／Solidarity）。美國總統（「老布殊」／George W.H. Bush）與華勒沙見面。此君又被頒授諾貝爾和平獎。

(3) 天主教教宗（波蘭出生）三次訪問波蘭，對波蘭的影響甚大。甚至有說他的訪問，開啟了波蘭、東歐和蘇聯共產政權的滅亡。教宗說波蘭人要為將來可能發生的危機作出準備，創造一個「替代的波蘭」。

(4) 凡此種種，終於，美國的「和平演變」在波蘭成功了。「團結工會」在波蘭的大選中勝出，波蘭變色了。

29.4 蘇聯解體，基本上是自己有問題

蘇聯的解體，主要是其國內的問題，包括經濟、社會、民族、政制等等。試想如果自己多自強，對人民好一點，人家想你亡國是不容易的。蘇聯在經濟上大大落後於美國。蘇聯人有一句說話：「我們假扮在工作，他們假扮給我們工資。」中國外交家（吳建民）說：「……1991 年 5 月江澤民總書記訪問蘇聯。我作為外交部發言人隨行……我們當時下榻莫斯科最好的旅館……進入了房間，放下箱子，洗洗手，肥皂還是三十年前那種肥皂，怪味與過去一樣；上廁所，手紙還是三十年前那種硬邦邦的手紙，只是數量比從前少多了。肥皂、手紙這種天天用的東西三十年不變，這種經濟不是一種畸形的經濟嗎？」[15] 此外，「蘇聯人對於國外的局勢和狀況處於驚人的無知之中。不僅如此，他們還被弄得深信：外國的一切都遠不及蘇聯好。」[16]

蘇聯不應該諉過於人。但是美國有沒有乘機「趁你病，攞你命」，在不費一兵一卒之下，來一個「和平演變」，使到蘇聯完蛋？

29.5　美國支持親美的蘇聯黨政高層

(1)　在「和平演變」的過程中，一個重要和有效的做法，是在蘇聯的黨政高層尋找到一些認同「美國模式」，而且「可以與之打交道」的幹部，把他們「統戰」起來，然後透過他們由上而下地去推動改革，繼而在改革過程中製造不穩和混亂。美國找到了。他是戈爾巴喬夫（Gorbachev）。蘇聯在短短兩年多有三位總書記在任內相繼病逝。年紀輕的戈爾巴喬夫成為總書記。英國首相（戴卓爾／Thatcher）說過：「蘇聯領袖逝世後，經我們幫助的人可能繼任，借助他們能夠實現我們的想法……戈爾巴喬夫。我的智囊團對此人的評價是：不夠謹慎，容易被誘導，愛好虛榮……通過我們的幫助，他能夠掌握大權。」她更說「是我們把戈爾巴喬夫提拔起來成為總書記的」。[17]試問，這是不是一個「為國立君而干政之利幾倍？」的現代版？

(2)　戈爾巴喬夫上台之後，啟動「新思維」。他要建立「人道的」和「民主的」社會主義，來一個「根本改革」蘇聯。他宣佈實行總統制、多黨制、議會民主和三權分立。他出訪美國，而美國總統（列根）亦訪問莫斯科。他們互稱為「老朋友」。早前美國總統指控蘇聯為「邪惡帝國」，現在他和戈爾巴喬夫變成有講有笑。美國吹捧他，協助他以抗衡國內保守力量。其實，正如該英國首相所說：「我們一直採取行動，在削弱蘇聯經濟，製造其內部問題。」[18]

美國總統（列根）更讚賞他「有智慧承認共產主義不行，有勇氣去推行改革及最終有智慧去引入民主、個人自由和自由企業」。另外一位美國總統（「老布殊」）亦讚美他「解放了（蘇聯）的人民」。戈爾巴喬夫得到了不少獎項和榮譽（包括諾貝爾和平獎），都是蘇聯昔日的對手贈送的，真不知道他事後有

何感想。美國高招之處,是不是蘇聯中了招後,仍然不知道中了招,還以為美國是戰友?

(3) 在戈爾巴喬夫之後,美國還找到了一個更「有用」的領導。他便是葉利欽(Yeltsin)。此人實行大眾路線,在失望和混亂中給俄羅斯人燃點了希望。他支持反共及「去蘇聯化」,鼓吹蘇聯各共和國獨立。他樂見蘇聯解體,基本上是要俄羅斯從蘇聯獨立出來(「破壞英雄」)。對美國來說,葉利欽有更大的利用價值。與戈爾巴喬夫一樣,葉利欽亦曾出訪美國,而他亦得到高規格的接待。他宣示自己親西方的立場和得到美國的認同,以抗衡國內的反對勢力。[19]

29.6 美國滲透蘇聯民間

(1) 因為蘇聯漸漸對外開放,所以西方的「非政府組織」,得以陸續進入蘇聯,更漸漸深入民間。美國利用這個機會,武器化它的「軟實力」,對蘇聯展開思想攻勢。在這些滲透活動中,美國的「國家民主基金會」針對的對象包括大學教授、學生、工會和傳媒。它們致力宣傳社會主義的缺陷,把焦點放在美國的成就和蘇聯的問題之上。試問,有誰可以理直氣壯地向「民主」、「自由」和「人權」等口號說不呢?另一方面,蘇聯官員講來講去都是「正確的廢話」,難以令人信服。在這個思想和「軟實力」戰爭之中,蘇聯明顯不敵美國。

在「軟實力」方面,美國是個「發達」國家,而蘇聯卻可能連「發展中」也不如。蘇聯立國不足一百年,而美國在新聞、形象、觀感「管理」和「意見工程」方面的經驗都超過一百年。試問,蘇聯在時機還未成熟之時便大開中門,又是可以如何抵抗美國的「軟實力」?武器化了的「美國夢」深入蘇聯。結果是失民心,失天下。

(2) 無獨有偶，在不少被美國「和平演變」的國家，都有其「抗爭者」被獲授予諾貝爾和平獎。蘇聯亦不例外，得獎者有索爾仁尼琴（Solzhenitsyn）和薩哈羅夫（Sakharov）。連在蘇聯解體中扮演重要角色的戈爾巴喬夫後來亦獲得到諾貝爾和平獎。

究竟諾貝爾和平獎是有沒有政治立場的？你想一個反對美國在世界各地興兵的「抗爭者」，有沒有機會得到諾貝爾和平獎？一個「親共」的人，被頒諾貝爾和平獎或文學獎的機會有多大？金庸的武俠小說的貢獻如何？為甚麼他沒有得獎？為甚麼他認為「得獎的人一定『反共』」？

29.7 問題出在哪裏？

(1) 言論自由確是重要的。但是在言論自由之下，當輿論在美國的操縱和推波助瀾下美化美國，醜化蘇聯，大肆批評蘇聯過去的不是，把政府的缺點放大，優點壓細，問題便來了。正如當時的美國駐蘇聯大使所言：「突然間……每個人都可以對共產黨的統治進行毫無保留的抨擊。」蘇聯人民對自己的制度失去自信。人民開始質疑蘇聯共產黨的合法性。結果，「仍被共產主義幻想俘虜的人，只有百分之幾了。……共產主義教條已在人民心目中喪失了吸引力」。[20]

在蘇聯和沙皇的漫長歲月中，有沒有言論自由的土壤？忽然間言論自由，是不是很危險？

(2) 民主確是重要的。但是民主是一種文化，不單是一人一票的形式。多黨制確是重要。有了多黨制，自然會有黨爭。如果政黨追求的是真理，那可能真理會越辯越明。但是，政黨所追求的往往是利益，而利益往往不是越辯越明，反而是會越辯越激。在時機還未成熟之際，尤其是還沒有較大的中產階級的社會，

太快推行美式「民主化」、多黨制，會令社會產生動盪。

在蘇聯和沙皇的漫長歲月中，有沒有民主的土壤？還有，蘇聯當時的經濟是不是十分差的？在這個情況之下忽然民主，會不會是死路一條，未曾民主先亡國？有人的地方，便有左、中、右。有黨有派，基本上是一個自然和健康的現象。但是，在推行重大改革之時，是不是需要穩定的政局？當國家面臨存亡之秋時搞多黨制，在國會內的各黨派日以繼夜、夜以繼日透過種種手段，如站在道德高地辯論又辯論，「拉布」又再「拉布」。這樣下去，會不會恍如古代所謂「宋人議論未定，金人兵已過河」？此外，在一個開放的社會，外部勢力比較容易控制或影響某些政黨，製造更多不穩。試問，動議不能通過，政府舉步維艱，又怎樣去改革呢？當蘇聯在客觀條件還未成熟時便實行西方制度的多黨制、議會民主、三權分立那一套，其實已經走上危險之路。美國國師（基辛格／Kissinger）說過：「但是，西方的民主制度是土生土長的，是在地球的一個小小的角落裏經過幾百年的時間逐步發展起來的，忘記這一點是很危險的。它是由西方文明一些獨有的特點培育起來的，迄今為止，在其它文明還沒有出現同樣的特徵。」

(3) 戈爾巴喬夫和葉利欽，前者愛蘇聯，後者愛俄羅斯，都企圖同步進行政治改革與經濟改革，甚至想用政治改革來引導經濟改革。結果卻是蘇聯解體了，之後俄羅斯亦墜落了。戈爾巴喬夫為首的蘇共一步一步地喪失領導權。結果，這一天來臨了，俄羅斯電視台的晚間新聞聯播宣佈：「晚上好，現在播報新聞。蘇聯已經不復存在了……」從此，蘇聯成為了歷史。戈爾巴喬夫熱愛蘇聯，大膽求變。奈何他改革未成，自己卻成為了蘇聯的最後一個總統。真是出師未捷身先死，長使英雄淚滿襟。

歷史上又多了一個改革失敗的故事。古今中外，改革又是談何

容易？歷史上改革成功的例子，真是寥寥可數。未曾改革便先開放，往往會變成人民對推動改革者「未曾深愛已無情」。究竟他知不知自己錯在哪裏？歷史的教訓，是為政者的責任真的是很大。正所謂一失足成千古恨，再回頭已是百年身！安倍晉三（Shinzo Abe）說過：「回顧歷史，有多少教訓告訴著我們，一國之君的判斷錯誤將會導致國家滅亡。」李光耀對蘇聯改革失敗原因的觀察極為精準。他說：「我曾深思，戈爾巴喬夫犯下一個致命錯誤，就是在改革之前便對外開放，而鄧小平卻明智地反過來做。」德國總理（施密特／Schmidt）亦說過：「假如鄧小平不僅在經濟上搞改革，而且在政治上也嘗試實行公開性，中國目前也許正深陷混亂之中。」蘇聯解體多年之後，中國前外交部長（李肇星）問戈爾巴喬夫為甚麼那麼大的蘇聯在短短的幾年就解體了？戈爾巴喬夫凝重地說：「關於這個問題，我想告訴你的是，在各國領導人當中，我最敬佩鄧小平先生。而我們那裏沒有個鄧小平。」[21] 他又說過：「不要搞甚麼民主化，那樣不會有好結果！改革時期，加強黨對國家和改革進程的領導，是所有問題的重中之重，如果黨失去對生活和改革的領導，那將是非常危險的。」[22]

29.8　二位蘇聯異見人士的故事

(1)　季諾維耶夫（Zinoviev）

他曾是蘇聯領導人之一，是個知識分子、異見人士。他勇敢地向「史太林模式」作出批評，因此曾經一度面對死亡。他後來被驅逐出境，流落在西方。蘇聯解體之後，他帶著沉重的心情回到俄羅斯。他思前想後，認為「蘇共政權的崩潰並不是由於國內的原因，而是西方取得的最大勝利」。他痛心地說：「我寫了三十本⋯⋯反對共產主義的書，但是假如我知道這一切

會有這樣的結果，我就永遠不會去寫這些書。」他又說：「蘇維埃時期是俄羅斯歷史上的頂峰……不錯，有過許多不好的東西，有過犯罪行為、錯誤和失望。但是這仍是俄羅斯歷史上最偉大的時代……」[23]

(2) 索爾仁尼琴（Solzhenitsyn）

他是蘇聯「傷痕文學」的鼻祖，亦是「俄羅斯的良心」（反抗暴政，追求自由）、異見人士。他被頒授諾貝爾文學獎。他寫了一本名為《古拉格群島》（*The Gulag Archipelago*）的書，揭露蘇聯勞改營的內幕。他觸怒了蘇聯，被逐出境。這位異見人士在美國流亡，得以近距離了解美國社會之後，批評西方的實利和道德墜落。蘇聯解體之後，他回到俄羅斯。他改變了他對蘇共的看法，寫了一本《在轉折關頭》的小說。[24]

29.9 借鏡？

美國把它的「軟實力」武器化，向蘇聯輸出包括民主、自由、人權等「普世價值」。美國滲透民間，由下而上；又扶植建制體系內的親美人士，由上而下。美國裏應外合，由內而外地肢解蘇聯，真是不戰而屈人之國。正如一位哲學家（柏林／Berlin）所說：「從來沒有一個帝國在沒有戰爭、革命或侵入之下而失去了。」蘇聯國家安全委員會主席（克留奇科夫／Kryuchkov）說：「蘇聯所發生的事件不是解體，是外部勢力有意識、有目的地催化並支持的破壞過程。」[25]

美國在蘇聯上演了一場沒有死傷一兵一卒，沒有發一粒子彈，不單是「不戰而屈人之兵」，而是「不戰而解體人之國」的行動。美國在蘇聯做的事，如以民主、自由、人權之名滲透民間和黨政高層，宣揚「美國模式」和鼓吹走向西方的政治改革等等，在中國是不是有一種似曾相識的感覺？在八十年代，美國「和平演變」中國是不

是差一點兒便成功了？中國的解體之險，是不是似乎曾經是這麼近？江澤民對基辛格說過：「試圖尋找一個中國戈爾巴喬夫是不會成功的⋯⋯我們不欲把我們的制度強加於他人身上，亦不想他人把他們的制度強加在我們身上。」[26]中國「被民主」之險是否仍在？中國在走向現代文明之路途上，是不是要男兒當自強，不要誤信美國的甜言蜜語，更要以蘇聯之解體為鑒，小心謹慎？

參考：
(1) 江涌，《誰在操縱世界的意識》，p. 268
     "Atomic Weapons Requirements Study For 1959" (declassified)
(2) 江涌，《誰在操縱世界的意識》，，p. 3，p. 28，p. 153，p. 230，p. 232，pp. 304-305
     George Herring, The American Century & Beyond, p. 361
(3) 江涌，《誰在操縱世界的意識》，p. 151
(4) 江涌，《誰在操縱世界的意識》，p. 242
(5) Condoleezza Rice, Democracy, p. 74
     Laura Belmonte, Selling the American Way, p. 182
(6) Laurent Guyénot, JFK-9/11: 50 Years of Deep State, p. 92
     王曉德，《美國文化與外交》，p. 328

(7) William Blum, *Freeing The World To Death*, p. 33

(8) Michael Luders, *Blowback*, pp. 17-19
Joshua Freeman, *American Empire*, p. 390
Georgy Gounev, *The Dark Side of the Crescent Moon*, pp. 8-11
Stephe Kinzer, *Overthrow*, p. 265, pp. 266-267
William Engdahl, *The Lost Hegemon*, p. 112
俞力工，《反恐戰略與文明衝突》，pp. 12-14

(9) Tim Weiner, *Legacy of Ashes*, p. 445
William Engdahl, *The Lost Hegemon*, pp. 112-122
James Wynbrandt, *A Brief History of Saudi Arabia*, p. 246
Michael Pillsbury, *The Hundred-Year Marathon*, pp. 74-79
張錫模，《全球反恐戰爭》，pp. 30-37

(10) Morris Berman, *Dark Ages America*, p. 173
張錫模，《全球反恐戰爭》，p. 317

(11) 江涌，《誰在操縱世界的意識》，p. 506
Stephen Kinzer, *Overthrow*, p. 270
John Prados, *Safe for Democracy*, p. 489

(12) Morris Berman, *Dark Ages America*, p. 172
Stephen Kinzer, *Overthrow*, p. 270

(13) Michael Luders, *Blowback*, p. 19

(14) 江涌，《誰在操縱世界的意識》，pp. 273-274
William Engdahl, *Manifest Destiny*, pp. 21-27
Condoleezza Rice, *Democracy*, pp. 126-164

(15) 吳建民，《如何做大國》，p. 177
Alan Greenspan, *The Age of Turbulence: Adventures in a New World*, p. 127

(16) 錢其琛，《外交十記》，p. 192

(17) 江涌，《誰在操縱世界的意識》，pp. 16-17，pp. 24-25
雷日科夫，《大國悲劇》，p. 11，p. 396

(18) 江涌，《誰在操縱世界的意識》，p. 24
George Herring, *The American Century & Beyond*, p. 562
John Gaddis, *Strategies of Containment*, p. 374, p. 379

(19) 江涌，《誰在操縱世界的意識》，pp. 22-23，p. 25，p. 242
雷日科夫，《大國悲劇》，pp. 399-400
Condoleezza Rice, *Democracy*, p. 83, p. 97

(20) 江涌，《誰在操縱世界的意識》，pp. 32-33，p. 418
雷日科夫，《大國悲劇》，pp. 13-14
Condoleezza Rice, *Democracy*, pp. 79-82
Alan Greenspan, *The Age of Turbulence: Adventures in a New World*, p. 299

(21) 李肇星，《說不盡的外交》，p. 105

(22) 關貴海，《蘇聯解體對中國政治選擇的影響》（〈中國學習蘇聯〉），p. 576

(23) 江涌，《誰在操縱世界的意識》，pp. 529-531

(24) 江涌，《誰在操縱世界的意識》，pp. 316-318，p. 346

(25) 江涌，《誰在操縱世界的意識》，p. 9

(26) Henry Kissinger, *On China*, p. 457

俄羅斯的「失落十年」 (1990-2000)

30.1　亂，亂，亂

(1)　葉利欽（Yeltsin）和民間都崇拜美國的一切，甚至迷信美國。
在經濟方面，俄羅斯相信從美國人給它所設計的「休克療法」
（包括推行市場經濟、私有化等）。其實，「這種讓外國顧問
策劃一個國家核心經濟政策的做法……未必符合俄羅斯的利
益，卻很可能符合美國利益」。[1] 結果，這個「休克療法」真
的把俄羅斯「休克」了。話說它為俄羅斯人民帶來了「經濟滅
絕」，民不聊生的浩劫。亦話說當時四個俄羅斯人，其中一個
是活在「絕望」的貧困中。俄羅斯從接受美國協助，變為受制
於美國，要過著向美國「乞討」為生的生活。

俄聯幾十年來，甚至是沙俄期間的幾百年來，試問有沒有資本
主義或自由市場的土壤？從計劃經濟走向市場經濟是不是急
不來的？

(2)　俄羅斯的國企資產，在「私有化」的過程中被「偷」了。所謂
「私有化」變成了以低廉的價格把國家資產轉移到「寡頭」，
而現金又透過地下管道移往境外。美國政商人士（祖克曼／
Zuckerman）形容此過程為「史上最大的國家財富大贈送」，
亦有人形容此為對俄羅斯的「強姦」。[2]

西方傳媒把焦點放在俄羅斯的「寡頭」，把他們比喻為黑社
會。但是，西方社會是不是對這些「寡頭」背後的海外大鱷卻
視而不見？

(3) 當時的俄羅斯人民有多慘？前蘇聯總統（戈爾巴喬夫／Gorbachev）說：「經濟形勢接近……崩塌的價格自由化和無法控制的通貨膨脹的結果實際上是劫奪了居民的存款……打著『人民私有化』的幌子暗中想的是劫奪百姓……事實上，商店裏大部分主要商品的價格與 1991 年 12 月相比上漲了五至十倍，而與 1991 年 1 月相比則上漲了五十至一百倍。……然而麵包貴了十至十五倍，牛奶十至二十倍，黃油和酸奶油三十倍，土豆十至二十倍，而在市場上它們則貴了五十至一百倍。……1991 年 12 月店舖櫃台就變空了。看不到火柴和鹽……於是就爭相購買商品……整個商品流通實際上陷於癱瘓狀態。而排隊幾個小時和空空的貨架……提高物價對人們來說是異常痛苦的。」[3] 當時俄羅斯的氣氛，亦正如他所說：「前所未有的經濟不穩定轉向混亂，這些導致營私舞弊急速加劇，實質上導致貪污腐敗分子和黑幫分子執掌政權……社會分裂了，空氣中彌漫著硝煙……莫斯科進入非常狀態……坦克向『白宮』前的大橋推進並向大樓開火！實際上在莫斯科中心發生了短時間的內戰，它造成了傷亡……借助於第二版『休克療法』使經濟復蘇的想法破產了……政府完全失敗了……投機的經濟、被收買的政權、犯罪猖獗、聽憑命運擺佈的千百萬人——這就是『葉利欽時代』經濟的結果。」[4]

(4) 俄國人形容這是俄羅斯歷史上的第三次「浩劫」。第一次是蒙古入侵，而第二次是納粹德國入侵。有俄國學者（格拉濟耶夫／Glazyev）說：「俄國上千年的歷史還未發生過類似的情況，即使在內戰和集體化期間，都沒有出現過社會道德遭受到如此肆無忌憚敗壞的情況。」[5]

30.2 被美國圍堵

蘇聯解體後，美國變成無敵了。俄羅斯卻是軟弱無力。美國「趁你病，攞你命」，致力於「把東歐納入北約」。早前紛紛獨立的前蘇聯成員國，一個又一個進入了美國的勢力範圍，一個又一個地加入了「北約」。俄羅斯亦被美國的導彈重重圍著了。美國認為這是「民主下的和平」。[6]

美國「和平演變」了蘇聯之後，為甚麼得勢不饒人，還要步步進逼，圍堵俄羅斯？

30.3 美國樂見葉利欽繼續執政，竟然為他「助選」（1996）

(1) 葉利欽上台以來，一直受制於美國。當時俄羅斯人民的生活實在苦不堪言，連尊嚴也沒有了。國會不滿葉利欽之時，他命令軍人對付國會。他大失民心，卻又要競選連任總統。美國樂見俄羅斯繼續衰落，樂見葉利欽連任。因為美國希望葉利欽成功連任，所以便要做手腳，一於干涉俄羅斯選舉，給葉利欽出錢出力「助選」。美國總統（克林頓／Clinton）竟然說：「我知道我們不應為他［葉利欽］作出提名演講，但是我們要盡量用所有其它的方法去幫助他。」[7] 美國對他的協助，包括在這個時刻透過「國際貨幣基金組織」向俄羅斯借出一大筆款項，用來支付政府的拖欠薪金和退休金。美國又暫停「北約」東進的活動。[8]

(2) 美國的新聞、形象和觀感「管理」，開開心心地報導美國在俄羅斯選舉中發揮力量。當時美國《時代雜誌》封面說：「美國佬打救：美國顧問助葉利欽勝選的秘聞」（"YANKS TO THE RESCUE THE SECRET STORY OF HOW AMERICAN ADVISERS HELPED YELTSIN WIN"）。《紐約時報》亦形

容此選舉為「俄羅斯民主之勝利」（A Victory for Russian Democracy）。[9] 更有人拍了一套電影笑片（《選舉風暴》（Spinning Boris））講述三個美國顧問協助葉利欽競選連任！

美國干擾別國總統選舉，可以說是歷史悠久。有人計算過在五十四年間（1946-2000），共有八十一次之多！當美國義正詞嚴指控俄羅斯干擾其總統選舉（特朗普（Trump）那一屆）的時候，真可以說是賊喊捉賊！其身不正，又何以正人？試想，如果中國認為特朗普是「難以預測」而拜登（Biden）是比較「可靠」，便出手支持拜登，為他助選，美國當然會義正詞嚴，說出很多大道理，力數中國的不是。但是，當美國自己做出這些事之時，卻是似乎覺得理所當然，義之所在。為甚麼他們會是這樣的呢？美國人深信它是一個「例外」的國家。是不是因為他們有這個信念，所以他們認為其他人不可以做的，美國卻可以做？

30.4　從葉利欽到普京（Putin）

蘇聯在戈爾巴喬夫任內解體。葉利欽時期俄羅斯人連溫飽都成問題。他們雙雙成為了俄羅斯近百年來最不受歡迎的領導人。葉利欽辭職時，希望得到人民的原諒，隨即把權力交給普京。但是，美國似乎對葉利欽依依不捨。克林頓總統說俄羅斯在葉利欽的領導下成為了「一個多元化的政治制度和社會」[10]。但是，這是大多數的俄羅斯人不能同意的。普京聲言「讓俄羅斯再次強大」。俄羅斯有一句名言：「別哭了，莫斯科不相信眼淚，現在不該哭，是該行動。」蘇聯被美國的「軟實力」打到無招架之力。其後俄羅斯仍然繼續發了一場十多年的「美國夢」。對很多「受夠了」的俄羅斯人來說，普京的上台，真的是遲來的春天。[11] 美國的看法不同，認為這是

俄羅斯「民主之門的關閉」。[12] 美國似乎還是不大明白，為甚麼俄羅斯在普京「威權」的統治之下，這麼多年來還是得到大多數人民（就算扣除了選舉不公的指控）的支持？

參考：
(1) 黃樹東，《大國興衰》，p. 318
     Jeffrey Sachs, *A New Foreign Policy: Beyond American Exceptionalism*, pp. 69-72
     Alan Greenspan, *The Age of Turbulence: Adventures in a New World*, pp. 138-139
(2) William Engdahl, *Manifest Destiny*, pp. 29-48, pp. 53-67
     Condoleezza Rice, *Democracy*, p. 94
     黃樹東，《大國興衰》，p. 318
(3) 戈爾巴喬夫（Mikhail Sergeyevich Gorbachev），《蘇聯的命運：戈爾巴喬夫回憶錄》（*After The Kremlin*），pp. 52-53，pp. 34-35
(4) 戈爾巴喬夫（Mikhail Sergeyevich Gorbachev），《蘇聯的命運：戈爾巴喬夫回憶錄》（*After The Kremlin*），pp. 63-132
(5) 占豪，《從美國稱霸到中國崛起》，p. 230
(6) Condoleezza Rice, *Democracy*, p. 158
     Jeffrey Sachs, *A New Foreign Policy: Beyond American Exceptionalism*, pp. 72-73
(7) Michael McFaul, *From Cold War to Hot Peace*, p. 41, p. 50, pp. 288-289
     曼德爾邦（Michael Mandelbaum），《美國如何丟掉世界？》（*Mission Failure: America and the World in the Post-Cold War Era*），pp. 90-91
(8) Michael McFaul, *From Cold War to Hot Peace*, p. 41, p. 46
     Bill Clinton, *My Life*, pp. 506-507
(9) *New York Times*, July 4, 1996
     Time Magazine, July 15, 1996
(10) Henry Kissinger, *Does America Need a Foreign Policy?*, p. 74
(11) Alan Greenspan, *The Age of Turbulence: Adventures in a New World*, p. 328
(12) Condoleezza Rice, *Democracy*, p. 103

「後冷戰」：
美國一國獨大 (1990 年代)

31.1 美國在「冷戰」結束後，一國獨大

(1) 蘇聯解體了。隨之而來的是俄羅斯的痛苦十年，人民連衣食住行都成問題。俄羅斯大國不再了。

(2) 中國在「六‧四事件」之後，只可「韜光養晦」，見步行步。

(3) 日本被美國打壓後，大國崛起不成，仍然生活在「失去的二十年」之中。

(4) 歐盟只是在成長中，對美國不構成威脅。

美國無敵了，再無強大的力量制衡它。基辛格（Kissinger）說：「從武器到企業家精神，從科學到技術，從高等教育到流行文化，美國在全世界都有無比的優勢……它支配著國際的金融制度……」美國總統（「老布殊」／George H.W. Bush）得意忘形，提出了要由美國來領導「世界新秩序」的建立。美國的眾議院多數派領袖（金里奇／Gingrich）揚言：「只有美國能夠領導世界。實際上，它已成為人類歷史上僅有的地球文明……我們的價值觀已經延伸到全世界。我國的科技已經改變了人類的生活方式，成為全球化的第一因素。……沒有美國這種充滿生機的文明，野蠻、暴力和專制將在地球上蔓延。」[1]

31.2 學者搖旗吶喊

(1) 美籍學者（福山／Fukuyama）有感於「冷戰」的結束和美國的成功，寫了《歷史的終結及最後之人》（*The End of History and the Last Man*）一書豪言美式自由民主和自由市場已成為人類發展的終極形態，是「人類最終的政府」，而美國模式亦為人類帶來了「歷史的終結」。他是新保守派代表人物之一，並曾經力主出兵伊拉克 [2]。

這一位學者是不是把一剎那的光輝視為永恆？他是不是在還未「通古今之變」之時便被捧為「成一家之言」的宗師？

(2) 另外一位美國學者（亨廷頓／Huntington）寫了一篇〈文明衝突？〉（*The Clash of Civilizations?*）的文章，提出了基督教和伊斯蘭教的「文明衝突」。他認為不同的「文明」會「衝突」，所以兩個文明會難免一戰。

每一個文化都有和平和好戰的一面。把人家好戰的一面放大，又同時把自己和平的一面放大，然後推出一個不是你死便是我亡的結論。你會同意嗎？正如中國學者（余秋雨）所說：「『文明衝突論』的錯誤，在於把正常的文明差異，當作了世界衝突之源。因此，我們必須反過來，肯定差異，保護差異，欣賞差異！讓差異成為世界美好之源。」其實，真正的衝突，是不是利益而不是文明？

31.3 新保守主義（neo-conservatism）的興起

(1) 美國要繼續無敵，便要防止一個（繼蘇聯之後）新的對手崛起。美國國防部明言：「美國應該『阻止所有敵對勢力控制西歐、東亞、前蘇聯領土與東南亞』的任何可能性，只要再前往非洲與澳大利亞，整個世界便成為美國的囊中之物。」 [3]

(2) 美國的好戰人士（所謂「新保守主義」）成立了一個「新美國世紀計劃」（Project for the New American Century，簡稱 PNAC）的智庫。他們提出大量增加國防開支，建議在中亞和中東建立基地，又建議成立「太空部隊」以實現「新美國世紀」。他們把世界各國分為民主和專制兩種，宣稱要挑戰世界的「專制」，又要推行海外經濟與政治自由化。這一個智庫成立之後，便要求政府採取軍事行動在伊拉克進行「政權轉移」。[4]

(3) 美國要在軍事上繼續雄霸天下，要維持「全方位優勢」（Full Spectrum Dominance）（陸地、海洋、空中、太空和資訊），可以在全世界打仗。美國的軍力，要強大到無人敢挑戰或企圖追平或超越它[5]。

31.4 單邊主義的興起

聯合國秘書長（安南／Annan）說：「不符合聯合國憲章的戰爭都是非法的。」[6] 但是，前美國駐聯合國代表（博爾頓／Bolton）卻說：「沒有聯合國這一個東西，只有國際社會。而國際社會只能被餘下來的超級大國，即是美國，所領導。」[7] 美國國務卿（奧爾布萊特／Albright）說：「只要我們願意，我們就會採取多方面的手段，當我們判定有必要時，我們會採取單方面行動。」美國總統（克林頓／Clinton）亦說美國有「單方面決定於何時，何地，以何種方式進行反擊的權利」[8]。美國參議長（鮑威爾／Powell）豪言：「海灣戰爭喚醒了美國充當世界警察的意識，當世界需要警察時，究竟誰會被召喚出來恢復和平呢？將是我們。」[9] 美國藐視聯合國，認為它是障礙，阻著它的地球轉。美國開始實施唯我獨尊的「單邊主義」了。

31.5　等候敵人的出現

「冷戰」結束之後，突然之間，美國沒有了敵人。當時的國務卿（鮑威爾）亦說：「認真細想，我已用光了魔鬼。」[10] 沒有了敵人便不需要軍備，沒有藉口維持龐大的軍力。美國人會問，究竟「北大西洋公約組織」還有沒有作用，究竟還要不要花這麼多錢在軍費之上？怎麼辦？「對於『軍工、金融和能源綜合體』來說，國家是需要敵人的。一個敵人沒有了，會再找一個。」新保守主義人士需要的，是一個類似「珍珠港」的事件，使到國民支持出兵。[11] 等呀等呀⋯⋯突然之間，發生了「9.11 事件」。

參考：
(1) 比亞內斯（Pierre Biarnès），《二十一世紀不屬於美國》（*Le XXIe siècle ne sera pas américain*），p. 5
(2) 資中筠，《20 世紀的美國（修訂版）》，pp. 360-361
    Laurent Guyénot, *JFK-9/11: 50 Years of Deep State*, p. 102
    Joshua Freeman, *American Empire*, p. 408
(3) 喬飛（Josef Joffe），《美國的帝國誘惑》（*Uberpower: The Imperial Temptation of America*），pp. 40-41
(4) 資中筠，《20 世紀的美國（修訂版）》，pp. 342-344
    Michel Chossudovsky, *America's "War On Terrorism"*, pp. 269-271
    Laurent Guyénot, *JFK-9/11: 50 Years of Deep State*, p. 101
    費恩（Bruce Fein），《衰敗前的美利堅帝國》（*American Empire Before the Fall*），pp. 13-14
    William Engdahl, *A Century of War*, pp. 302-304
    William Engdahl, *Manifest Destiny*, pp. 135-136
    Morris Berman, *Dark Ages America*, p. 114
(5) John Dower, *The Violent American Century*, p. 9, p. 79
    Laurent Guyénot, *JFK-9/11: 50 Years of Deep State*, p. 102
    Noam Chomsky, *Hegemony or Survival*, p. 11
    William Blum, *America's Deadliest Export: Democracy*, p. 8
    William Blum, *Killing Hope*, p. 383
    Jeffrey Sachs, *A New Foreign Policy: Beyond American Exceptionalism*, pp. 37-38
(6) 拉比諾（Thomas Rabino），《美國戰爭文化》（*De la guerre en Amérique*），p. 131
(7) Laurent Guyénot, *JFK-9/11: 50 Years of Deep State*, p. 147
(8) 拉比諾（Thomas Rabino），《美國戰爭文化》（*De la guerre en Amérique*），p. 131
    呂德斯（Michael Lüders），《中東亂局》（*Blowback*），p. 75
    Howard Zinn Speaks, p. 180
(9) 王曉德，《美國文化與外交》，p. 333
(10) Joshua Freeman, *American Empire*, p. 414
     William Engdahl, *Manifest Destiny*, p. 3
(11) David Harvey, *The New Imperialism*, p. 15
     Oliver Stone and Peter Kuznick, *The Untold History of the United States*, p. 488, p. 501

美國第一次出兵伊拉克 (1991)

32.1 伊拉克要「收復」國土

伊拉克和科威特本來都是鄂圖曼帝國的一部分。在第一次世界大戰之後，鄂圖曼帝國在中東的大片土地被英國和法國瓜分了。伊拉克和科威特這兩個國家都是當時被英國和法國製造出來的。兩國的邊界亦是英國和法國基於自身的利益「在沙中劃出來」的。在這個「劃界」過程之中，阿拉伯人並沒有發言權，亦沒有參與權。伊拉克自始便不承認科威特為一個國家，而是把它視為伊拉克的一部分。在兩伊戰爭之後，伊拉克債台高築。科威特雖然地小人稀，但石油卻是特別多。為了解決財政問題，伊拉克便出兵科威特，要「收復」國土。

32.2 美國出兵（第一次波斯灣戰爭）

(1) 從美國的角度來看，中東的國家可分為兩類。第一類是聽命於美國的（如沙地阿拉伯、巴林、埃及）。第二類是不聽話的（如伊拉克、敘利亞和利比亞）。這些不聽命於美國的國家，夢想獨立自主（於美國），更夢想統一所有阿拉伯人在一個大阿拉伯國之下及推行社會主義。美國要中東的政權聽話，是不歡迎一個搞阿拉伯民族主義的國家。伊拉克正走向民族主義之路。如果伊拉克打完科威特又打沙地，是會給美國操控中東的大計構成威脅，所以美國遲早都要處理伊拉克。

(2) 蘇聯剛剛解體了。「當蘇聯還存在的時候，美國絕不敢將五十

萬大軍派遣到離這生死大敵如此近的地方」。[1] 美國沒有後顧之憂，是時候要教訓一下伊拉克了。美國在聯合國授權後，便出兵伊拉克。美國（「老布殊」／George H.W. Bush）說「美國任何時間都站在反對侵略，反對以武力代替法律的人」。[2] 他又說美國是「為上帝而戰」。[3]

以武力代替法律，當然是不對的。但是，美國不久之前不是在多個地方，包括尼加拉瓜和巴拿馬，以武力代替法律嗎？自己做這些事的時候，便充耳不聞譴責聲，別人做的時候便義正詞嚴出聲。伊拉克不承認英國和法國劃下來的邊界，出兵科威特。誰是誰非，這件事與美國何干？科威特是有很多石油的，美國是不是為石油而戰？正如一個美國民主黨政策顧問（特德・迪克）所言：「如果海灣盛產海鳥糞，我們決不會向那裏調兵遣將。」[4]

(3) 美國是個大國，伊拉克只是個小國。美軍用盡其空中優勢，狂炸巴格達這個千年古城。美國的目的是以武力震懾伊拉克，使其人民失去戰鬥的意志能力。此舉又可以有殺雞儆猴的作用，藉此「震懾」其它不聽命於美國的國家。美國在全球的電視機面前表演了一場高科技戰爭，速戰速決，打敗了伊拉克，真的可以說是吐氣揚眉。美國人高興地說：「越南的鬼魂在阿拉伯的沙漠之下得以安息。」話說「通過在電視上即時的畫面，讓當時中國軍方看得目瞪口呆」。[5]

(4) 美國的新聞、形象和觀感「管理」，又發揮了作用。隨隊的美國記者，在有關部門的悉心安排之下，高高興興地報導美軍的神勇戰鬥和人道之舉。但是，世人在電視機前看不見的，是地面屍橫遍野，血肉橫飛的現場。美國在伊拉克留下的貧鈾彈（粉末深入土層，侵入含水層，進而污染食物鏈），造成可怕的後遺症，更使伊拉克人飽受癌症之苦。[6]

32.3 戰後美國對伊拉克進行經濟制裁和禁運

美國並沒有「直搗黃龍」。理由是「我們有過越戰的經驗，我知道一旦進入去，出來非常困難」。美國時常用經濟制裁（包括禁運）的方式打壓目標國家。經濟制裁是可以窒息一個國家的經濟，而其殺傷力可以極為巨大。其實「大規模毀滅式制裁」，是可以被視為「種族滅絕」的行為。美國透過聯合國對伊拉克實施禁運和制裁，目的是逼使伊拉克人民受苦，繼而遷怒於政府，而後起來推翻其統治者，更換一個親美的政府。[7] 在八年禁運期間，伊拉克人的生活確實苦不堪言，人民缺乏食水、電力、藥物等等。伊拉克嬰兒死亡率高出一倍，傷寒和霍亂等傳染病爆發，人民出現了「通常飢荒才有」的徵狀。據說「每三分鐘會有一個伊拉克人因遭受制裁的生活而非自然死亡」。在美國的制裁期間，伊拉克變成了一個「超大難民營」。[8] 有學者指出這一種的「大殺傷性制裁」在伊拉克導致死亡的人數超於在「大殺傷性武器」（原子彈及化武）下死亡的人數。話說美國在制裁伊拉克期間有五十萬個兒童死亡，而他們是死於奶粉、藥品、食物等的蓄意供應短缺和相關併發疾病的。[9]

美國國務卿（奧爾布萊特／Albright）說：「我們認為，這個代價是值得的。」[10] 美國這種態度，你可以怎樣說呢？大家試試易地而處，五十萬人不僅僅是一個紙上的數目。這是五十萬條人命，是五十萬個家庭痛苦的故事。試想，如果你的兒女慢慢地病死，你有何感想？當有五十萬名兒童的屍體放在你面前，當你聽到五十萬個家庭的痛哭之聲時你會有甚麼感受？

32.4 開戰之時，美軍進駐沙地。打完伊拉克之後，美國在沙地、科威特等地方建立了軍事基地。

美軍出兵，其目的是不是往往都是為了建立軍事基地？為甚麼戰爭完結了，美國還在沙地駐有三萬多部隊，直到十二年後才在被迫的情況下撤出？拉登（bin Laden）當時說：「美軍繼續留在沙地，這證明我的預測完全正確，世俗污染已經蔓延開了！」

參考：
(1) 喬飛（Josef Joffe），《美國的帝國誘惑》（*Uberpower: The Imperial Temptation of America*），pp. 38-39
(2) Noam Chomsky, *How The World Works*, p. 46
(3) 江涌，《誰在操縱世界的意識》，p. 162，p. 287
(4) 江涌，《誰在操縱世界的意識》，p. 81
(5) 鍾瀚章，《中國崛起與即將來臨的中美之戰（下冊）》，p. 267
(6) William Blum, *America's Deadliest Export: Democracy*, pp. 54-55
Morris Berman, *Dark Ages America*, pp. 184-186
(7) Andrew Alexander, *America and the Imperialism of Ignorance*, p. 262
Noam Chomsky, *Deterring Democracy*, p. 411
(8) 拉比諾（Thomas Rabino），《美國戰爭文化》（*De la guerre en Amérique*），p. 113
Noam Chomsky, *Yugoslavia*, p. 169
(9) 波義耳（Francis Boyle），《NGO 與顏色革命》（*Helping or Hurting*），p. 161
(10) Andrew Alexander, *America and the Imperialism of Ignorance*, p. 262
William Blum, *America's Deadliest Export: Democracy*, p. 19

南斯拉夫解體 (1990 年代)

33.1 美國天下無敵，仍然要繼續「反共」

南斯拉夫位於東歐的巴爾幹半島，是由六個共和國組成的。它的特色是在一個國家之內，有兩種文字、三種語言、四個宗教和五個民族。在強人（鐵托／Tito）的領導之下，它實行共產主義。但是，它選擇「中立」於蘇聯和美國而不結盟。當蘇聯還未解體時，美國總統（列根／Reagan）的「南斯拉夫政策」是要「加強力量推動『無聲革命』，推翻共產政治及政黨」。[1] 蘇聯解體之後，南斯拉夫亦開始解體。南斯拉夫內的共和國以塞爾維亞（Serbia）最強大，它既是個共產政權，又不聽命於美國。因此，美國在南斯拉夫針對的，須要「處理」的，是塞爾維亞。

南斯拉夫遠離美國，又從來都沒有侵略過美國，既無力量亦無計劃找美國的麻煩，對美國並不構成任何「國家安全」問題。天啊！為何美國仍然要推翻這一個國家呢？試問，全世界的國家都沒有自由選擇社會主義制度嗎？

33.2 波斯尼亞（Bosnia）獨立戰爭（1992-1995）

(1) 波斯尼亞是南斯拉夫其中的一個共和國。它想脫離南斯拉夫，自立成國。這個共和國的形勢比較複雜，因為它境內的三個民族和宗教（天主教、東正教和伊斯蘭教）有歷史恩怨，而它們的勢力都是旗鼓相當的。在走向獨立的過程之中，它們因為談判不成便發生內戰。他們為了爭奪土地，加上歷史上的牙

齒印，便互相屠殺，互相進行「種族清洗」。因為塞爾維亞是個共產政權，所以西方社會一般都把焦點放在他們的惡行。其實，他們是在互相屠殺，有時還會加上了外來勢力插手。此外，美國的「中情局」為了反共，安排外地的伊斯蘭教「戰士」從各地進入波斯尼亞，協助其境內的伊斯蘭教徒，以打擊共產勢力。[2] 在這個情況之下，波斯尼亞的獨立戰爭是尤其慘烈的。

美國是不是又再借刀殺人：在第二次世界大戰時借蘇聯的刀殺納粹德軍，在阿富汗借「伊斯蘭教戰士」的刀殺蘇軍，現又在借「伊斯蘭教戰士」的刀殺塞爾維亞軍民？

(2) 聯合國介入。「北大西洋公約組織」對塞爾維亞實行空襲，以逼使停戰。以美國為首的「北約」，日以繼夜、夜以繼日炸了整整四十天。期間水、電設施等等，甚麼都炸，終於逼使各方簽下和約。長話短說，波斯尼亞由一個多民族的共和國變成了一個伊斯蘭教國家。仗打完了，巴爾幹半島又多了一個「親美」的國家。

(3) 話說最壞的「種族清洗」是在「北約」的轟炸之後才發生的 [3]。一位從克羅地亞移民到美國的醫護人員（蓋爾梅克／Germek）說：「西方媒體關於這場戰爭的描述沒有一條符合我在戰爭地區的所見所聞，包括戰爭如何發起，由誰發起，誰從中獲利及戰爭的真實情況。」[4]

33.3 科索沃（Kosovo）戰爭（1998-1999）

(1) 科索沃本來是塞爾維亞境內的一個自治省。省內九成人口是阿爾巴尼亞人（伊斯蘭教徒），只有一成是塞爾維亞人（東正教徒）。然而，控制科索沃的人卻是少數的塞爾維亞人，所以阿

爾巴尼亞人要求自主。但是塞爾維亞要統一，不要分裂，決意以武力阻止科索沃的分離。以美國為首的「北約」，在未經聯合國授權（中國和俄羅斯反對）下，轟炸塞爾維亞七十八天。美軍日炸夜炸，炸，炸，炸，實行「以戰逼和」，先炸軍事設施，再炸政府大樓，然後炸民用設施（包括發電廠、橋樑）。期間，美軍炸電視台的總部，殺死了十六名記者。[5]「北約」以零傷亡的軍事記錄，終於把科索沃從塞爾維亞分裂出來了。

首先，美國有沒有權干擾塞爾維亞的內政？這是不是一個違反《聯合國憲章》的轟炸？還有，美國全面地轟炸塞爾維亞的關鍵性民用設施，是不是違反《日內瓦公約》？

(2) 美國的「中情局」把伊斯蘭「聖戰分子」帶進科索沃[6]。戰事期間，美軍「誤炸」位於塞爾維亞（貝爾格萊德／Belgrade）的中國大使館。克林頓（Clinton）說：「中國人說他們相信這次攻擊是故意的，並且拒絕接受我們的道歉。我跟江澤民主席談話時，……再次向他道歉，並且告訴他，我斷定他不會相信我是有意攻擊他的大使館。江回應說他知道我不會這樣做，但相信『五角大廈』或『中情局』中不滿我在中國推動發展的人或會刻意從中作梗，令我們之間出現裂痕。江說他難以相信我們這樣一個科技領先的大國，會犯下這個錯誤。我也難以相信此事，但這真的發生了。」[7]

(3) 戰後，科索沃由聯合國管理了九年，之後宣佈獨立。科索沃「獨立」之後，基本上是受控於美國。

一個省獨立與否，基本上是一個國家的內政。美國是不是支持親美國家統一，但卻鼓勵反美國家分裂？為甚麼美國支持科索沃從塞爾維亞（反美）獨立，而不支持西班牙（親美）境內的加泰隆尼亞獨立？這是不是雙重標準？[8]

(4) 戰爭之前，少數的塞爾維亞人迫害大多數的阿爾巴尼亞人。戰爭之後，變成大多數的阿爾巴尼亞人迫害少數的塞爾維亞人！話說美國「中情局」所支持的「科索沃解放軍」是出名販賣女人、毒品和人體器官的。[9]

「獨立」後的科索沃的情況是如何？是不是走向民主、自由和法治？是不是黑社會當道、毒品販賣、人體器官販賣等等？[10]

33.4　在幕前，美國總統看似對南斯拉夫的興趣不大。[11] 但是，在幕後對美國政府有大影響力的「軍工、金融和能源綜合體」的態度又是如何的呢？他們是否企圖在巴爾幹半島建立一個以美國為中心的新秩序？英國前首相（戴卓爾／Thatcher）的顧問（施文／Sherman）說過「在波斯尼亞的戰爭無論怎樣看都是美國的戰爭。美國政府讓它出現，持續進行，並且阻止它太早結束」。[12] 從事實可以看到，美國在南斯拉夫的內戰中付出代價少而收穫大。美國參戰之後：

(1) 波斯尼亞的獨立戰爭結束之時，成為了一個「親美」的國家。

(2) 美國想「處理」的是塞爾維亞的共產政權，而塞爾維亞被炸殘了。

(3) 塞爾維亞境內的科索沃獨立了，而科索沃亦成為了另外一個「親美」國家。

(4) 美國成功地在科索沃建立了巴爾幹半島中最大、在歐洲第二大的美軍基地（「邦德斯蒂爾」／Camp Bondsteel）。話說此基地是從外太空可以看到的其中一個人造物體（另外一個是萬里長城）。[13] 此基地處於重要的戰略位置（包括油管通道），對俄羅斯極為不利。此基地被美國學者（布雷斯／Galbraith）形容為「軍事石油綜合體」。

(5) 美國又在阿爾巴尼亞、馬其頓、匈牙利、波斯尼亞、克羅地亞、保加利亞和羅馬尼亞等國家建立軍事基地。

戰爭過後，美國是不是已經成功在巴爾幹半島建立了一個以美國為中心的新秩序？

33.5 美國干預塞爾維亞的民主選舉（2000）

塞爾維亞是個共產政權。它的領袖（米洛塞維奇／Milosevic）帶領塞爾維亞打完波斯尼亞和科索沃兩個戰爭之後，仍然是安然在位。他更要爭取連任總統。塞爾維亞國內有親俄派和親美派。這個選舉，是親俄派與親美派之爭。米洛塞維奇是美國的眼中釘。美國透過其「國家民主基金會」出錢出力，干擾塞爾維亞的選舉，令米洛塞維奇連任失敗，扶植親美總統上場。據說美國花了四千一百萬元才令他選舉失敗。根據《華盛頓郵報》所言：「在反米洛塞維奇行動的背後，美國資助的顧問扮演全方位的重要角色，追蹤民意調查，訓練數以千計的敵對激進分子，並且協助組織極為重要的議席選票。」美國的「助選」包括把五千罐塗料寫上「他完了」的大字報貼遍大街小巷。據說美國富商「把一億多美元注入反米洛塞維奇的反對派錢櫃，用於資助政黨、出版社……」[14]

一個國家可以「助選」另外一個國家的候選人嗎？真的不明白為甚麼美國人指控俄羅斯干擾美國選舉時可以那麼理直氣壯、義正詞嚴地批評俄羅斯，而它自己干擾其它國家的選舉（包括俄羅斯和塞爾維亞）時，又可以當作是理所當然的事？

參考：
(1) William Engdahl, *The Lost Hegemon*, p. 131
    William Engdahl, *Manifest Destiny*, pp. 89-95
(2) Noam Chomsky, *Failed States*, p. 22
    Noam Chomsky, *Hegemony or Survival*, p. 35, p. 208
    William Engdahl, *Manifest Destiny*, pp. 96-110
    William Engdahl, *The Lost Hegemon*, pp. 134-149
    Michel Chossudovsky, *America's "War On Terrorism"*, pp. 40-42
(3) Noam Chomsky, *Imperial Ambitions*, p. 54
(4) 波義耳（Francis Boyle），《NGO 與顏色革命》（*Helping or Hurting*），p. 143
(5) Noam Chomsky, *Who Rules the World?*, p. 209
    Tim Weiner, *Legacy of Ashes*, pp. 253-255
    Simon Jenkins, *Mission Accomplished?*, p. 4
    David Runciman, *The Politics of Good Intentions*, p. 7
    曼德爾邦（Michael Mandelbaum），《美國如何丟掉世界？》（*Mission Failure: America and the World in the Post-Cold War Era*），pp. 162-171
(6) Michel Chossudovsky, *America's "War On Terrorism"*, pp. 42-45
(7) Bill Clinton, *My Life*, p. 855
    Tim Weiner, *Legacy of Ashes*, p. 547
    William Blum, *America's Deadliest Export: Democracy*, p. 35
    William Engdahl, *Manifest Destiny*, p. 122
(8) 俞力工，《反恐戰略與文明衝突》，p. 111
(9) William Engdahl, *Manifest Destiny*, pp. 110-114
    William Blum, *America's Deadliest Export: Democracy*, pp. 159-160
(10) William Engdahl, *Full Spectrum Dominance*, pp. 218-221
    William Engdahl, *The Lost Hegemon*, pp. 155-167
    Davor Dzaltor, *Kosovo: A Drama in Multiple Acts (in Noam Chomsky, Yugoslavia*, pp. 82-83)
    曼德爾邦（Michael Mandelbaum），《美國如何丟掉世界？》（*Mission Failure: America and the World in the Post-Cold War Era*），p. 178
(11) Bill Clinton, *My Life*, p. 513
(12) William Engdhal, *Manifest Destiny*, pp. 89-95
(13) William Engdahl, *Full Spectrum Dominance*, pp. 129-131
(14) William Engdahl, *Manifest Destiny*, pp. 122-132
    William Engdahl, *Full Spectrum Dominance*, pp. 32-34
    江涌，《誰在操縱世界的意識》，pp. 275-276，p. 398

中東：以色列、沙地阿拉伯、埃及

以色列（Israel）

34.1 我的巴勒斯坦，你的以色列

(1) 聯合國把巴勒斯坦多於一半的土地劃給猶太人（1947）

在第二次世界大戰期間，納粹德國屠殺猶太人。這使到更多的猶太人湧入巴勒斯坦。他們希望在巴勒斯坦建國，可以有家可歸，有國可回。其實，當時有不少猶太人是想前往美國或英國過他們的新生活，但是美國和英國都不願意接收他們。聯合國解決猶太人問題的方法，是在巴勒斯坦製造一個猶太人的家。從此，巴勒斯坦人和猶太人在這一片兩個民族和三個宗教（猶太教、基督教和伊斯蘭教）的土地上爭鬥不斷。當年沙地阿拉伯國王（紹德／Saud）對美國總統（富蘭克林·羅斯福／Franklin Roosevelt）說：「為甚麼阿拉伯人要以他們的土地賠償歐洲對猶太人的罪行？為甚麼阿拉伯人要接受他們不實踐的《聖經》之聲稱？」以色列首相（本·古里安／Ben-Gurion）說：「如果我是阿拉伯領袖，我永遠不會和以色列講和。這是自然不過的事：我們拿走了他們的土地。是的，上帝答應把土地給我們，但是這又與他們何干？我們的上帝不是他們的上帝⋯⋯」另一位總理（沙龍／Sharon）亦說過：「問題癥結在於阿拉伯人不認同猶太人有回到古土的基本權利。」
(1)

從猶太人角度看，他們可以「回家」了。但是，住在巴勒斯坦的人又怎樣看這一件事的呢？巴勒斯坦人當然不會同意放棄他們自古以來的家園。試想，如果你的家在這片土地住了千多年，突然間有一個在遠方名為「聯合國」的新機構把你的家園變為另外一個民族的家園，你會怎樣？如果猶太人原來在巴勒斯坦的家，千多年來已經成為了巴勒斯坦人的家，他們還可不可以「回家」，取回他們千多年前的土地？從巴勒斯坦人角度看，聯合國是慷他人之慨，把他們的家園送給猶太人。

(2) 美國支持以色列立國（1948）

美國是個移民國家，多年來有不少猶太人移民到美國。他們視美國為他們的家園，積極打入了美國的政界、商界、媒體和學術界。美國有不少的精英都是猶太人。猶太人雖然只佔美國人口的少數，但是他們在美國的影響力甚大。他們在美國大選中持有決定性的選票。在美國的大選中，參選的人會努力去拉猶太人的票。相反，巴勒斯坦人在美國是沒有勢力的。據說當年杜魯門（Truman）總統支持以色列立國的其中的一個原因，是他希望在競選連任總統時可以爭取猶太人的選票。他說過：「在我所有的政治經驗中，我想不起試過阿拉伯人的選票曾影響一個選票接近的選舉結果。」以色列總理（沙龍）說過：「我們猶太人支配著美國，美國人是知道的。」[2] 有說猶太人是可以操縱美國命運的。有兩位美國知名大學教授寫文章指出美國猶太人遊說團體「操縱美國國家政策」，引起猶太人的抗議，離職告終。[3]

(3) 巴勒斯坦的土地問題

以色列是世界上唯一一個沒有正式國界的國家，所以它的國土是可以不斷地擴大。以色列不斷地擴大屯墾區，又持續在「西岸」擴建，使巴勒斯坦人的生存空間越來越少。以色列透過

驅逐阿拉伯人，以改變人口的比例，造成了巴勒斯坦人的「大災難」，亦造成了巴勒斯坦的難民問題。以色列在佔領加沙三十八年之後，基本上還在封鎖加沙，限制食物、石油、電力、藥物和其它必需品進入。活在加沙的巴勒斯坦人的環境極為惡劣，使加沙成為一個有一百五十萬人的「露天監獄」。隨著土地的擴張，以色列「境內」的巴勒斯坦人口亦不停地增多。以色列自稱是一個民主的國家，但是「一人一票」（現時五個以色列公民中有一個是巴勒斯坦人）是可能會使它遲早完蛋的，因為有一天巴勒斯坦人可能會多過猶太人。以色列又要「佔領」巴勒斯坦的土地，但是又要民主體制，而兩者又似乎不可兼得。它可以怎樣辦？面對這一個問題，以色列國會通過法律，把以色列定為猶太人的國家，宣佈只有猶太人有自決的權制。

34.2 美國長期偏幫以色列，與阿拉伯人民對立

(1) 這幾十年來，美國在政治、經濟和軍事上都一面倒地大力支持以色列。一直以來，在美國的撐腰下，以色列不斷違抗聯合國的撤軍命令。美國不但沒有採取任何的制裁行動，反而繼續支持以色列。在三十四年之中（1972-2006），美國在聯合國安理會共投了四十二次反對票，保護以色列。在美國的阻撓下，巴勒斯坦一直無法加入聯合國。在美國的默許下，以色列動用軍隊打壓手無寸鐵、只有石塊的巴勒斯坦人，又暗殺巴勒斯坦官員。

(2) 巴勒斯坦解放陣線要求「國際刑事法院」調查以色列在佔領區的行為（定居點擴張，非法開採自然資源，針對非武裝抗議者的殘暴行徑），使美國不快。美國宣佈關閉巴勒斯坦解放陣線在美國的辦事處。最近，美國把領事館遷至耶路撒冷。

為甚麼美國會一面倒地支持以色列呢？答案是利益所在。對美國來說，以色列聽話，可在軍事上託付重任。因為以色列的經濟與軍事依賴美國，所以以色列會願意在世界各地替美國做它不方便做的事，包括在危地馬拉、薩爾瓦多、尼加拉瓜、洪都拉斯、巴拿馬、哥倫比亞、南非、利比亞和菲律賓等地。

沙地阿拉伯（Saudi Arabia）

34.3 沙地的「絕對君主」制度

沙地是一個部落社會。沙地的政制是一個「絕對君主」制度。國家的所有權力都在王公貴族之手，基本上國王頒下的命令便是法律。有一天，沙地發現石油，改變了這個國家的命運。它是世界上石油生產及輸出量最高的國家。

34.4 獨裁王室與保守宗教：互相支持

(1) 「瓦哈比」（Wahhabi）教派痛心於阿拉伯世界的沒落，認為只有實行嚴格的教法統治，才能重拾阿拉伯帝國的光輝。它主張以嚴屬教規來約束人民的日常生活，又主張可用武力去推行教法。這個教派亦反現代。

(2) 沙地王族支持「瓦哈比」教派。與此同時，「瓦哈比」教派支持王權的正統和合法性，使到宗教成為了王族權力的基礎。在沙地，政教合作，王室成員與教士關係密切。沙地政制的本質是一個部落酋長國與伊斯蘭神權的共同體。

(3) 沙地王室以伊斯蘭法律治國，其死刑包括斬首和石刑，亦有把受刑人釘死。除此之外，還有鞭刑和截肢刑。沙地是一個「男人掌控女人」的國家，男女近乎完全隔離。女性不可在沒有男性的監護人同意下結婚、離婚、旅行（包括入住酒店）、開設

銀行帳戶、申請護照、及自由地與男性同處一地等等。當年一間男女合校的大學（阿布都拉國王科技大學）創立之時，亦發生過公開論戰。直至最近，沙地才容許女性駕駛車輛。

(4) 沙地王族「孕育恐怖分子」？

「瓦哈比」教派在國內控制宗教和教育機構，又把其教義輸出到世界各地。沙地王室縱容基本教義派，養成了大批宗教狂熱分子。[4] 當年其中的一個恐怖分子便是拉登（bin Laden）。「瓦哈比」教派透過石油美元的支持，在世界各地興建清真寺和學校，希望把伊斯蘭教「瓦哈比化」。例如，在車臣（Chechnya）「瓦哈比派……的武裝勢力引起政治與宗教衝突……1998 年，車臣政府宣布國家進入緊急狀態」。[5] 李光耀說過：「東南亞伊斯蘭的性質在過去三十年已經起了變化……沙烏地阿拉伯慷慨解囊資助宣教活動，在世界各地興建清真寺及宗教學校，支付傳教士薪資，傳播其苦修版的瓦哈比伊斯蘭教……之教義……也使到東南亞相當多數穆斯林變得十分激進……」[6]

34.5 沙地和美國的關係：互相利用

(1) 王室親美

沙地國王有石油，美國有錢和技術，他們便成了好朋友。美國保護沙地國王，又售賣武器給沙地國王。沙地國王賣石油給美國，並且把收回來的美元用來買美國武器（沙地是全世界最大的美國軍火買家）和美元國債（美國用美元買石油之後，部分美元又回流到美國）。正所謂各取所需，不亦樂乎？

(2) 美國視沙地為它的地區利益代理人

多年來沙地為美國的機密行動付出了不少金錢上的支持。話說

美國在中東有問題之時，不是找以色列便是找沙地或埃及！沙地應美國的要求，資助尼加拉瓜叛軍作戰 [7]。沙地資助伊斯蘭「聖戰士」在阿富汗與蘇聯作戰，當時更有幾千名沙地青年在阿富汗追隨拉登 [8]。美國協助伊斯蘭「聖戰士」在車臣與俄羅斯作戰，沙地參與其中 [9]。美國協助伊斯蘭「聖戰士」在波斯尼亞與塞爾維亞作戰，沙地亦參與其中 [10]。

(3) 沙地人民不滿美軍在沙地設立軍事基地（1990-2003）

在第一次「波斯灣戰爭」伊拉克進軍科威特之時，沙地王室怕成為伊拉克的下一個目標，便讓美軍進駐以對抗伊拉克的威脅。美國派出曾經多至五十萬大軍進駐沙地，直到 2003 年才撤消在沙地的軍事基地。沙地國王讓美軍入境，使沙地人民極為不滿，認為這是褻瀆伊斯蘭信仰的行為。沙地王室在阿拉伯世界也受到了嚴厲批評。美軍的進駐，對沙地王朝的政權帶來了危機。沙地王室一方面要安撫美國，但同時又要面對反美情緒的人民，夾在兩難之間。沙地王室要求美軍從沙地撤軍，又決定不參與美國出兵伊拉克。[11]

(4) 美國「9.11 事件」：美國對沙地不滿

十九個恐怖分子之中，有十五個是沙地人。美國對此甚為不滿，要求沙地王室切斷對恐怖分子（包括「基地」組織（Al Qaeda））的金援。

(5) 「阿拉伯之春」：沙地王室對美國不滿

當「阿拉伯之春」席捲埃及之時，美國放棄了與其密切合作三十年的埃及總統（穆巴拉克／ Mubarak）。此舉使沙地王室感到心寒。沙地出兵協助巴林「平亂」之前，並沒有通知美國。

34.6 「美國價值」在沙地

從「美國價值」的角度來看，沙地是一個不民主，少自由，違反人權的獨裁政權。不單如此，這個王族從來不承諾民主改革。但是，這一切一切都是沒有問題的，因為沙地國王親美。奧巴馬（Obama）總統訪問沙地時，閉口不談人權。特朗普（Trump）總統訪問沙地時，亦沒有談及人權的問題，反而出售了金額達一千億美元的軍火給沙地。美國售賣大量「美麗的武器」給沙地。沙地利用這些武器在也門殺、殺、殺，製造空前的「人道問題」，西方主流傳媒對此甚少報導。

美國的「非政府組織」，例如「國家民主基金會」，有沒有把美國的「普世價值觀」（民主、自由、人權、法治）帶進沙地？美國輸出「民主」到各地，尤其是不親美的地方如烏克蘭。美國有沒有同樣地在沙地鼓吹民主？在沙地爭取民主，一定是十分危險的，為何沒有沙地的抗爭者獲得到諾貝爾和平獎？美國的人權外交，在沙地消失了！

陳光誠是個雙目失明人士，他從山東省逃亡到北京。他受了傷，被追捕，急待美國打救。美國國務卿（希拉莉／ Hillary Clinton）決定救他。她說：「陳給我們的印象，失明及受傷，在這個危險的晚上尋找那一個他知道代表自由和機會的地方 —— 美國領事館 —— 這提醒了我們的責任要使到我們的國家繼續成為全世界異見人士和追夢者的燈塔。」[12] 看過希拉莉的自述，真的是被美國維護人權的精神所感動。但是，回心一想，如果同樣事件是在沙地或埃及發生，美國的態度又會如何呢？美國（包括「國家民主基金會」等的「非政府組織」）有沒有打救或接收沙地和埃及的「異見人士」？美國的人權外交，究竟是目的還是手段？

埃及（Egypt）

34.7　美國所支持的，不是「阿拉伯之春」

(1) 在埃及，「阿拉伯之春」（穆巴拉克被人民推翻）之後，一人一票選出了一個對美國不友善的「穆斯林兄弟會」政府。這個「兄弟會」首次獲得政權，從地下走上幕前！但是，「阿拉伯之春」很快便變成「阿拉伯之冬」了。軍人推翻了民選總統（穆爾西／ Morsi）。軍隊介入之後，採取高壓手段對付民眾，殺害上千人，傷者不計其數。獨裁的軍人與民選政府不同，他們重回到親美，把「穆斯林兄弟會」視為「恐怖」組織而禁之，並捕捉大量成員。一夜之間，十個選民有三、四個變成了「恐怖」組織的會員。

(2) 美國支持軍隊的介入，不但不把這一個軍人推翻民選總統的行為視為「政變」，更把它形容為「恢復民主」！[13] 而這一位民選總統，死在被拘留期間。美國繼續支持獨裁軍人政府，各取所需。

参考：

(1) John Mearsheimer and Stephen Walt, *The Israel Lobby and U.S. Foreign Policy*, p. 96

曼德爾邦（Michael Mandelbaum），《美國如何丟掉世界？》（*Mission Failure: America and the World in the Post-Cold War Era*），p. 312

(2) John Mearsheimer and Stephen Walt, *The Israel Lobby and U.S. Foreign Policy*, p. 142

Laurent Guyénot, *JFK-9/11: 50 Years of Deep State*, p. 222

馮雄，《美化掠奪》，p. 200

湯天一，胡新航，《操縱美國命運的猶太人》

(3) 俞力工，《反恐戰略與文明衝突》，p. 173

Laurent Guyénot, *JFK-9/11: 50 Years of Deep State*, p. 209

(4) Robert Baer, *Sleeping with the Devil*, p. xxx

(5) 卡祖沙（Marin Katusa），《石油與美元》（*The Colder War: How the Global Energy Trade Slipped from America's Grasp*），p. 27

(6) 艾利森（Allison）、布萊克維爾（Blackwill）、韋恩（Wyne），《去問李光耀》（*Lee Kuan Yew*），p. 101

William Blum, *America's Deadliest Export: Democracy*, p. 141

(7) Joshua Freeman, *American Empire*, p. 396

(8) 豪斯（Karen House），《中東心臟》（*On Saudi Arabia: Its People, Past, Religion, Fault Lines – And Future*），p. 256，p. 61

James Wynbrandt, *A Brief History of Saudi Arabia*, p. 246

Stephen Kinzer, *Overthrow*, pp. 268-269

張錫模，《全球反恐戰爭》，p. 29

(9) Oliver Stone and Peter Kuznick, *The Untold History of the United States*, p. 468

Michel Chossudovsky, *America's "War On Terrorism"*, pp. 40-42

William Engdahl, *Manifest Destiny*, p. 103, pp. 150-152

James Wynbrandt, *A Brief History of Saudi Arabia*, p. 266

Noam Chomsky, *Failed States*, p. 22

Noam Chomsky, *Hegemony or Survival*, p. 35, p. 208

豪斯（Karen House），《中東心臟》（*On Saudi Arabia: Its People, Past, Religion, Fault Lines – And Future*），p. 61

(10) Oliver Stone and Peter Kuznick, *The Untold History of the United States*, p. 468

William Engdahl, *Manifest Destiny*, pp. 150-152

Michel Chossudovsky, *America's "War On Terrorism"*, pp. 29-31, pp. 74-75, pp. 106-107

豪斯（Karen House），《中東心臟》（*On Saudi Arabia: Its People, Past, Religion, Fault Lines – And Future*），p. 275，p. 61

(11) Donald Nuechterlein, *Defiant Superpower*, p. 121

(12) Hillary Clinton, *Hard Choices*, p. 100

(13) Paul Danahar, *The New Middle East*, pp. 278-279

Andre Vltchek, *Fighting Against Western Imperialism*, p. x

曼德爾邦（Michael Mandelbaum），《美國如何丟掉世界？》（*Mission Failure: America and the World in the Post-Cold War Era*），pp. 372-374

「9.11 事件」(2001)：
美國的全球「反恐戰爭」

35.1 全球「反恐戰爭」

(1) 在 2001 年的 9 月 11 日，十九個信奉伊斯蘭教的恐怖分子，
其中有十五個是沙地阿拉伯人，把四架客機騎劫用作炸彈，襲
擊紐約和華盛頓，使到二千九百七十七人死亡。

(2) 早在「9.11 事件」之前，美國已經有一班好戰人士提出在中
東作戰的計劃。蘇聯解體之後，美國不用再擔心它的阻撓，為
甚麼還遲遲不動手？原因是美國苦無藉口可以發動人民會支
持的戰爭。突然之間，來了一個「9.11 事件」，美國可以以「反
恐」之名，發動戰爭。美國對阿富汗開戰之時，話說國防部有
一份《備忘錄》，說美國要如何在五年內剷除七個國家，從伊
拉克開始，然後敘利亞、黎巴嫩、利比利亞、索馬利、蘇丹和
伊朗。[1]

(3) 誰是「恐怖分子」是由美國來決定的。美國的態度是正如其總
統（「小布殊」／George W. Bush）所說：「每個國家現在
都要作出決定，你不是朋友，就是與恐怖分子為伍的敵人。」
美國總統（「小布殊」）視阿富汗之戰和伊拉克之戰為「良好
與邪惡之戰」而沒有「中立」的。為甚麼不能中立？「小布殊」
說：「上帝不會中立。」他說「美國打的人都是邪惡之人」，
而「美國要把戰爭帶到敵人那裏去，擾亂敵人的計劃⋯⋯」[2]。

有人的地方，便有左、中、右。全世界的人都沒有選擇中立的自由嗎？我有幸在香港的自由空氣之下成長，沒有見過這麼惡的人，真的是沒有見過。

(4) 上帝給「小布殊」的指引？

美國總統（「小布殊」）說：「我是從上帝那裏得到使命。上帝會說：『佐治，去阿富汗與恐怖分子作戰。』接著我完成了。然後上帝會說：『佐治〔『小布殊』〕去伊拉克與暴政作戰。』接著我完成了。」他又說：「這次衝突是上帝的意志，祂想借助這次戰鬥，在新時代出現前，清除祂子民的敵人。」這一位總統又說：「我相信上帝通過我說話。」[3]

十九個恐怖分子，有十五個是沙地人，而拉登（bin Laden）亦是沙地人。上帝似乎對沙地不錯，因為美國總統沒有說上帝叫他打沙地。

(5) 死傷無數

美國的「反恐」戰爭在世界各地造成的死傷人數，遠比在「9.11 事件」死傷的為多。美國的「反恐」戰爭，似乎是「越反越恐」。美國的國防部長承認，不知道每天消滅的恐怖分子的人數，是否超過每天產生的新恐怖分子的人數。根據美國布朗大學（Brown University）的「戰爭成本研究計劃」，美國自從「9.11 事件」以來的「反恐戰爭」已經釀成保守估計三千七百萬人（可能多至五千九百萬人）痛失家園。[4]

美國是不是以「反恐」為名，在國外行擴張利益之實，而在國內又扼殺公民自由？多年來，為甚麼美國到處打仗？美國是為了生存，還是貪婪？美國為了利益和更多的利益，可以去到幾盡？「反恐」究竟何時了，死傷知多少！

35.2 「稜鏡計劃」（PRISM）：監聽世界

美國透過監控基礎設施和從營運商的伺服器上收集數據，實施監聽國內外的訊息。這些大規模數據收集包括電郵、視頻、語音、文件等等。美國政府及其網路企業，已經建立了一個可以偷窺一切的監視帝國。美國通過「後門」進入網絡的伺服器監控美國公民和G20 多國政要。[5] 美國連德國總理的電話和電腦都竊聽。洩漏這個「稜鏡」網路監視機密的史諾登（Snowden）說他「不想生活在一言一行都被記錄的世界裏」。他說：「我曾經為政府服務，但現在，我為民眾服務。我花了將近三十年才明白這是有差別的。」[6] 美國是不是「竊聽一哥」？美國透過政治手段打壓中國的華為和微信，是不是要防止中國可能會挑戰這個「一哥」的地位？

35.3 美國有沒有中了拉登的計？

(1) 拉登是美國培訓出來的。他受美國之託，招募及訓練「聖戰鬥士」，利用伊斯蘭教徒，在阿富汗打蘇軍。他親歷蘇聯在阿富汗的「流血十年」。他了解美國人的性格。他的戰略是：美國人暴躁而易怒，我們只須派兩名游擊隊員豎立起一個寫著「基地」組織（Al Qaeda）字樣的布條，敵人就會迫不及待衝上來，然後遭受人力、經濟和政治上的損失，直到破產。[7]

(2) 拉登相信，如果美國大舉出兵，他夢想的「聖戰」（jihad）和伊斯蘭革命（推翻親美政權）便會發生。美國總統（「小布殊」）隨便地用了「十字軍」（Crusade）一字，在伊斯蘭教的地區帶來震動。美國先出兵阿富汗，繼而出兵伊拉克，不幸兩地都是易入難出。恐怖分子，美國似乎是越打越多。美國每天都在燒銀紙，大量的美軍命喪他鄉。

35.4　美國政策，是不是孕育了伊斯蘭恐怖活動？

(1)　阿富汗（1980 年代）

阿富汗人民信奉伊斯蘭教。蘇聯入侵阿富汗之時，美國為了對抗蘇聯，便鼓勵和支援伊斯蘭教「聖戰士」從世界各地進入阿富汗，與蘇聯作戰。當時最頑強的「聖戰士」是宗教極端分子。他們在巴基斯坦和阿富汗有數十個軍事培訓營。拉登便是其中一個美國訓練出來的「聖戰士」。美國利用完他們之後又沒有做善後工作。不少這些跨國「聖戰士」，變成了無主戰士，便開始在其它地方活動。[8]

(2)　車臣（Chechnya）（1994-1996）

車臣人民信奉伊斯蘭教。車臣是蘇聯的一部分。蘇聯解體時，它宣佈獨立。俄羅斯反對獨立，出兵車臣，和車臣打了兩年仗。美國的「中情局」鼓勵和支援各地的伊斯蘭「聖戰士」進入車臣和俄羅斯作戰。[9]

(3)　南斯拉夫（1990 年代）

南斯拉夫解體。當波斯尼亞（Bosnia）發生內戰之時，美國「中情局」安排境外的伊斯蘭「聖戰士」進入波斯尼亞打「聖戰」。繼在阿富汗和車臣之後，美國又再和這些「聖戰士」同一陣線對抗共產政權。[10]

(4)　阿富汗（2000 年代）

美軍進佔阿富汗之後，世界各地一個又一個的伊斯蘭「聖戰士」進入阿富汗去打美軍。正如埃及外相（吉斯／Ghaith）所說：「現在我們青年人的話題都是去阿富汗打美軍。」[11]阿富汗又再變成了世界各地「聖戰士」的集散地。

(5) 伊拉克（2000 年代）

其實，在強人的威權統治之下，伊拉克並沒有甚麼「恐怖分子」。恐怖分子是在美國進佔伊拉克後，才大批湧入的。恐怖分子真的是越打越多。

(6) 利比亞（2010 年代）

卡達菲（Gaddafi）死後，各部落的武裝組織很快便為了爭奪權力和石油火拼。一個原本統一的國家，變成四分五裂，軍閥割據，日打夜打。利比亞變成了另外的一個恐怖主義的溫床。[12]

(7) 敘利亞（2010 年代）

美國要推翻敘利亞政府，除了支持當地的叛軍之後，還鼓勵和支持「聖戰士」從各地進入敘利亞向政府軍開戰。[13]

從八十年代開始，美國是不是利用伊斯蘭的「聖戰士」在多個國家進行戰事，使到這些「聖戰士」得到壯大？當美國利用這些「戰士」打蘇聯之時，便稱他們為「自由鬥士」（freedom fighters）。但是，當他們打的對象是美國之時，便變成了「恐怖主義團體」！有學者（美國的約翰遜／Johnson 和德國的呂德斯／Luders）分別形容美國面對的「反恐戰爭」為「自食其果」（blowback）[14]。

參考：

(1) William Engdahl, *Manifest Destiny*, p. 169
 William Engdahl, *The Lost Hegemon*, pp. 41-42
 Glenn Greenwald, *A Tragic Legacy*, p. 39
 William Blum, *America's Deadliest Export: Democracy*, p. 3
 Donald Nuechterlein, *Defiant Superpower*, p. 39
(2) William Blum, *America's Deadliest Export: Democracy*, p. 3
 John Foster, *Naked Imperialism*, p. 24
 于歌，《美國的本質》，p. 158
 John Dower, *The Violent American Century*, p. 101
(3) William Engdahl, *The Lost Hegemon*, p. 13, p. 16
 William Blum, *America's Deadliest Export: Democracy*, p. 19
(4) *South China Morning Post*, October 3, 2020
(5) 劉明福，《論美國》，pp. 31-34
 德萊斯（Claude Delesse），《美國國家安全局》（*National Security Agency*），pp. 170-191
(6) 史諾登（Edward Snowden），《永久檔案》（*Permanent Record*），p. 7
(7) Oliver Stone and Peter Kuznick, *The Untold History of the United States*, p. 529
 George Friedman, *America's Secret War*, pp. 23-24
(8) Michael Luders, *Blowback*, pp. 17-19
 Tim Weiner, *Legacy of Ashes*, p. 445
 George Friedman, *America's Secret War*, pp. 11-17
 John Prados, *Safe for Democracy*
 張錫模，《全球反恐戰爭》，p. 45
 Oliver Stone and Peter Kuznick, *The Untold History of the United States*, p. 468
(9) William Engdahl, *Manifest Destiny*, pp. 149-152
 William Engdahl, *The Lost Hegemon*, pp. 205-215
 Michel Chossudovsky, *America's "War On Terrorism"*, pp. 29-32, pp. 74-75, pp. 106-108
 費恩（Bruce Fein），《衰敗前的美利堅帝國》（*American Empire Before the Fall*），p. 169
(10) Noam Chomsky, *Failed States*, p. 22
 Noam Chomsky, *Hegemony or Survival*, p. 35, p. 208
 William Engdahl, *Manifest Destiny*, pp. 96-108
(11) Vali Nasr, *The Dispensable Nation*, p. 8
 Robert Baer, *See No Evil*, p. 402
(12) *The Economist*, July 6, 2019
(13) 高望斯（Stephen Gowans），《敘利亞戰爭》（*Washington's Long War on Syria*），p. 165
(14) Chalmers Johnson, *Blowback*
 Michael Luders, *Blowback*

「為何他們憎恨美國」？

36.1　恨從何來？人不搞你，你去搞人

　　(1)　為甚麼美國駐外的大使館都是保衛森嚴？美國怕甚麼？美國
傳媒人（札卡里亞／Zakaria）說：「今天，你不能在中東
找到一個擁護美國的政治團體。反美國主義已毒害了政治文
化。」[1] 其實，中東人民憎恨美國人，由來已久。早在六十多
年前美國總統（艾森豪威爾／Eisenhower）已說他不明白為
何阿拉伯世界的「人民而非政府」怎麼會「這麼痛恨我們」。
他得到的答案是「阿拉伯人民的觀感是美國因為要控制中東的
資源，所以支持中東的獨裁和阻止民主的發展」。[2]

　　　　這個答案，真是可圈可點。美國在中東（及世界各地）支持獨
裁，原因是這些獨裁聽命於美國。與此同時，美國「阻止民
主」，因為怕民主政府不會聽命於美國。這是不是不單是一個
「觀感」的問題，而是客觀的事實？

　　(2)　世界各地，除了阿拉伯人之外，亦有很多其他人憎恨美國。
例如，在「9.11 事件」發生之後，有一位南美洲的文人（馬
奎斯／Marquez）問美國人：「你知不知道在一百七十年
（1824-1994）間，你的國家進行過七十四次侵略拉丁美洲
的國家？……現在的『9.11』戰爭終於到達你的家，你的感
覺是如何？」在過去的幾十年，美國在拉丁美洲干擾一個又一
個國家的內政。[3]

36.2 無情美國風，吹散「復興」夢

(1) 中東夢：「復興主義」（Baathism）

阿拉伯人曾經有過幾百年的光輝歲月。當時他們的領土包括中東、中亞、歐洲和非洲，而他們的科技和經濟都是遠比歐洲發達。但是人無千日好，他們後來被歐洲取代了。失去了往日光輝的民族，自然是會掛念著過去的日子，夢想「復興」。中東「復興主義」的核心思想，是阿拉伯民族主義（獨立自主）、大阿拉伯主義（統一各小國，成立一個大阿拉伯國）和阿拉伯社會主義（不追隨資本主義）。他們的信念，是「阿拉伯人屬同一民族，得生活於統一的國家之下，此乃其天賦的權利」。試想，全世界有大概四億操阿拉伯語的人口，如果他們統一在一個國家之下，而阿拉伯人控制了這麼多的石油資源，這一個超級大國定必是美國的競爭對手。

(2) 當「世界一哥」碰上了阿拉伯人的「復興」夢

阿拉伯人的「復興主義」正正是美國的惡夢，所以美國一定會阻止一個統一和強大的阿拉伯大國。美國怕阿拉伯人團結，所以樂見阿拉伯世界四分五裂，分而治之。拉登（bin Laden）指出美國「想把伊拉克、沙地阿拉伯、埃及和蘇丹……分離，並且使到它們分裂和虛弱，以保證以色列的生存和繼續［美國］對『阿拉伯』半島的侵略和佔領」。在阿拉伯世界，有三個阿拉伯民族主義的國家，拒絕聽命於美國。這三個國家是伊拉克、利比亞和敘利亞。這三個國家都是美國的眼中釘，美國要除之而後快。

36.3 美國支持阿拉伯各國的獨裁統治，令阿拉伯人民受盡壓迫

(1) 美國總統（特朗普／Trump）說過：「沒有美國保護沙地國王，他兩週內便會完蛋了。」美國在中東支持的阿拉伯政權，基本上是沒有一個是有民主和自由的。美國不願意看見這些國家有民主，因為一般來說，人民是希望保護自己的市場，而不願被美國自由地進入他們的市場的。美國學者（亨廷頓／Huntington）說過：「在別的社會中，實行民主制的結果往往導致反美勢力上台當權。」[4]

美國是不是表面推銷民主，但事實上又害怕民主？君不見阿拉伯世界凡是實行選舉的地方，結果往往導致反美勢力上台？其實，美國支持的「酋長家族世襲統治」（如沙地），都是伊斯蘭化多於西化，而美國在中東的敵對國（如敘利亞）反而是較為世俗化的。

(2) 在沙地，美國不會容許「民主」挑戰沙地王室的獨裁。在埃及，當「民主」推翻了對美國不太友善的獨裁（穆巴拉克／Mubarak）之後，美國並沒有支持民選的總統（莫爾西／Morsi），反而協助另一軍人（塞西／el-Sisi）進行「維穩」。一直以來，美國協助親美的獨裁政權「維穩」，而只在反美的地方輸出「民主」。如果一朝「民主」成功，帶來一個「政權轉移」，便會變成另外的一個親美獨裁政權，而美國又會協助它「維穩」。例子一個又一個，對於大談「美國價值」的君子來說，實在太多和太難看了！

(3) 美國宣揚的「民主」，只有選舉勝出者是符合美國心意的，才會被認可選舉結果。例如，在巴勒斯坦美國不喜歡阿拉法特（Arafat），擔心他會在選舉中成功，所以在他死後才贊成在巴勒斯坦舉行選舉。在此選舉，美國希望反美的激進人士敗

選。當反美的哈馬斯（Hamas）在選舉勝出之後，美國不但不承認這個民主的結果，反而打壓它。

(4) 「基地」組織（Al Qaeda）對美國說：「在你們撤出我們的土地、停止盜竊我們的土地、停止支援腐敗的統治者之前，休想得到安全。」美國國務卿（賴斯／Rice）說：「美國六十年來為了維穩而放棄民主……但是在中東，我們既未能維穩亦沒有帶來民主。」[5]

36.4 美軍在中東各國狂轟濫炸，造成了眾多平民的死傷，製造仇恨

(1) 拉登的控訴：「那些影響我的事件始於 1982 年，當時美國准許以色列侵略黎巴嫩……。轟炸開始後，很多人被殺和受傷……。我不會忘記那些難以容忍的血腥場面，斷肢和婦孺的屍骸散佈四周。……那一天，我明白到殺害無辜婦孺是美國處心積慮的政策。」

(2) 美國前總統（卡特／Carter）說，你只要去黎巴嫩、敘利亞或約旦看看，便會明白為甚麼這麼多人憎恨美國。因為美軍轟炸他們，殺死了無數的村民，其中包括女人、兒童、農夫及家庭主婦。[6]

(3) 美國期刊《沙龍》（Salon）報導美國在敘利亞和伊拉克發動了超過一萬二千次空襲，造成無辜平民死傷無數。[7] 從「維基解密」（WikiLeaks）中的文件可以看到美軍轟炸平民目標、槍殺兒童，然後指示空軍轟炸那些目標，以毀滅證據等等。[8]

究竟誰是恐怖分子？有美國人說：「恐怖分子是擁有炮彈，卻沒有空軍的人。」多年來，美國一方面指控他人的戰爭罪行，但同時又力求美國人免責於「國際刑事法院」。美國的雙重標準，表露無遺。

36.5　美軍使用高科技殺人武器──「無人機」（drones）

美國在十多年前，已經開始利用無人機在各地，尤其是伊斯蘭教的地方（巴基斯坦、阿富汗、利比亞、索馬里、敘利亞、也門等）進行「刺殺」行動。一個在遠離美國的地方有一個人正駕著汽車，突然間有一個炸彈從天而降把他炸死了，理由是美國某人認為他是「恐怖分子」。話說「中情局」第一次使用無人機作為刺殺武器時，目標是一個「個子高」的人，被誤以為是拉登，結果是三個無辜的鄉村平民慘死。[9] 據說美國不少的無人機空襲，死者都不是預期目標，真是死了也不知道為何！當「中情局」被問及有關其使用無人機進行刺殺行為之時，它的答案是：「『中情局』既不能確認亦不能否認有關記錄的存在與否，因為其記錄的存在與否問題，是當前和恰當地被指定為機密的事實而是豁免發表的。」[10] 奧巴馬（Obama）對世界和平還沒有甚麼貢獻之時，卻得到了諾貝爾和平獎。他上任之後，無人機刺殺行動大幅升級，使他有「無人機總統」之稱。奧巴馬說了五年刺殺行動中沒有試過有一個「誤中副車」，他終於要認錯。[11] 前國防部長（蓋茲／Gates）都說無人機把「戰爭變成一種遊戲機」。[12] 前美國總統（卡特）說「美國違反國際人權幫助我們的敵人和疏遠我們的朋友」。[13]

每當美國宣佈又成功用無人機殺死了另外一個「恐怖分子」之時，大多數人已經沒有想到這種行為是謀殺。多年來在美國高水平的「新聞管理」、「形象管理」、「觀感管理」和「意見工程」之下，大多數人（尤其是英語世界的人）已經接受美國說某人是「恐怖分子」便是恐怖分子。但是，我們試退一步冷靜思考這一個問題。政府時有檢控它認為有罪的人。法庭時有判被告無罪。這只是常識。奧巴馬總統是律師出身，更持有諾貝爾和平獎在手，一定會明白這個簡單的道理。奧巴馬使用無人機刺殺他（基於他的情報）認為是

「恐怖分子」的人，而被認定是「恐怖分子」的人，卻連被指控了也不知情，又沒有機會自辯，更沒有經過法庭的審判。天啊，他在判人死刑啊，而執行死刑的人，卻像在打遊戲機！這種利用無人機來進行的刺殺工作，明顯是違反了美國（普世）的核心法治精神和基本人權。究竟是奧巴馬改變了世界，還是世界改變了他？

36.6 美軍對阿拉伯人的不人道行為

(1) 美國在位於古巴的「關塔那摩」（Guantanamo）設立監獄。因為這個監獄是在美國國外，所以是不受美國法律管制。美軍可在此無限期監禁沒有經過審訊的人，又在獄中施行酷刑，像虐待畜生一樣虐待被關押的囚犯。美軍虐囚，包括放狗咬人，用熒光棒或掃把雞姦，強迫人一起手淫並拍照。[14]

(2) 「阿布格萊布」（Abu Ghraib）是在伊拉克的一個監獄。傳媒揭發美軍在內使用酷刑，並且僅僅為了好玩，便非常不人道地玩弄及虐待監禁人士（包括將化學燈具內滾燙的化學液體倒入囚犯的生殖器，被迫互相持續表演高難度且令人痛苦的「性藝術」，更發佈了「人體藝術照」）。[15]

美國國防部的內部調查報告，指出虐囚事件是軍方組織的整體行為。前美國總統（卡特）說：「阿布格萊布監獄那些可怕的虐囚照片，玷污了我們國家的聲譽。」[16] 其實，「阿布格萊布」的事件「只是冰山一角而已」[17]。

36.7 非法輸送「被懷疑人士」到別國的秘密安排

(1) 美國法律不容許把任何人不透過司法程序「移交」到國外以方便進行「調查」（用刑）。但是美國多年來非法捉拿及輸送（綁架）「被懷疑人士」去到方便使用酷刑的國家，以便

嚴刑逼供。[18] 據報「中情局」在 2001 至 2005 年間，把約一百五十名人士輸送到世界各地的「黑點」（包括埃及、約旦、摩洛哥、阿富汗和烏茲別克）。這些人士都在當地受到虐待。「中情局」人士（巴以／Baer）說：「如果你想要有一個嚴謹的審問，把他送到約旦。如果你想他們受到虐待，那便送他們到敘利亞。如果你想他們消失 —— 永遠再不見到他們 —— 那便送他們到埃及吧。」[19] 美國把綁架形容為「特別移送」（extraordinary rendition），虐待形容為「加強審問」（enhanced interrogation），秘密監倉形容為「黑地」（black sites）。

(2) 歐洲議會報說美國的「中情局」進行了一千二百四十五次飛行，以方便此種非法「移送」。據報有多個歐洲國家（包括奧地利、盧森堡、塞浦路斯、丹麥、法國、德國、希臘、愛爾蘭、意大利、波蘭、葡萄牙、羅馬尼亞、西班牙、瑞典和英國）都參加了這些非法「輸送」。美國國務卿（賴斯）仍然說：「美國沒有輸出任何人，亦將不會輸出任何人，前往一個我們相信他會受到虐待的國家。」[20]

美國是一個自稱講求法治的國家。你說它這一種（「輸送」）行為，非法地把人從一個國家「綁架」到另外一個國家，以便嚴刑逼供，又是如何？世人對此種「國家恐怖行為」知道不多，知道之後亦沒有甚麼大反應。可能美國在新聞、形象的觀感方面的「管理」實在是非常成功的，使大多數人（尤其是英語世界的人）都相信美國所捉的人，都是「恐怖分子」。

36.8　美軍捕殺拉登（2011）

中東的統治者和中東的人民的心態和立場是不一樣的。大多數中東的統治者都是靠美國撐腰，所以是要親美的。但是，中東不少的人民卻是反美的。中東的統治者，一般都視拉登為敵。但是，在眾多伊斯蘭教的人民心中，拉登卻是他們心中的「伊斯蘭良心」。[21] 美國在沒有巴基斯坦知情或同意之下，出兵到巴基斯坦境內捕殺拉登。美國在沒有必要、沒有審訊、沒有判決的情況下刺殺了拉登，並把他的屍體拋落在大海中，使他死無葬身之地。

首先，這是不是一場計劃精密的刺殺而不是拘捕行動？還有，這個執法是在別國進行的，是名符其實的越境執法！國際法不是禁止刺殺行為的嗎？這是不是一個自稱法治社會的行為？話說美國的傳媒和知識分子都有獨立思考，而且會監察政府。為甚麼主流的傳媒和知識分子在此事件上的態度似乎是「普天同慶」？在這種情況之下被殺的，除了拉登一人之外，還有多少人呢？順帶一提，在第二次世界大戰之後，德國和日本的戰犯，都是經過審訊定罪之後才被判刑的。

36.9　美國人有沒有反省？

(1)　這個世界是沒有無緣無故的恨。究竟，「為何他們憎恨美國」？美國總統（「小布殊」／George W. Bush）在「9.11事件」之後說：「美國之所以成為被攻擊的目標，是因為我們的自由和機會之燈塔是世界上最明亮的。」他又說：「他們憎恨我們的各種自由：我們的宗教自由，我們的言論自由，我們的選舉、集會和各人意見不同的自由。」「9.11事件」一年之後，他還說：「你們越愛自由，你們被攻擊的可能性越大。」[22]

「小布殊」這個說法，實在是匪夷所思。而更加匪夷所思的是，像美國這麼一個高水平的公民社會（有自稱具獨立思考的媒體和學術界），當時竟然會有那麼多人相信這個答案，而有那麼少的異見人士發聲！在阿拉伯人心中，這真是令他們哭笑不得。究竟這一個世界是不是「誰大誰惡誰正確」？後來，美國國防部的一份報告，面對現實，指出「穆斯林不『恨我們的自由』，而是恨我們的政策」。[23]

(2) 「恐怖分子」的態度，是在等，等到「我們只要有一天行運就夠了，而你們必須天天行運才成」。美國總統（奧巴馬）說過：「恐怖組織可能獲得核武器，這是美國近期、中期及長期安全面臨的最大威脅。」

美國的所謂「反恐」，其實是不是「以暴易暴兮，不知其非矣」？是不是在製造更多的仇恨？「反恐」何時了，仇恨知多少？核武越來越輕型，是不是遲早會落入充滿仇恨的人的手中，後果是不是不敢想像？其實，只有愛才可以化解仇恨。如果這個世界上多一點人信奉耶穌所講的「愛鄰如己」，這才是真正的「反恐」之道。可惜，美國口講「上帝保佑美國」，隨即卻做出（基於耶穌的核心價值）上帝不會認許的行為。再這樣下去，這個世界只會越來越多仇恨。

參考：

(1) Fraser Cameron, *US Foreign Policy After the Cold War*, p. 140
(2) Noam Chomsky, *Who Rules the World?*, p. 47
    William Blum, *America's Deadliest Export: Democracy*, p. 25, p. 316
(3) Ziauddin Sardar and Merryl Davies, *Why Do People Hate America?*, pp. 67-68
(4) 王小強，《「文明衝突」的背後》p. 258
(5) Condoleezza Rice, *Democracy*, p. 273
(6) William Blum, *Rogue State*, pp. 34-35
(7) 《信報》，2019 年 6 月 25 日
(8) *The WikiLeaks Files*, p. 74
(9) John Dower, *The Violent American Century*, p. 108
    The WikiLeaks Files, pp. 88-89
    Noam Chomsky, *Who Rules the World?*, p. 253
(10) Laurie Calhoun, *We Kill Because We Can*, p. 207
(11) Alfred McCoy, *In the Shadows of the American Century*, pp. 173-177
    曼德爾邦（Michael Mandelbaum），《美國如何丟掉世界？》（*Mission Failure: America and the World in the Post-Cold War Era*），pp. 203-204
(12) Simon Jenkins, *Mission Accomplished?*, p. 168
    Laurie Calhoun, *We Kill Becaue We Can*, pp. vii-viii, p. 3
(13) Simon Jenkins, *Mission Accomplished?*, p. 164
(14) 拉比諾（Thomas Rabino），《美國戰爭文化》（*De la guerre en Amérique*），p. 131
    資中筠，《20 世紀的美國（修訂版）》，pp. 347-348
    The WikiLeaks Files, pp. 75-76, pp. 97-101
(15) George Herring, *The American Century & Beyond*, p. 662
    托多洛夫（Tzvetan Todorov），《野蠻人的恐懼：超越文明衝突論》（*La peur des barbares: Au-delà du choc des civilisations*），pp. 153-154
(16) 資中筠，《20 世紀的美國（修訂版）》，p. 363
    George Herring, *The American Century & Beyond*, p. 662
    The WikiLeaks Files, pp. 76-77
(17) *The WikiLeaks Files*, p. 364
(18) John Dower, *The Violent American Century*, p. 97
    Wikipedia, extraordinary rendition
    Howard Zinn Speaks, p. 183
    曼德爾邦（Michael Mandelbaum），《美國如何丟掉世界？》（*Mission Failure: America and the World in the Post-Cold War Era*），pp. 206-208
(19) *The Guardian*, August 31, 2011
(20) *The Washington Post*, February 5, 2013, March 14, 2017
    The Guardian, May 22, 2013, August 31, 2011
    Nicholas Schou, *Spooked*, p. 77
(21) Morris Berman, *Dark Ages America*, p. 172
(22) William Blum, *Rogue State*, p. 29
(23) *Report of the Defense Science Board Task Force on Strategic Communication*, Septmeber 2004

「為何他們憎恨美國」？　　199

美國出兵阿富汗 (2001)

37.1 「塔利班」（Taliban）政權（1996-2001）
蘇軍撤離阿富汗之後，「塔利班」組織（「伊斯蘭的學生」）成立了一個政教合一的伊斯蘭酋長國。

話說「小布殊」（George W. Bush）競選總統之時，記者問及他對「塔利班」有何意見。他說他以為是被問有關某個流行樂隊。[1] 順帶一提，非洲有五十多個國家，而這一位總統另外的「名言」，是「非洲是一個飽受疾病困擾的國家」[2]。

37.2 話說美國有三大理由出兵
(1) 捕捉拉登（bin Laden）
阿富汗是「基地」組織（Al Qaeda）的安身之所，而拉登是「基地」組織的領導人。「基地」組織被認定是「9.11 事件」的幕後元兇。美國要出兵捉拿拉登，打擊「基地」組織。
(2) 推翻「塔利班」政權
「塔利班」政權不願聽命於美國。美國要透過武力來搞一個「政權轉移」。
(3) 解放正在受苦的阿富汗人民
話說美國總統（「小布殊」）是替上帝行事！百多年前美國決定要佔領菲律賓之時，它的總統（墨金萊／McKinley）說是得到上帝的引導。百多年之後，美國又來這一套了。在這「反恐戰爭」中，「小布殊」亦有上帝的引導。他說：「我是從上帝那裏得到使命。

上帝說：「佐治［『小布殊』］，去阿富汗與恐怖分子作戰。』接著我完成了。」他又說：「這次衝突是上帝的意志，祂想借助這次戰鬥，在新時代出現前，清除祂的子民的敵人。」[3] 他說：「我的政治學老師是耶穌。」

37.3 真正出兵理由

(1) 美國是為了輸油管而出兵？

美國多年來都想在阿富汗建造輸油管道。美國曾經與「塔利班」進行多次談判此事。後來因為美國向阿富汗發射導彈而引致兩國反目。[4] 前英國駐烏茲別克斯坦大使（梅利／Murray）說：「這是一條由烏茲別克斯坦和哈薩克斯坦穿越阿富汗，通向印度洋的巨大天然氣管道，這才是真正與阿富汗戰爭相干的。他們其實曾和塔利班……談判過，看看塔利班會否保障管道安全。發起這些談判的是某個叫卡爾扎伊先生的人，他是……的顧問，後被聘為『老布殊』的顧問，之後成為阿富汗的總統。這是他們的替補計劃。塔利班不這樣做，結果被攻下。我在內裏看到這些事。這幾乎都是與資源控制相關。任何一部分都腐敗，……整個系統發臭。西敏寺發臭。英國政府極為不道德。只要對他們有利，他們不在乎自己在國外殺害了多少人。一個病態的國家會危害世界，一個流氓國家，一個只準備為少數人製造財富的國家。」[5]

(2) 美國是為了軍事基地而出兵？

伊朗是美國的死敵。阿富汗與伊朗為鄰，所以可以在伊朗旁邊建立軍事基地是十分理想的。還有，阿富汗與俄羅斯和中國的新疆距離甚近。美國如果控制阿富汗，可以對中國、俄國和伊朗構成威脅。美國透過阿富汗「反恐」，得以在中國和俄羅斯附近建立多個軍事基地。

37.4 美國進佔阿富汗之後:

(1) 戰爭期中,五百多噸貧鈾彈曾被投擲在阿富汗人口聚集區,導致一千公里半徑內的土壤被放射性灰塵污染。[6] 美軍佔領的阿富汗,死傷的人數遠遠超出在「9.11 事件」死亡的人數。

(2) 美國扶植了一個親美的政權。當年美國一石油公司的顧問,成為了阿富汗總統。希拉莉(Hillary Clinton)形容他為「一個真正的政治生還者,成功分化阿富汗各部族,又得以和『小布殊』維持強的個人關係」[7]。但是,這個政府貪污腐敗,而實際可控制的地區甚為有限。阿富汗總統,被譏笑為只是一個喀布爾(阿富汗首都)的「市長」。市外的世界越來越變回「塔利班」的世界。美軍進佔了十八年之久,政府仍然不能夠替人民提供基本的生活保障。[8] 阿富汗政府和「塔利班」都收「路費」。有一個貨車司機說,在「塔利班」控制的地方,他只須付一次「路費」。但是在政府控制的地方,他卻被收「路費」(「打劫」)多次,而有一次他竟然要付三十次之多。話說「美軍支付鉅額予阿富汗的保安公司以保護供給車隊,但多數的錢都都被轉交給予塔利班以確保他們能全通過」。[9]

阿富汗基本上是一個部族社會。各部族擁有自己的土地和武器,而部族長老的權力是十分大的。軍閥割據,人民靠鴉片為生,沒有中產,教育水平低,男女極不平等⋯⋯。試問,西方式的民主可不可以植根於這樣的一個部族社會?

(3) 「塔利班」政府被推翻,但是並沒有被消滅。他們只是暫時退出大城市,在鄉村重組,打游擊戰,與親美的阿富汗政府對抗。當年美國安排伊斯蘭「聖戰者」進入阿富汗打蘇軍,如今「聖戰者」進入阿富汗打美軍。有一次,埃及的外相(吉斯╱Ghaith)對美國官員說:「現在我們青年人的話題都是去阿富汗聖戰打美軍。」[10]

美國付出數以幾十億的援助給阿富汗政權,目的是要它打「塔利班」。試想,如果「塔利班」真的被消滅了,美國還會付錢給這個政府嗎?在這個情況之下,它有沒有誘因去「打真軍」?[11]

(4) 阿富汗人民靠種植罌粟和出口鴉片為生。從鴉片交易得到的收入可以說是源源不絕。貨車把武器運送給「塔利班」,然後把鴉片運回來。現時阿富汗的鴉片業務增長了十八倍之多,而阿富汗已成為了全世界最大的鴉片種植大國和供應國。話說世界上九成的鴉片是來自阿富汗的![12]

(5) 「9.11事件」過去了九年半有多之後,美軍在巴基斯坦境內捕殺了拉登。拉登死了,但是他的「基地」組織並沒有滅亡。

37.5 美國歷史上最長的戰爭!

(1) 美國用盡空中優勢,而在地面卻利用阿富汗的「北方聯盟」打「塔利班」。開始時,美國很容易便攻佔了各都城。當美國總統(「小布殊」)在戰艦上「任務完成」的大字前宣佈伊拉克戰爭勝利之時,其國防部長亦宣稱「八千個美軍在阿富汗完成了主要的戰鬥」。不過這不是戰爭的完結,而只是真正戰爭的開始。美國在阿富汗雖然出動了十萬兵力,還有其它國家的四萬兵力,仍然是打不贏。

阿富汗自古便有「帝國墳墓」之稱。美國早前已經把蘇聯帶入了這一個「帝國墳墓」,但自己卻不信邪。不過,歷史又重演了,今次輪到美國要重溫「蘇聯在阿富汗的噩夢」!

(2) 阿富汗之戰亦成為美國史上最長的戰爭。美軍從2001年打到2009年還要增兵。美國國防部長(蓋茲/Gates)說:「阿富汗戰爭打了八年,國會、美國人民和部隊再也不能忍受這場衝突拖得沒完沒了的想法。」在2010年的6月,阿富汗戰爭

已經超越了越戰的一百零三個月，成為了美國歷史上最長的戰爭。在 2012 年美國開始撤軍計劃。現在，美國有約四千五百多部隊在阿富汗。

(3) 「塔利班」的勢力越來越大，與阿富汗政府多次談判，後來更在波斯灣的國家開辦事處！最近，堂堂的一個超級世界大國，竟要和一個小小的「塔利班」進行和談（包括美軍撤出阿富汗以換取「塔利班」承諾不容許阿富汗成為「恐怖分子」的基地）！

(4) 美國的阿富汗和巴基斯坦特別代表（何博／Holbrooke）說：「我們可能是在一個錯誤的國家打一個錯誤的敵人！」[13]

美國是個超級軍事大國，在一個貧窮的小國，打了它歷史上最長的仗，死了這麼多士兵，花了這麼多的金錢，卻仍然是徘徊在失敗的邊緣上！美軍在阿富汗的遭遇，真的可以說是軍事史上的一大奇蹟。

37.6 美國向「國際刑事法院」（International Criminal Court）說不

當「國際刑事法院」（美國不是會員）欲調查美軍在阿富汗的行為（包括美軍虐待囚犯）時，美國宣佈制裁「國際刑事法院」。這些制裁包括禁止其法官及檢察官入境，沒收他們在美國的資產，並在美國檢控他們。美國說任何協助「國際刑事法院」的人亦要付出同等代價。美國國務卿（蓬佩奧／Pompeo）甚至說美國會對「國際刑事法院」員工的家人採取懲罰性的行動。有說「國際刑事法院」侵美主權，被制裁是意料之中。[14]

美國樂見「國際刑事法院」審判其它國家的人，尤其是反美的人，但是卻絕對不容「國際刑事法院」審判美國人。堂堂一個以法治和人權立國的大國，竟然會面不改容甚至義正詞嚴地公然恐嚇「國際刑事法院」，你又有何話可說呢？

參考：

(1) Michel Chossudovsky, *America's "War On Terrorism"*, p. 6
Stephen Kinzer, *Overthrow*, p. 276
(2) 羅特科普夫（David Rothkopf），《國家不安全》（*National Insecurity: American Leadership in An Age of Fear*），p. 102
(3) William Engdahl, *The Lost Hegemon*, p. 13, p. 16
Lee Marsden, *For God's Sake*, p. 224
Stephen Kinzer, *Overthrow*, p. 273
Howard Zinn Speaks, p. 177
于歌，《美國的本質》，p. 123
(4) Michael Luders, *Blowback*, p. 28
Stephen Kinzer, *Overthrow*, p. 273
William Blum, *America's Deadliest Export: Democracy*, pp. 80-81
Michel Chossudovsky, *America's "War On Terrorism"*, pp. 79-83
(5) Douglas Valentine, *The CIA as Organized Crime*, p. 99
John Foster, *Naked Imperialism*, p. 64
(6) 希拉瓦特瓦（Arun Shivrastva），《NGO 與顏色革命》（*Helping or Hurting*），p. 107
(7) Alfred McCoy, *In the Shadows of the American Century*, p. 70
Michel Chossudovsky, *America's "War On Terrorism"*, p. 88
Chalmers Johnson, *The Sorrows of Empire*, pp. 177-179
Laurent Guyénot, *JFK-9/11: 50 Years of Deep State*, p. 109
Vali Nasr, *The Dispensable Nation*, p. 19
Simon Jenkins, *Mission Accomplished?*, p. 35, p. 107
Hillary Clintin, *Hard Choices*, p. 142
(8) *Economist*, May 18, 2019
(9) 華特（Stephen Walt），《以善意鋪成的地獄》（*The Hell of Good Intentions*），p. 105
(10) Vali Nasr, *The Dispensable Nation*, p. 8
(11) 華特（Stephen Walt），《以善意鋪成的地獄》（*The Hell of Good Intentions*），p. 105
(12) Michel Chossudovsky, *America's "War On Terrorism"*, pp. 224-226, p. 234
William Engdahl, *The Lost Hegemon*, p. 103
(13) Carlotta Gall, *The Wrong Enemy*, opening quote
(14) 黎蝸藤，〈美國制裁國際刑事法庭違反國際法嗎？〉，《明報》，2020 年 10 月 16 日

美國第二次出兵伊拉克 (2003)

38.1 阿拉伯人的「復興主義」（Baathism）

伊拉克的首都是巴格達，這一座古城是阿拉伯人美好的回憶。他們曾經在這裏建立過一個阿拉伯人最強大的帝國。當時的一切先進文明，包括科技和醫學，都是屬於這個世界的。巴格達年代，可以說是阿拉伯人的霸權時代。他們的領土從印度洋延展到大西洋。但是，究竟往事只能回味，還是舊夢可以重溫？伊拉克（薩達姆·侯賽因／Saddam Hussein）夢想復興阿拉伯世界，追求建立一個自主（不聽命於美國）、由阿拉伯人統一和走社會主義（不走資本主義之路）的阿拉伯大國。

伊拉克的夢想，和美國在中東的盤算格格不入，亦危及美國在中東親美政權的「穩定」。所以，伊拉克問題，美國是遲早要處理的。對美國來說，在伊拉克搞「政權轉移」是重要的。

38.2 出兵與「反恐」無關？

(1) 伊拉克和阿富汗一樣，並沒有人參與「9.11 事件」。在強人的威權統治之下，伊拉克並沒有甚麼「恐怖分子」。美國在第一次的波斯灣戰爭中，已經把伊拉克「打殘」了。在往後的十年，美國又透過制裁和禁運，把伊拉克「玩殘」了。伊拉克人民只能可憐地「活著」，但是美國仍然不放過伊拉克。美國總統（「小布殊」／George W. Bush）說出兵是要「解除伊拉克的大規模毀滅性武器，終止海珊對恐怖主義的支持，帶給伊

拉克人民自由」。無論如何，美國只是為上帝做事。美國總統
（「小布殊」）說他「相信上帝透過他說話」，上帝叫他「去
伊拉克與暴政作戰」。[1]

(2) 美元是除了美軍之外美國的另一稱霸工具。美國是不會容許任
何人挑戰美元的地位。伊拉克膽大包天，賣石油時企圖改收歐
元。話說「小布殊」上任十天後開的第一個國家安全會議便是
要討論怎樣除去侯賽因。[2]

(3) 伊拉克位於伊朗和敘利亞這兩個反美國家中間，具有重大戰略
價值。只要可以控制伊拉克，美國便會較容易去處理伊朗和敘
利亞。

(4) 世界上的石油儲量，波斯灣佔三分之二，其中以沙地阿拉伯最
多，伊拉克居次。就算美國不需要太多的石油供應，如果可以
控制波斯灣的石油，美國便可以對沒有石油的勁敵（中國）有
了「否決權」[3]。前聯儲局主席（格林斯潘／ Greenspan）
說過：「我對此感到悲哀，承認一個大家都知道是政治不正
確的事實：伊拉克戰爭很大程度上與石油有關。」[4] 不知道
是否巧合，美國這個「伊拉克解放行動」（Operation Iraqi
Liberation）的縮寫是「油」（OIL）！

伊拉克是不是沒有支持恐怖主義，沒有支持「基地」組織（Al
Qaeda）？伊拉克從未侵略過美國，亦沒有能力這樣做。可是，美
國為了要控制中東，亦要教訓不聽命於美國的伊拉克，便要出兵。
美國政府是不是做了不少所謂「新聞管理」、「形象管理」和「觀
感管理」的「洗腦」工作？話說美國的傳媒是會監察政府的，為甚
麼當時的主要傳媒都一面倒地跟著政府走？[5] 為甚麼當時的主流
傳媒和知識分子不高叫「不能為了石油而流血」，而在流了血之後
才叫這個口號？

美國沒有得到聯合國安理會的同意便出兵，是不是摧毀聯合國的體制？南非總統（曼德拉／Mandela）說：「……美國作出了嚴重錯誤的外交……美國的態度是對世界和平的威脅。因為美國正在做給你看，如果你是怕安理會的一反對票，你大可以走出外面行動及冒犯其它國家的主權。這便是他們給世界的訊息。對此我們一定要以最強的言詞予以責備……這一個『小布殊』的決定，其動機是清清楚楚地欲取悅美國的軍火及石油工業……」他說「如果有一個國家做出無法形容的殘暴行為，這便是美國」。他又說英國首相（貝理雅／Blair）「是美國的外相，已經不是英國的首相」。[6]

38.3 國際支持美國的行動？

(1) 在美國強大軍事和經濟的壓力下，不少國家只能向美國靠攏，支持其軍事行動。一般的國家根本不具備與美國對抗的層次和條件。例如，「日本參加了伊拉克戰爭，理由是甚麼？理由只有一個，那就是『美國要求的』」。[7]
在參與美國軍事行動所謂「自願者同盟」國家之中，有哪幾個是心甘情願的？

(2) 法國和德國反對美國的伊拉克戰爭，中國和俄國同樣反對。土耳其不許美軍從它的國土攻擊伊拉克，被美國媒體批評為缺乏「民主政治的資格」。英國外相（郭偉邦／Cook）不滿英國參與出兵，憤而辭職。他說：「諷刺的是，伊拉克的軍力是那麼薄弱，令我們足以盤算它的侵略。……我們的軍事策略不能一方面以薩達姆弱小這個假設為基礎，同時又宣稱他是一個威脅，令我們先發制人的攻擊變得合理。……伊拉克也許沒有大殺傷力武器。……為甚麼我們要急於採取軍事行動，解除二十年前由我們協助製造的軍事力量？」

他的反對聲音，真的是可圈可點！美國是全世界擁有最多大規模殺傷性武器的國家，而以色列則是中東擁有最多大規模殺傷性武器的國家，相信包括核彈。美國說伊拉克有「大殺傷力武器」，又說「不出一年它就能擁有核武等」。這是不是欲加之罪，何患無辭？無論如何，為甚麼美國可以有「大殺傷力武器」，而伊拉克不能呢？

38.4　「震懾與畏懼」

(1)　開戰前兩天，美軍用了四個大炸彈企圖炸死侯賽因。但是情報失誤，其他人慘死。[8]

讓我們回到《聯合國憲章》吧。究竟美國是基於甚麼法律依據可以出動戰機企圖殺死一個主權國家的領袖？當時（甚至現在）有沒有在美國聽到批評的聲音？美國的獨立思考（包括傳媒、學者）去了哪裏？

(2)　美國開戰了，而且作出了現場轉播。美國在世人面前，使用最新型的武器和裝備。它給伊拉克人帶來「震懾與畏懼」，亦給全世界所有對美國不友善的人帶來震撼。空襲殺死了不知多少的平民。美國投下經過再處理的鈾彈頭，據說被摧毀的伊拉克坦克附近，檢測出的輻射水平值高於正常的二千五百倍。[9]

美國用的是不是「大規模毀滅性武器」，包括貧鈾彈？在美國安排的電視「直播」，有沒有看到地面的死屍？話說美國的自由多多。但是，如果你的言行有損美國的核心利益之時，你想你又會有多少自由？把「不方便」的事實透過「維基解密」網站放在世人眼前的兩位人士 —— 阿桑奇（Assange）和曼寧（Manning），是不是都是沒有好日子過的？

38.5 閃電戰變成持久戰

美國以為伊拉克人民會視美軍為解放者，歡迎美軍的來臨。美國以為很快便會打完這一場戰爭。美國以為在佔領巴格達之後便「使命完成了」。「小布殊」說過美軍最多會留在伊拉克不超過十九個月。誰知這只是惡夢的開始。美國為速戰速決而設計的戰爭，帶來了的卻是「血腥和漫長」的持久戰。美軍佔領伊拉克五年之後，還要動用十七萬兵力，又死了四千二百人和傷了三萬二千人。正是又多了一個美國故事：進入容易出來難。

38.6 美軍佔領下的伊拉克：

(1) 美國立刻宣佈伊拉克的石油出口，從此不再以歐元結算，改回用美元結算。

伊拉克有沒有「大規模殺傷力武器」事小。但是，「石油美元」的地位卻是不是事大中之大？

(2) 美國找來找去，都找不到「大規模殺傷力武器」。

美國總統（「小布殊」）說：「美國不會允許全世界最危險的政府以全世界最危險的武器威脅我們。」他事後說：「沒有人說謊，我們全部錯了。」學者（杭士基／ Chomsky）指出：「事實上，伊拉克只是個擁有農民軍隊的第三世界國家……打了伊朗八年……它得到蘇聯、美國、歐洲、主要的阿拉伯國家及阿拉伯產油國的支持，仍然不能打敗伊朗。但是美國人卻廣泛地相信……薩達姆‧侯賽因是個快要征服世界的怪物……突然之間，他真的可以征服世界？究竟有沒有人指出這個問題？」[10]

(3) 美國一打進巴格達便急不及待重組伊拉克的經濟模式，把資本主義強加於伊拉克人民頭上，以利美國商人。美國方便公營機構私有化，容許外國公司可全資擁有伊拉克的銀行、礦場和工

廠，亦可以把其全部利潤匯出國。美國給其商人帶來的種種方便，被形容為「資本家之夢想」。⁽¹¹⁾

幾十年來，美軍都是在世界各地為美國商人開路的。歷史上又多了一個美軍為資本家開路的例子。

(4) 伊拉克是世界的第一文明古國，是「文明搖籃」。可惜在無政府狀態的情況之下，其國立博物館卻遭到洗劫，暴徒如入無人之境。伊拉克的文化財產，包括蘇美古跡，日漸流失。

面對雜亂的一團，美國國防部長（倫斯斐／Rumsfeld）說：「自由就是雜亂無章的。」⁽¹²⁾

(5) 美國對石油卻保護有加。當伊拉克人還是活在停水停電為常態的生活之際，美國正忙於保護和分配石油的利益。⁽¹³⁾

(6) 伊拉克真的是死得人多。「伊拉克每個月，有時候甚至只是每週的死亡人數，跟『9.11 事件』恐怖攻擊在美國造成的死亡人數不相上下。」其實，「他們過去一年因此失去的同胞，比美國歷來所有恐怖攻擊累計的總死亡人數還多。」有一位記者（安格爾／Engel）說：「2005 年的春、夏是災難一場，各種謀殺、爆炸、槍殺與綁架可以說屢見不鮮，每天都有血腥的戲碼一幕幕上演：早場是迫擊炮轟炸，上午十一點是汽車炸彈客，午茶之前有開車掃射，然後黃昏時再加一場迫擊炮秀。至於晚場則是敢死隊挑大梁。」⁽¹⁴⁾

由始至終，世人有沒有聽過美國公佈伊拉克人民的死亡數字？真不知道美軍在伊拉克國內反甚麼「恐」。恐怖分子是在美國進佔伊拉克後，才大批湧入的。恐怖分子真的是越打越多。美國以「反恐」之名，在世界各地啟動戰爭，結果是「越反越恐」！伊拉克的仇美情緒高漲。

(7) 美國帶來的是戰亂、無政府狀態。被美軍佔領的伊拉克是一個典型的爛攤子。美國撤軍之時，連《紐約時報》都有感而發，說十年前的巴格達，電力系統是他們其中最好的部分，可是現在他們已經提供不了簡單而又必需的供給。美國以民主、自由之名出兵伊拉克，但是卻沒有給伊拉克帶來民主、自由。有一位伊拉克人抱怨訴說：「我們連電力也沒有，還談甚麼民主？」[15]

究竟美國知不知道伊拉克有沒有民主的土壤？美國扶植的「民主」政府，有沒有為伊拉克人民提供基本的生活條件？自由當然是非常之重要，是基本人權。但是，每個社會都要在穩定和人權之間作出適當的平衡。大講「不自由毋寧死」的人，究竟有沒有試過經歷無水無電無藥甚至無食物的生活？

(8) 美國在伊拉克建立軍事基地。戰前沒有的，戰時和戰後有了。就算美國沒有了沙地的軍事基地，還會有伊拉克的基地。[16]最近，伊拉克要求美軍撤離。美國恐嚇伊拉克不准它使用美國銀行（Federal Reserve Bank of New York）戶口，使其得不到外匯。

38.7 自食其果？

(1) 打了五年仗，美軍死傷不少，伊拉克的傷亡更多。美國的總統候選人（奧巴馬／ Obama）說美軍的介入「刺激其宗教情感和民族自尊而產生的叛亂，接下來就需要美軍長期、艱苦地佔領，此又會導致美軍及平民傷亡人數上升。這一切將掀起穆斯林的反美意識，增強恐怖分子吸引新血的號召力……」他又說伊拉克：「……是一個大錯誤……打一個對美國不構成迫切威脅和與『9.11』襲擊無關的國家。」[17]他成為總統之後便從

伊拉克撤軍。另一位總統候選人（特朗普／Trump）亦說：「伊拉克不構成對我們威脅，美國人不知道為何『小布殊』政府決定要向它攻擊。」[18]

奧巴馬和特朗普之言，只是常識。話說美國三權分立，互相制衡。又話說美國傳媒監察政府，亦話說美國學術界有獨立思考。奧巴馬所講的「不構成迫切威脅和與『9.11』襲擊無關的國家」，似乎是清楚不過的事實。凡此種種，為何美國這一個人才濟濟的國家，當時會作出這「一個大錯誤」？

(2) 美國的「死敵」是伊朗，自然會希望利用伊拉克來制衡伊朗。但是，伊朗的大多數人民信奉什葉派，而伊拉克大多數人民亦信奉什葉派，大家的大多數人都是同路人。在伊拉克實行一人一票，自然會產生什葉派的政府。結果是促使了伊拉克和伊朗的關係走進「新的一頁」。沙地外交部甚至表示「伊朗已經實際併吞伊拉克了」。[19]

這真的是諷刺！美國有這麼多博學多才的人，究竟他們知不知道他們正在做甚麼？根據一個足以使人暈倒的報導，美國總統（「小布殊」）在對伊拉克開戰二個月之前還不知道伊斯蘭教中的遜尼派和什葉派的分別！[20] 奧巴馬陣營曾經對此作出批評！

參考：
(1) William Blum, *America's Deadliest Export: Democracy*, p. 19
    William Engdahl, *The Lost Hegemon*: p. 13, p. 16
(2) Mike Lofgren, *The Deep State*, p. 111
    Stephe Kinzer, *Overthrow*, p. 285, p. 286, p. 289
    俞力工，《反恐戰爭與文明衝突》，p. 87
(3) Noam Chomsky, *Failed States*, pp. 36-37
(4) Laurent Guyénot, *JFK-9/11: 50 Years of Deep State*, p. 155
    Alan Greenspan, *The Age of Turbulence: Adventures in a New World*, p. 463
(5) Susan Brewer, *Why America Fights*, pp. 230-234
    David Runciman, *The Politics of Good Intentions*, p. 2
(6) Nelson Mandela's address on January 30, 2003
    The Guardian, January 31, 2003
    David Runciman, *The Politics of Good Intentions*, pp. 6-8, p. 55
(7) 孫崎享（Ukeru Magosaki），《戰後の日美同盟真相》（戰後史の正体），p. 319
    Andre Vltchek, *Western Terror: From Potosi to Baghdad*, pp. 61-66
(8) Simon Jenkins, *Mission Accomplished?*, p. 61
(9) 拉比諾（Thomas Rabino），《美國戰爭文化》（*De la guerre en Amérique*），pp. 150-155
    William Blum, *Rogue State*, pp. 127-131
    Stephen Kinzer, *Overthrow*, p. 292
(10) Noam Chomsky, *Media Control*, pp. 62-63
    曼德爾邦（Michael Mandelbaum），《美國如何丟掉世界？》（*Mission Failure: America and the World in the Post-Cold War Era*），p. 242
(11) Noam Chomsky, *Imperial Ambitions*, p. 81
    Morris Berman, *Dark Ages America*, p. 219
    The WikiLeaks Files, p. 83
(12) Susan Brewer, *Why America Fights*, p. 259
    Mike Lofgren, *The Deep State*, p. 179
    William Blum, *America's Deadliest Export: Democracy*, p. 56
    Peter Galbraith, *The End of Iraq: How American Incompetence Created a War Without End*, pp. 109-111
(13) William Blum, *America's Deadliest Export: Democracy*, pp. 63-64
    Stephen Kinzer, *Overthrow*, p. 291
(14) 安格爾（Richard Engel），《全面失控》（*And Then All Hell Broke Loose: Two Decades in the Middle East*），p. 137
(15) George Herring, *The American Century & Beyond*, p. 660
    William Blum, *America's Deadliest Export: Democracy*, p. 55
(16) Stephen Kinzer, *Overthrow*, p. 292
(17) Simon Jenkins, *Mission Accomplished?*, p. 139
    奈伊（Joseph Nye, Jr.），《強權者的道德》（*Do Morals Matter? Presidents and Foreign Policy from FDR to Trump*），p. 267
(18) Donald Trump, *Great Again*, p. 38
    Stephen Kinzer, *Overthrow*, p. 290, p. 293
(19) Stephen Kinzer, *Overthrow*, p. 313
(20) Peter Galbraith, *The End of Iraq: How American Incompetence Created a War Without End*, p. 83

利比亞：挑戰美國，卻又沒有核武，完蛋了！

39.1　利比亞位於非洲的北岸。隨著阿拉伯人的侵佔，當地的人民已經被阿拉伯化，亦信奉了伊斯蘭教。第一次世界大戰後，利比亞被意大利侵佔了二十八年。第二次世界大戰後，利比亞得以獨立成國。它的領土是法國的三倍。有一天，利比亞發現了石油。它從一個窮國變成了暴發戶。

39.2　卡達菲（Gaddafi）

(1)　卡達菲集大權於一身，實行獨裁統治。他把石油收歸國有。他說：「石油公司掌握在外國人手中⋯⋯利比亞人必須取代他們⋯⋯」他重整利比亞的石油利益，以提升利比亞人民的生活，改善了一個本來窮到缺水缺電的社會。

(2)　他想做阿拉伯世界的老大，承諾「為了光復每一寸國土而奮鬥⋯⋯使波斯灣到大西洋的阿拉伯領土回歸大一統」。他又以非洲人自居，更自視為非洲人的領袖。發生在非洲各地的戰爭，往往都見到他的影子。他反西方殖民主義，敢向西方說不。他支持「世界革命」，更在世界各地支持恐怖活動。

(3)　他不聽命於美國，又不投靠蘇聯，走「第三條路線」。他崇拜毛澤東。美國稱卡達菲為「要割除的癌」和「瘋狗」。

利比亞是個部落社會。卡達菲統治下的利比亞，是問題多多，包括缺乏民主和自由。但是，它是不是非洲國家之中生活水平最高的，人均壽命最高的，嬰兒死亡率最低的，人民有免費教育和醫療的福利的國家？他的「罪」，是不是不願意聽美國話？

39.3　美國空襲利比亞（1986）

美國指控卡達菲支持中東的恐怖組織。美軍空襲利比亞，希望殺死卡達菲。傳說當時卡達菲在洗手間，因而逃過此劫。但是三十個平民被炸死，包括他的女兒。

利比亞是一個主權國家。美國可不可以出動空軍，轟炸它的首都，企圖刺殺它的領袖呢？求目的，可不可以不擇手段？當時美國的主流傳媒和學術界，有沒有批評美國的行為？

39.4　利比亞挑戰美元的地位（2009）

以「石油美元」為中心的國際金融秩序，對美國是非常有利的。其實，已經有不少國家對美元霸權不滿。有多個國家（包括俄羅斯、伊拉克、伊朗、委內瑞拉、安哥拉和尼日利亞）都在討論改為用其它貨幣，尤其是歐元，以作為石油的定價和交易貨幣。卡達菲做「非洲聯盟」主席之時，建議以一個新貨幣取代美元，而這個貨幣可以與利比亞的豐厚黃金儲備兌換。[1] 卡達菲這個「非元」的建議得到眾多非洲的國家支持，包括埃及、突尼西亞等等。此外，眾多產油國亦開始用部分美元成立自己的主權基金。

美國是靠軍力和美元稱霸世界的，所以絕不容許任何國家挑戰美元的地位。卡達菲這個「非元」計劃，令到美國非常不安。美國要「處理」這件事情。

39.5 「阿拉伯之春」（2011）

(1) 美國佔領伊拉克之後的任務，「是在敘利亞和利比利亞扶植親美政權」，「使阿拉伯世界成為清一色都是親美政權」[2]。當「阿拉伯之春」蔓延至利比亞時，美國支持「民主」運動，希望推翻卡達菲，換來一個親美的政權。民主運動很快便發展成內戰。當政府軍逼近叛軍城市（班加西）之時，西方社會認為即將會有大屠殺。聯合國安理會（俄羅斯和中國棄權）「為了保護平民生活」，同意設立「禁飛區」。但是以美國為首的「北約」卻藉此空襲利比亞多達近一萬次，以打擊政府軍。當卡達菲的飛機大炮一集結，「北約」的導彈便來了。在「北約」的空襲掩護下，出現了一條廊道，使叛軍得以進逼首都。不久，卡達菲便慘死收場。[3]

反對卡達菲的部落是追求民主自由的人嗎？美國傳媒把基本上不知民主是何事的軍閥形容為民主鬥士，追求自由的年輕人。其實，利比亞仍然是一個部落社會，如果沒有一個強人，是不是很容易發生部落戰爭？把「西方模式」強加於一個在非洲的部落社會是可行的嗎？

(2) 隨之而來的，不是民主自由，而是軍閥割據，戰火不絕。利比亞已被打成了碎片，變成了恐怖戰士的集散地。日打夜打，連英國和美國的大使館也要關門大吉！內戰更演變成代理戰。沙地阿拉伯、埃及和土耳其等都給各軍閥提供武器。美國總統（奧巴馬／Obama）亦要承認利比亞是「一團混亂」。他說他上了一課。他說他現在會問在軍事干預之後，「我們日後會怎樣做？」[4]

直到今天，內戰仍然在進行中。利比亞人民的生活變成怎樣？是不是數以十萬計的人投奔怒海，逃離祖國，而有很多年少老

幼葬身於地中海？今時今日，西方主流傳媒有報導利比亞人民的生活嗎？

(3) 一個在法治社會成長的律師，在電視機前看見卡達菲被虐殺之時，應該是感慨「以暴易暴兮，不知其非矣」。但是，美國國務卿（希拉莉／Hillary Clinton）竟然高興地叫喊：「我們來了，我們看見了，他死了。」[5]

她的法治精神去了哪裏？不久之後，美國駐利比亞大使和另外三個美國人被暴民殺死。如果利比亞人在他們殺美國人時又持同樣的態度（「我們來了，我們看見了，他死了」），這個世界會變成怎樣？

(4) 沙地和巴林政府同聲同氣，而兩國政府都是親美的。美國在巴林有軍事基地，而巴林更是美國第五艦隊的總部。當利比亞人要求「民主」之時，巴林亦發生人民爭取自由的示威活動，有二十萬人集結。巴林請沙地派兵鎮壓。

美國大講民主自由的「普世價值」。但是，當「阿拉伯之春」來到了親美國家之時，美國又是如何？美國並無異議，亦無制裁，更不會出兵。理由很簡單，巴林和沙地都是親美的！

參考：
(1) William Engdahl, *Manifest Destiny*, p. 189, pp. 196-200
(2) 高望斯（Stephen Gowans），《敘利亞戰爭》（*Washington's Long War on Syria*），p. 92
(3) Jeffrey Sachs, *A New Foreign Policy: Beyond American Exceptionalism*, pp. 88-89
(4) Paul Danahar, *The New Middle East*, p. 368
The Economist, July 6, 2019
(5) Douglas Valentine, *The CIA as Organized Crime*, p. 360

敘利亞：
美國夢想的「政權轉移」成空

40.1　背景

千多年前，敘利亞人民信奉了伊斯蘭教。第一次世界大戰結束後，法國管治了敘利亞二十六年。敘利亞人一直都希望獨立成國，但是他們的願望要在第二次世界大戰之後才可以實現。

40.2　阿薩德（al-Assad）父子的統治（從 1970 開始）

阿拉伯人有過數百年的光輝歲月。當時的伊斯蘭世界，是先進發達社會，而歐洲仍然是落後，美洲更是原始。敘利亞要重溫舊夢，「復興」阿拉伯人的世界。阿薩德父子所追求的，是一個獨立自主的國家，而不是一個附庸於美國的國家。他們選擇的路，是社會主義的路。他們兩父子不賣美國的帳。「老阿薩德」說過：「敘利亞是獨立自主的國家，以人民的利益為利益，不會讓人民為西方的利益而活。」「小阿薩德」說過：「敘利亞不需要西方民主」，但「容納不同意見」。阿薩德父子統治下的社會，是個世俗社會，並無宗教狂熱。

阿薩德父子膽大包天，搞「復興」，走社會主義之路。他們既不向美國資本家大開方便之門，又不聽命於美國。你想，美國不會視他們為眼中釘嗎？

40.3 「阿拉伯之春」，由內戰到代理戰（從 2011 開始）

(1) 「阿拉伯之春」蔓延到敘利亞。人民要求民主、自由。政府以武力鎮壓。反對派的背景甚為複雜。他們的民族、信仰和利益各異。他們是一盤散沙，四分五裂。大部分敘利亞叛軍的目標是要建立以《可蘭經》為依歸的政府，而不是西式的民主社會。美國所支持的「自由敘利亞軍」，並不是甚麼自由民主運動（所謂「溫和派」）。不同利益衝突，演變成內戰。

(2) 伊斯蘭教大致上分為遜尼派（Sunni）和什葉派（Shiite）。千多年來兩派勢成水火，爭鬥不絕。敘利亞政府是個什葉派政權，而大多數中東的政權都是遜尼派政權（如沙地阿拉伯、科威特、土耳其等）。所以有多個阿拉伯國家支持敘利亞的叛軍。土耳其支持叛軍，沙地斥資數十億美元武裝及訓練叛軍。支持叛軍還有以色列、美國、歐盟及來自世界各地的「聖戰者」。另一方面，伊朗是個什葉派政權，支持敘利亞政府。俄羅斯亦加入支持政府軍。敘利亞的內戰，演變成了阿拉伯各國的代理戰。與此同時，敘利亞國內的庫爾德族趁機擺脫政府統治。終於，有多達一千多個反政府武裝組織在敘利亞混戰。敘利亞的「阿拉伯之春」被國際化成了一個代理戰爭。

試問，支持叛軍的中東國家是不是盡是獨裁的國家？它們是不是都是美國「友好的暴君」？它們是奉行民主、自由、法治、人權的國家嗎？美國引進的伊斯蘭教「聖戰者」是支持民主自由的嗎？引進他們來支持「阿拉伯之春」是否十分之諷刺？打來打去，最慘的是不是敘利亞人民？

(3) 昔日的敘利亞，雖然沒有西式民主，缺少自由，但是基本上是生活安定。現在既無民主自由，竟然還要面對「活著」的困境！話說在它二千多萬的人口中，已有一半人被迫離鄉背井，

飄流異鄉。戰亂製造了五百多萬難民。敘利亞人民的慘況，真的是筆墨難以形容。阿薩德政權之所以面對戰亂多年仍沒有倒下來，原因是它在國內得到基本的支持 [1]。阿拉伯人有一句古老格言：「一千天的暴政好過一天的無政府狀態。」伊斯蘭教亦有一句：「要六十年不公義的教長亦不要一個沒有蘇丹的晚上。」

40.4　美國的介入：亂上加亂

(1) 敘利亞的「復興主義」，對美國在中東的利益構成大的危機。美國要在中東進行「去復興化」，以防止阿拉伯人團結。美國推翻了伊拉克和利比亞政府之後，敘利亞成為了阿拉伯民族主義的最後堡壘。美國希望在敘利亞搞一個「有控管的政權轉移」[2]，換來一個親美的政權。美國多年來在支持反對勢力，包括斥資資助培訓敘利亞的記者和社會活動分子，亦和「穆斯林兄弟會」合作。其實，在「小布殊」（George W. Bush）時，美國「早已暗中培養了不少對抗敘利亞政府的個人和政黨」。[3] 當「阿拉伯之春」蔓延到敘利亞時，美國把阿薩德更加妖魔化，把他的形象塑造成為一個殘暴的獨裁者，宣佈其政府已「失去合法性」，所以「阿薩德一定要走」。

同一時間，沙地和巴林的國王都在打壓國內的「阿拉伯之春」運動。沙地更出動坦克鎮壓巴林的抗議行動。美國又說過甚麼話呢？為甚麼敘利亞總統會「失去合法性」，而沙地國王（獨裁王權）會有「合法性」？合法與否，是不是由美國來定的？還有，你有沒有發覺所有美國要推翻的敵人（包括薩達姆·侯賽因（Saddam Hussein）、卡達菲（Gaddafi）和阿薩德），都是被說成是大奸大惡的人？美國的公關（所謂「新聞管理」

和「觀感管理」）是十分之成功的。當美國向你啟動公關機器之時，便是你惡夢的開始！試想，如果反對派「革命」成功，敘利亞是不是會成了另一個利比亞？到時，美國又會講甚麼，做甚麼？

(2) 中國和俄羅斯經過利比亞那次的教訓之後，反對在敘利亞設立禁飛區，在聯合國投否決票。美國再不能以「禁飛區」為名，轟炸政府軍以協助叛軍。三十年前美國曾經利用伊斯蘭教徒在阿富汗對抗蘇軍。現在，美國又重施故技，利用伊斯蘭教徒打擊對手。支持叛軍的沙地、卡塔爾和美國把來自世界各地的「聖戰士」帶入敘利亞和支持他們。美國「中情局」為叛軍進行訓練與武裝，希望透過他們作為美國的代理人擔當地面部隊，推翻其眼中釘政權。話說「經由中情局培訓，武裝並進入敘利亞的戰士，總數已將近一萬名」[4]。但是，美國武裝及訓練反對勢力的軍事計劃失敗了。美國（奧巴馬／Obama）後來派出地面部隊到敘利亞。

(3) 美國欲推翻「小阿薩德」政府，換來一個親美的政權。但卻是事與願違，夢想成空，最後反而壯大了伊朗和俄羅斯在敘利亞的勢力。敘利亞並沒有甚麼恐怖分子。本來沒有聽過「基地」組織（Al Qaeda）在敘利亞有甚麼勢力的，美國卻在敘利亞攪來攪去。「中情局」（布倫南／Brennan）說：「我們憂慮『基地』組織會利用敘利亞的土地來招募新丁及發展能力使其不單可以在境內進行攻擊，而甚至可以利用敘利亞為出發點。」[5] 終於，在戰亂之中產生了一群伊斯蘭極端「聖戰者」。他們建立了一個「伊斯蘭國」（ISIS）。美國要打這個「伊斯蘭國」了。

參考：
(1)　高望斯（Stephen Gowans），《敘利亞戰爭》（*Washington's Long War on Syria*），p. 265

(2)　蕭雷（Derek Chollet），《美國該走的路》（*The Long Game: How Obama Defied Washington and Redefined America's Role in the World*），p. 187

(3)　高望斯（Stephen Gowans），《敘利亞戰爭》（*Washington's Long War on Syria*），p. 94，p. 103，p. 115，pp. 117-118，p. 262
William Blum, *America's Deadliest Export: Democracy*, p. 145
江涌，《誰在操縱世界的意識》，pp. 136-137
Jeffrey Sachs, *A New Foreign Policy: Beyond American Exceptionalism*, pp. 85-86

(4)　高望斯（Stephen Gowans），《敘利亞戰爭》（*Washington's Long War on Syria*），p. 165

(5)　Hillary Clinton, *Hard Choices*, p. 469

歐盟：
不能挑戰美國「一哥」的地位

41.1 歐盟（European Union）可以說是與「抗美」精神有關[1]

當西歐和美國面對蘇聯這個共同敵人之時，它們是盟友，並沒有甚麼大問題。當時的西歐，除了法國之外，大致上是聽命於美國的。法國總統（戴高樂／de Gaulle）不願意做美國的「老二」。他反對美國霸權，與美國不和。法國和德國帶領歐洲多國成立聯盟（前煤礦共同體／共同市場）的目的，可說一舉兩得：第一，希望歐洲各國不會再打仗。第二，希望歐洲各國可以團結，因為「我們不能永遠指望美國」。有歐美學者（喬飛／Joffe）說：「在歐洲所能找到的第二種民族主義乃是『反美主義』。」美國總統（特朗普／Trump）說過歐盟比中國更差，又說歐盟的成立是為了找美國便宜。[2]

41.2 英國加入「共同市場」

英國的情況有點不同。第一，它是一個島國，身在歐洲而不在歐洲大陸，而且和歐洲大陸國家有歷史恩怨。第二，英國在語言、法律（普通法）和文化方面與歐洲大陸不同，但是卻與美國同聲同氣。英國可以說是身在歐洲而心在北美洲。它時時想魚（歐洲）與熊掌（美國）兩者兼得。英國當初沒有加入共同市場，而是後來才申請加入的。因為美國和英國有「特殊關係」，所以法國初時視英國為《木馬屠城記》中美國放在歐洲的「木馬」，兩度反對英國加入共

同市場。正如執掌過「國際貨幣基金組織」的法國專家（拉羅西埃／Larosière）說：「新的共和國總統希望讓英國進入歐共體。戴高樂將軍一直抵制這個想法，因為他從中看到一種對歐洲均勢的危險，對歐共體性質的危險……」[3]

41.3 「後冷戰」的歐盟和美國關係

(1) 歐洲崛起了

蘇聯解體之後，歐、美沒有了共同敵人。隨著歐盟的壯大，美國和歐盟產生矛盾是勢所難免的。如果歐洲各國團結的話，他們的人口、經濟甚至軍事上都有條件挑戰美國。挪威學者（加爾通／Galtung）說：「如果歐盟為了自身利益最大化，決定在整個歐洲彌合這些裂痕，與俄羅斯、土耳其結成聯盟，那麼美國無疑將遠遠地甩在其後。」[4] 美國學者（卡根／Kagan）說，歐洲和美國不同之處之多，可以說是美國是來自火星，而歐洲卻是來自金星。[5] 美國的國師（布熱津斯基／Brzezinski）說：「歐洲政治上強大了，經濟上也能和美國分庭抗禮，軍事上又不再依賴美國，那麼歐洲勢必……挑戰美國的霸權地位。」[6] 歐、美本來一家親，但是歐盟不單是美國的朋友，亦是美國的潛在對手。美國不單要控制敵人，亦要控制盟友。美國加倍小心，不能讓歐盟壯大到可以挑戰美國。

(2) 美國要歐盟聽話，歐盟卻欲自主

基辛格（Kissinger）早已明言，他要歐洲共同市場在美國的秩序下運作，並且不能龐大到會損害美國的利益。[7] 另一方面，歐盟希望能夠把握自己的命運，而不是做美國的傀儡。法國總統說：「法國是美國的同盟國，而不是諸侯。」法國經濟部長（勒梅爾／Le Maire）亦問：「我們真的想成為美國的附庸嗎？」[8] 近年來已經有不少書籍，講述歐盟挑戰美國的

霸權。[9] 歐洲一步一步地擺脫美國的控制。歐洲發射了全球定位衛星──「伽利略」（Galileo）（與美國的全球定位系統（GPS）、中國的北斗衛星導航系統（BDS）和俄羅斯的格洛納斯（GLONASS）為世界四大全球級系統），試圖要在全球定位系統市場打斷美國獨佔太空網路的局面。多年來，美國利用「環球銀行金融電信協會」（Society for Worldwide Interbank Financial Telecommunication，簡稱 SWIFT）進行制裁反美的國家。歐盟計劃建立另一個跨境支付體系，以對抗美國的金融霸權。最近，英國、法國和德國為了繼續與伊朗做生意，成立了一個國際商業結算機制（Instrument for Supporting Trade Exchanges，簡稱 INSTEX）。[10] 法國總統（馬克龍／Macron）更建議成立歐洲軍隊。

41.4　美國打擊歐元，以鞏固美元

歐盟已經有了它的貨幣，希望強化歐元。美國當然不會容許歐元挑戰美元的地位。多年來，美元和歐元在中亞、非洲、中東和東歐各地「爭地盤」。[11] 世界多國（尤其是持有大量美元的中國）擔心美元貶值，開始分散投資，把部分資金放在歐元。伊朗、伊拉克、委內瑞拉和俄羅斯都曾經討論「石油歐元」以代替「石油美元」。美國慣常以打壓對手來捍衛其「一哥」的地位。美國往往是透過戰爭或製造緊張局勢，以維持美元的強勢地位。

41.5　美國打擊歐洲商業對手

美國除了「處理」歐元外，還要「處理」與美國人競爭的大財團。在這方面，它對歐洲人亦不手軟。兩位法國人（皮耶魯齊／Pierucci 和阿倫／Aron）受了苦之後，「不再沉默」，寫了一本名為《美國陷阱》（*Le piège américain*）一書，講述美國如何通

過非經濟手段瓦解它國商業巨頭。他們說：「十幾年來，美國在反腐敗的偽裝下，成功地瓦解了歐洲的許多大型跨國公司。美國司法部追訴這些跨國公司的高層，甚至會把他們送進監獄，強迫他們認罪，從而逼使他們的公司向美國支付巨額罰款。」

美國是不是「官商勾結」，打擊國外的商業對手？昨天的法國公司（阿爾斯通／ALSTOM），前天的日本公司（東芝／Toshiba），今天的中國公司（中興和華為）。那麼明天又會是誰？

41.6 　美國使用「大規模難民武器」？

難民處境向來都是惹人同情的。一張照片，可以打動不少人心。可是，一講到接收難民，同情心很快便會變為理性務實。自從「阿拉伯之春」變成了「阿拉伯之冬」之後，流向歐洲的難民不斷增加。美國在敘利亞和利比亞進行空襲，令難民像人口海嘯般湧入歐洲（在幾個月內從敘利亞便有超過一百萬難民進入歐洲）。這造成了「歐洲大逃亡潮」，為歐洲尤其是德國製造問題。這更給歐洲帶來一場政治及經濟危機，如政策右傾，以及就業和福利方面的問題。難民問題已經加劇了歐盟的分裂。正如中國外交家（何亞非）所說：「難民潮的爆發揭開了歐盟聯合進程的內在缺陷，進一步撕裂歐盟國家的團結，阻礙了歐盟的區域化步伐。」長遠來說，難民亦為歐洲埋下了「人口定時炸彈」，因為伊斯蘭人的生育率較白人為高，遲早會令歐洲變質。正如英國報章說：「近來湧入歐盟的難民包括數百萬穆斯林，這將在未來二十年內改變這一大陸人口佈局……」現時有大約二千六百萬伊斯蘭教徒在歐洲，佔其人口約五個百分點。

美國對歐盟，尤其是德國，可以說是既合作又遏制。美國有沒有對歐洲使用「大規模難民武器」？有一位在美國從事醫療工作者（蓋爾梅克／Germck）寫了一篇〈暗度陳倉——動搖德國與歐盟的

「大規模難民武器」〉，指出跨越歐洲邊境難民浪潮的幕後黑手是美國，而美國「將因歐洲變得更為右傾，分裂和經濟實力衰弱而獲益」[12]。亦有一位美國學者（格林希爾／Greenhill）指出這場難民遷移浪潮是美國精心設計的，「相對廉價地」最終「實現那些透過軍事手段根本無法達到的政治目的」。[13]

參考：
(1) John Redwood, *Stars and Strife*, p. 4, p. 117, pp. 122-123
(2) 喬飛（Josef Joffe），《美國的帝國誘惑》（*Uberpower: The Imperial Temptation of America*），p. 216
    Michael Cox and Doug Stokes, *US Foreign Policy (2nd ed)*, pp. 219-236
    John Bolton, *The Room Where It Happened: A White House Memoir*, p. 70
(3) 拉羅西埃（Jacque de Larosière），《金融危機五十年》（*50 Ans de Crises Financières*），p. 83
(4) 加爾通（Johan Galtung），《美帝國的崩潰》（*The Fall of the US Empire - And Then What?*），p. 50
(5) Fraser Cameron, *US Foreign Policy after the Cold War*, p. 161
(6) Noam Chomsky, *How The World Works*, p. 24
    占豪，《從美國稱霸到中國崛起》，pp. 164-172
(7) Noam Chomsky, *Deterring Democracy*, p. 92
    Noam Chomsky, *Imperial Ambitions*, pp. 14-15
    Henry Kissinger, *Does America Need a Foreign Policy?*, p. 57
(8) 皮耶魯齊（Frédéric Pierucci）和阿倫（Matthieu Aron），《美國陷阱》（*Le piège américain*），p. 349
(9) Geir Lundestad, *The Rise & Decline of the American "Empire"*, p. 47
    John McCormick, *The European Superpower*
    Charles Kupchan, *The End of the American Era*
    Stephen Haseler, *Super-State*
(10) Michel Chossudovsky, *America's "War On Terrorism"*, pp. 278-279
     William Engdahl, *Manifest Destiny*, p. 90
(11) Michel Chossudovsky, *America's "War On Terrorism"*, pp. 103-104
(12) 希拉瓦斯特瓦（Arun Shivrastva），《NGO 與顏色革命》（*Helping or Hurting*），pp. 30-78
(13) 希拉瓦斯特瓦（Arun Shivrastva），《NGO 與顏色革命》（*Helping or Hurting*），p. 31
     江涌，《誰在操縱世界的意識》，p. 140

俄羅斯：
被美國圍堵了 (2000 年代)

42.1 「北大西洋公約組織」（North Atlantic Treaty Organization／
NATO）的東移

(1) 「冷戰」期間，「北約」是美國領導西歐國家用來抗衡蘇聯
的。在美國與蘇聯的「蜜月」年間，蘇聯（戈爾巴喬夫／
Gorbachev）同意東、西德統一和加入「北約」。話說美國
國務卿（貝加／Baker）當時向蘇聯口頭說過「北約」不會作
出「一寸的東移」[1]。但是，口講無憑，美國否認曾經有此口
頭承諾。

(2) 不久之後，蘇聯解體了。美國可能是怕蘇聯「春風吹又生」，
便一步一步地圍堵俄羅斯。「北約」向東擴展。美國在東歐、
高加索和中亞一帶，建立了一個又一個的軍事基地，部署反飛
彈系統，而莫斯科是在這些基地飛彈的射程之內。[2]「北約」
辯稱其軍隊「需要看管運送石油和天然氣到歐洲的管道」。[3]

(3) 俄羅斯（葉利欽／Yeltsin）多年來視美國（克林頓／
Clinton）為朋友。美國卻伺機把「北約」東移，但同時又宣
稱和俄羅斯是「戰略夥伴」。這使葉利欽甚為不快，更使俄羅
斯的軍方極為反感。

42.2 美國在前蘇聯國家進行「政權轉移」

美國透過「和平演變」，把在高加索和中亞的前蘇聯共和國的多個政府轉為親美。

美國昨天說是蘇聯的朋友，遠道而來給它施出援手，幫助它走向民主和自由。今天蘇聯莫說民主和自由，連國家也沒有了。但是，美國卻仍然步步進逼。美國是不是把俄羅斯圍堵起來之後，卻仍然在宣揚「俄羅斯威脅論」？試易地而處，俄羅斯應該怎辦？

42.3 格魯吉亞（Georgia）的「玫瑰革命」（2003）

(1) 格魯吉亞是史太林（Stalin）的故鄉。蘇聯解體之時它獨立成國。美國向格魯吉亞「輸出民主」。當時在格魯吉亞已經有多個活躍的「非政府組織」，其中包括美國的「國家民主基金會」。格魯吉亞國會大選之後，有民眾認為大選不公平和舞弊。反對人士通過有組織的年輕人進行街頭運動，他們手持紅色玫瑰花，口叫「受夠了」抗議，逼使親俄的總統下台。這些民眾既有「顏色」，亦有「口號」。當時，美國駐格魯吉亞大使竟然公開要求親俄的總統下台。美國亦通過金融手段，如減少援助等等，打壓親俄的總統。[4] 終於，格魯吉亞舉行新選舉，代之而上位的是個親美的總統。美國學者（布林／Blum）形容當時的情況：「美國團隊……提供資本和熟悉竅門的美國人，令他們在選舉中勝過那些不信任美國的人。在這個過程中，他們把資訊和經驗由一個國家傳播到另一個……分享經驗，結果同樣成功。」[5]

格魯吉亞人民追求民主和自由是正常的事。但是，他們可不可以在沒美國主導之下走自己的路？答案是不可以。美國是不是想要一個親美的「民主」，而不是一個親蘇的民主，所以便要操控格魯吉亞的選舉？

(2) 新總統上台之後，格魯吉亞實行「親美抗俄」的政策。而美國亦在格魯吉亞設置軍事基地。美國總統（「小布殊」／George W. Bush）到訪格魯吉亞時說：「現在，橫越高加索，在中亞和中東的邊界，我們看見追求自由的相同願望在年輕人的心中燃燒起來。他們將會獲得，他們所要求的自由。」

美國是不是真的關心遠在高加索、中東和中亞人民的民主？這些「追求自由……年輕人」，是不是只是美國的棋子？試問，他有沒有對沙地阿拉伯、埃及、巴林等親美國家的「追求自由相同願望」的「年輕人」說出同樣的話？

(3) 南奧塞梯（South Ossetia），一直都想脫離格魯吉亞而獨立。格魯吉亞在美國的鼓勵下揮軍進入南奧塞梯境內，試圖控制其首都（2008）。俄羅斯在普京（Putin）的領導下出兵打敗格魯吉亞，更承認南奧塞梯獨立。俄羅斯宣佈不怕「新冷戰」，更宣佈準備退出「世貿」談判。

42.4 烏克蘭（Ukraine）的「橙色革命」（2004-2005）

(1) 蘇聯解體之後烏克蘭獨立成國。它是古時的基輔公國（Kiev）之所在地，是俄羅斯的文化搖籃。俄羅斯歷史是從這個地方開始的。當年美國「國師」（布熱津斯基／Brzezinski）為美國設計了一套「長期稱霸全球」的總體戰略時，談及烏克蘭的重要性。他說美國一定要阻止任何國家在歐亞大陸可能挑戰美國。[6] 他又說如果俄羅斯失去了烏克蘭，便做不成歐洲大國。

(2) 烏克蘭獨立之後，問題多多，困難重重。國內的親俄派和親歐派爭論不休。美國重施故技，投入了六千五百萬美元協助親美人士策劃「橙色革命」。美國協助下的反政府活動，包括成立網站、集會、遊行、抗議、罷工和公民抗命，設計「是時候了！」的口號[7]。美國借助互聯網作為影響甚至操控輿論的武

器。這又是另外的一個既有「顏色」，亦有「口號」的故事。重選的結果，親歐美的勢力勝出。這個「橙色革命」，把烏克蘭從親俄變成親歐美。俄羅斯認為這個「革命」是西方的陰謀。[8]

烏克蘭人民追求民主自由。但是他們可不可以在沒有美國干擾之下走自己的路？當年基辛格（Kissinger）說過的名句，真是可圈可點。他說：「我不明白我們為甚麼要袖手旁觀，看著一個國家由於國民的不負責任而走向共產主義。這個問題太重要了，不能交給智利選民自己去決定。」他又說：「多元化的界限是由美國訂定的。」在美國和中國的貿易戰期中，中國在美國報章刊登其論述，被美國指控為干擾美國的內政。美國所指控中國的行為，相比美國在烏克蘭和其它國家的行為，是不是小巫見大巫？

42.5　吉爾吉斯斯坦（Kyrgyzstan）的「鬱金香革命」（2005）

(1)　吉爾吉斯斯坦在蘇聯解體之時獨立成國。國內有親俄派和親美派。當親俄人士在總統選舉中勝出時，親美民眾認為大選不公舞弊。親俄總統被迫出走到俄羅斯。[9] 根據《紐約時報》的報導，美國官方及非官方都給親美人士提供援助，藉以趕走親俄總統。這些援助包括美國的「非政府組織」提供資金和美國大使館協助印刷，使用黃色和設計「幹吧！幹吧！」的口號等等。這一場運動亦是既有「顏色」，也有「口號」。吉爾吉斯斯坦亦成為了「顏色革命之都」。

(2)　親美政府執政之後，美國在其境內開始有駐軍。美國在中亞的軍事基地（「瑪納斯空軍基地」／ Manas），越來越接近俄羅斯和中國。

(3) 這個親美的政權，其獨裁和貪腐程度遠勝之前的政府。它成為了世界上二十個貪腐程度最高的國家之一。五年之後，吉爾吉斯斯坦終於發生了「反暴政革命」。

42.6 烏克蘭的再度「革命」（2013-2014）

(1) 在「橙色革命」之後，親歐美的總統上了台。烏克蘭仍然是困難重重。數年之後，親俄派的代表在總統大選中勝出。當他決定靠向俄國之時，親歐派發動群眾廣場運動，推翻了他。[10]

(2) 美國是這個廣場運動的幕後黑手。美國國會參議員（保羅／Ron Paul）說美國透過「國家民主基金會」等機構，向烏克蘭投入大量資金，協助烏克蘭「發展民主」[11]。普京問：為何「國家民主基金會」在烏克蘭支持六十五個項目？[12]

參考：
(1) William Engdahl, *Manifest Destiny*, p. 135
    Richard Haass, *A World in Disarray*, p. 95
    Jeffrey Sachs, *A New Foreign Policy: Beyond American Exceptionalism*, pp. 72-73
(2) Andrew Alexander, *America and the Imperialism of Ignorance*, pp. 227-230
    曼德爾邦（Michael Mandelbaum），《美國如何丟掉世界？》（*Mission Failure: America and the World in the Post-Cold War Era*），pp. 101-112
(3) Michel Chossudovsky, *America's "War On Terrorism"*, pp. 72-73
    Noam Chomsky, *Who Rules The World?*, p. 45
(4) Michael McFaul, *From Cold War To Hot Peace*, p. 68, p. 131
    William Engdahl, *Manifest Destiny*, pp. 152-157
    江涌，《誰在操縱世界的意識》p. 276
(5) William Blum, *Freeing The World To Death*, p. 167
(6) William Engdahl, *The Lost Hegemon*, pp. 33-35
    William Engdahl, *Manifest Destiny*, p. 157
(7) Condoleezza Rice, *Democracy*, pp. 179-183
    Ron Paul, *"What Has NED Done in Ukraine?"*, December 9, 2004
    William Engdahl, *Manifest Destiny*, p. 147, pp. 158-161
(8) Michael McFaul, *From Cold War to Hot Peace*, p. 69
    William Engdahl, *Full Spectrum Dominance*, pp. 43-46
    Douglas Valentine, *The CIA as Organized Crime*, pp. 129-143
    Condoleezza Rice, *Democracy*, pp. 179-183
(9) 江涌，《誰在操縱世界的意識》，p. 399
    俞力工，《反恐戰略與文明衝突》，p. 137
(10) Condoleezza Rice, *Democracy*, pp. 190-199
(11) Ron Paul, *US 'Democracy Promotion' Destroys Democracy Overseas, MISES WIRE*, March 3, 2014
(12) William Blum, *America's Deadliest Export: Democracy*, pp. ix-x

美國對華態度

43.1　晚清時期

(1)　商人

美國人喜歡從商取利。他們在立國後短短八年,其商船(「中國皇后號」)已經從紐約遠洋到達廣州,揭開了中、美關係的序幕。幾十年之後,美國人忙於運送鴉片到大清販賣,成為了僅次於英國的第二大貿易國。當時「美國海商成群結隊以同樣的方式走私鴉片,大發黑心財」。[1] 大清與英國爆發「鴉片戰爭」之時,美國在背後支持英國,成功逼使大清與美國簽下了《望廈條約》。美國人說這一個美、中的第一個條約,有益於中國,「不僅與中國建立正式邦交,還給予中國港口最惠國待遇」。[2]

(2)　傳教士

傳教士很早便來到大清。他們在大清進行傳教和慈善工作。當時的美國駐清大使(田貝/Denby)說過「傳教士是貿易和商務的先鋒」。[3]

自古以來,不單止宗教被政治利用,傳教士是不是亦被政客和商人利用?

(3)　「門戶開放」

中國人多,潛在市場大。美國人是不會放過這一個大市場的。百多年前,美國走向太平洋,強佔菲律賓,便是為了方便其商人在中國做買賣。美國總統(墨金萊/McKinley)說過:「我

不知道甚麼領土野心不領土野心，假如有一天中國被瓜分，我們也可以取得一塊嗎？」可惜美國來遲了。當美國人忙於打內戰之時，歐洲列強（尤其是英國和法國）已經「進入」了這一個龐大的市場，更在各地建立了勢力範圍。美國不能讓各國把中國瓜分了，便心生一計，要求各國「保持中國的主權和領土完整」及實行「門戶開放」。

美國不久之前是怎樣對付追求獨立和自由的菲律賓人？美國真的會關心中國的「主權」和「領土完整」嗎？當然是不會的，這只是美國希望藉此打開已被歐洲列強霸佔了的勢力範圍，以防歐洲列強和日本獨佔中國市場。美國「門戶開放」政策之目的，是你們歐洲人賺錢之時，不要「獨食」，「還有我」（"me too"）。[4]

(4) 既「硬」（炮艦）且「軟」（教育）的戰略

美國參加「八國聯軍」，從天津打到北京。在戰勝之後，美國把大清的賠款用來給中國學生赴美留學，又在北京成立了清華學堂。

為甚麼美國會對中國這麼好？答案已寫在當年美國伊利諾大學校長致總統（狄奧多‧羅斯福／Theodore Roosevelt）的信上。他謂要把中國學生請來美國，「通過在智育和精神上控制它的領袖人物——藉此控制中國的發展」。今天的年輕精英，可能成為明天的領袖。他希望「支配中國的領袖」，使中國「效法美國」。[5] 美國大使（田貝）說：「在美國留學的中國人回國時已經會偏向於美國和美國貨。」美國人說「贏得領導人，就能贏得帝國」。[6]

43.2　中華民國（從 1912）

(1) 美國利用日本在亞洲牽制蘇聯。與此同時，美國和日本亦互相爭取在中國的利益。美、日在中國各取所需。

(2) 第一次世界大戰之後，日本和中國都是戰勝國。在和平會議中，美國同意把德國佔領的山東土地由日本來繼承。還有，在中國的力爭之下，美國仍然不願意放棄與大清定下的「不平等條約」。當時有不少中國人對美國失望，改為以俄國為師，而中國共產黨亦成立了。

(3) 美國與共產主義勢不兩立。美國支持蔣介石，基本上實行「扶蔣反共」政策。

(4) 日本先在滿洲出兵，又進佔上海。美國當時正值處於經濟危機，既無心亦無力阻止日軍的行為。無論如何，美國想利用日本在亞洲牽制蘇聯。國民政府面對日本的侵略，只可「苦撐待援」，直至太平洋戰爭的爆發。

美國有沒有讓中、日纏戰，實行坐山觀虎鬥，使到中、日兩國都無力抵抗美國的控制？[7]

(5) 中國抗日勝利之後，發生了「國共內戰」。美國不欲見到中國成為蘇聯的「附庸」，便支持國民黨。但是，國民黨仍然被共產黨打敗。中華人民共和國成立。

43.3　韓戰（1950-1953）：美國考慮向中國投下原子彈

韓戰爆發了。美國不聽毛澤東所言（不要越過南、北韓分界），揮軍北上，更推進到中國邊界。中國「自願軍」參戰不久，美國便討論使用五十個原子彈對付中國。中共立國剛一年，一窮二白，又明知美國有原子彈，竟敢向美國開戰。戰爭拖拉了二年半有多，美軍仍然不能戰勝。

43.4 美國封殺中國（1950-1972）

美國承認台灣為中國的政府，和台灣維持外交關係。美國在東北亞的政策，亦由「扶華制日」變成「扶日反華」。美國希望日本加強軍備，成為它在亞洲的反共基地。美國實行遏制、封鎖和孤立中國。美國對中國進行貿易禁運前後有二十一年之久。中、美隔絕，沒有外交關係。據說，在此期間只有一千五百個美國人到過中國。話說在 1950 年代「美國人所知道的中國，都是中央情報局從台灣發出的加工改造新聞」[8]。

43.5 韓戰之後，美國曾經三次考慮向中國投下核武

(1) 第一次台灣海峽危機（「九三炮戰」）（1954）

美國（艾森豪威爾／Eisenhower）增強對台灣的經濟和軍事援助，甚至有「放蔣出籠」（不再限制他反攻大陸）的氣氛。在此期間台灣在金門和馬祖增兵。金門是一個島，在廈門附近。馬祖亦是一個島，在福州附近。兩個島都是遠離台灣而靠近大陸的。但是，兩個島都是有台灣駐軍。中國突然間炮轟金門和馬祖。美國曾經考慮使用核武助台灣防禦。當時美國總統說使用核武就像「使用子彈和其它東西一樣」[9]。美國與台灣簽署《共同防禦條約》給予台灣提供軍事保護傘。

(2) 第二次台灣海峽危機（「八二三炮戰」）（1958）

中國與蘇聯關係轉差。台灣的「反攻大陸」宣傳升溫，更在大陸十一個城市上空投散宣傳品。中國轟炸金門四十二天。美國迅速在台灣海峽集結了七艘航空母艦，話說這是美國歷史上最大的一次海上兵力集結。美國既要阻止蔣介石「反攻大陸」，亦要阻止毛澤東「解放台灣」。在此期間美國考慮用原子彈轟炸廈門機場。[10] 順帶一提，根據美國的解密檔案（「1959 年

原子彈需求研究」），講述如果美、蘇大戰，美國在中國會有一百一十三個核武器的投彈點，包括北京、上海、成都。

(3) 中國成功進行原子彈試驗（1964）

美國曾經考慮在中國成功開發出原子彈之前，對中國設施發動先發制人的核武攻擊。[11] 美國總統（詹森／Johnson）說中國試爆是「自由世界最黑暗，最富悲劇性的一天」。

當中國還沒有原子彈時，美國曾經四次考慮向中國使用核武，又構想在中國各城市投下一百一十三個核子彈。為甚麼中國試爆成功會是「自由世界最黑暗、最富悲劇性的一天」？

43.6 越戰（1965-1973）

在越戰期間，中國大規模地向北越提供各種援助。當時「中國人民志願工程隊」（「中國後勤部隊」）穿著越南軍人的制服做後勤工作（包括防空部隊、工程兵、鐵路兵）。中國明示如果美軍地面部隊越過南、北越邊界，中國便會參戰。美國以韓戰為鑑，並沒有這樣做。

43.7 尼克遜（Nixon）（1969-1974）

(1) 中、蘇關係破裂時，美、蘇關係亦惡化。尼克遜一向都是「反共親台」的。但是，美國的最大敵人是蘇聯。美國要利用中國和蘇聯的對立來制衡蘇聯。他冒著國內反對之險，走上了對中國「接觸及參與」之路。在乒乓外交之後，他訪問中國。話說當時的隨行記者「感受到了馬可孛羅當年的興奮」。中、美發表《上海公報》（1972），同意兩國關係正常化。

(2) 美國政策開始走向「聯中制蘇」。美國宣告中國的繁榮和穩定是符合美國利益的。中國和美國的交往開始增多。但是，美國

仍然承認台灣為「中國政府」和與它保持「外交關係」。中國堅持「美國必須與台灣斷絕關係，廢除《共同防禦條約》以及全面撤離駐台美軍」。中、美不能在台灣問題上達成共識，成為了中、美建交的障礙。

(3) 美國不願意見到蘇聯在共產世界獨大。當蘇聯企圖對中國進行核攻擊之時，美國警告蘇聯如果這樣做，便是第三次世界大戰的開始。

這個世界是沒有無緣無故的「保護」的。當時美國是不是要利用中國來制衡蘇聯，才有此反應？

43.8　卡特（Carter）（1977-1981）

(1) 隨著美、蘇「冷戰」的升級（蘇聯入侵阿富汗），美國急於和中國建交。美國無奈接受中國定下來有關台灣「斷交」、「廢約」和「撤軍」的三大原則，終於和中國建交（1979）。美國承認中國是「中國的唯一合法政府」。美國一個「如此重大的決定竟然在七小時前才通知」台灣。美國陷入了一場「誰出賣了台灣」的辯論。

(2) 鄧小平應邀訪美，開啟了十年的中、美合作對抗蘇聯時期。鄧小平對卡特說：「不論蘇聯在那裏伸出其手指都必定要把其手指斬斷。」[(12)] 他回國後十數天，中國便出兵「教訓」越南。美國剛敗走越南，面目無光，自然會樂見中國「教訓」越南。

(3) 在中國的問題上，美國國會（立法機構）是「反中親台」的。美國國會制定了《台灣關係法》，授權美國政府繼續維持美國人民與台灣人民的商業、文化及其它關係。還有，「為了幫助維持西太平洋的和平、安全和穩定」，這個國內的法律授權美國政府對台灣出售「防禦性武器，以使它維持足夠的自我防禦能力」。中國對此大為不滿。

43.9 列根（Reagan）（1981-1989）

(1) 列根在競選總統之時批評卡特對中國軟弱，又宣稱有意與台灣重新建立關係及出售先進軍機給台灣。但是，他當選之後，由於美、蘇「冷戰」的加劇，美國不想把中國推到蘇聯那一邊。美、中發表了《八一七公報》（1982），同意規範美國對台灣售賣軍備，「向台灣出售的武器在性能和數量將不超過中美建交後近幾年供應的水準，它準備逐步減少它對台灣的武器出售」。台灣對這個《八一七公報》，甚為不滿。由於美國和中國都視蘇聯為敵人，所以兩國關係得到快速發展，包括互訪軍事基地和設施。中國國家主席（李先念）訪問美國。八十年代，可以說是中、美關係最好的時期。前中國外交部長（李肇星）說：「列根在任上為中美關係所做的好事，中國人民不會忘記。」[13]

真是世事無絕對，一個反共的總統在任期間，竟然是中、美關係的蜜月期。理由很簡單，因為他們都有一個共同的敵人：蘇聯。

(2) 美國以尊重人權為理由，給中國運動員胡娜「政治避難」。這是美國對中國「人權外交」的第一個重要事件。此外，美國譴責中國在西藏侵犯人權，又同意達賴喇嘛訪美。美國國會透過每年給中國「最惠國待遇」（後來易名為「永久正常貿易關係」）的機會，提出人權問題，把貿易和人權掛鈎（1980-2001）。

43.10 「老布殊」（George H.W. Bush）（1989-1993）

(1) 「老布殊」曾經是美國駐華聯絡主任。在此期間，他經常騎單車穿行北京大街小巷，得到了「自行車大使」之稱。他成為總統之後的第二個月便出訪中國。

(2) 蘇聯解體，美國再無需要利用中國抗衡蘇聯。「六‧四事件」之後，美國（尤其是國會）敵視中國，既制裁中國（包括對先進技術轉移的限制），亦處處為難。但是，「老布殊」這位中國的「老朋友」留有餘地，並沒有全面孤立中國，仍然保持溝通渠道。美國亦保持了對中國的「最惠國待遇」。

(3) 美國總統批准出售一百五十架高性能的 F16 戰機給台灣。美國國會宣佈西藏為「被佔領國家」。中、美關係在他任內高開低走，麻煩不斷。

43.11 克林頓（Clinton）（1993-2001）

(1) 克林頓在競選總統時，譴責在「六‧四事件」中的「北京屠夫」，又批評「老布殊」對中國軟弱。克林頓曾經把人權和「最惠國待遇」掛鈎，但這只是維持了一年便脫鈎。隨之而來是「克林頓大逆轉」。他的對華政策是既「接觸」亦「圍堵」。中、美宣佈核武互不瞄準對方。克林頓主張對中國「全面交往政策」，構築了「美中建設性戰略夥伴關係」。他給人一個「親中抑日」的印象。美國重申「三不政策」：不支持台獨，不支持「一中一台」，不支持台灣加入國際組織。美國表示會遵守「一個中國，兩岸對話，和平解決」的三支柱。

(2) 中、美關係可以說是多事之秋：中國商船「銀河」號事件和美國簽證給李登輝總統訪美。更大件事的，是台灣民選總統之時，中國發動飛彈軍演，美國出動了兩艘航母戰鬥群（第三次台灣海峽危機）。還有，美軍「誤炸」在貝爾格萊德的中國大使館。中、美關係可以說是大起大落。

這四十年來，似乎每一位參選總統人士，都批評總統對中國不夠強硬。但是，一旦當選之後，他們便會由硬變軟。人權總統（卡特）和中國建交。反共總統（列根）和中國發表《八一七公報》。把北

京形容為「屠夫」的克林頓和中國「全面交往」。其實，多年來中國是不是已經變成了美國國內政治的「選票提款機」？

43.12 「小布殊」（George W. Bush）（2001-2009）

(1) 談判了十五年之後，中國終於以「發展中國家」的身份加入「世界貿易組織」（2001）。美國給中國定下的苛刻條件，使中國總理（朱鎔基）被部分國民認為他簽了一個「不平等」，甚至「賣國」條約。美國人著書立說，提出「中國崩潰論」，認為中國政治經濟體制在加入「世貿」的衝擊下將會走向崩潰或者「支爆」。

不少美國人（亦有些香港人）到了今天是不是還樂於相信，甚至迷信「中國崩潰論」和「支爆」論？

(2) 「小布殊」認為中、美關係是「戰略競爭」關係而不是「戰略夥伴」關係。他視中國「非敵亦非友」。美戰機與中戰機在南海空中碰撞。不久之後，美國年度軍售台灣項目之規模變為非常大。美國在「9.11 事件」之後和中國的關係轉為緩和。美國繼續給予中國正常貿易待遇（舊稱「最惠國待遇」）。

(3) 在對台政策方面，「小布殊」對「一個中國」的詮釋是：美國一方面不支持台灣獨立，另一方面亦不支持中國以武力解決台灣問題。他說「我們不否認『一個中國』，但是我們否認北京有權對一群自由的人民強加統治」。他又說：「萬一中國決定對台採取行動，我要協助台灣自衛。」他說美國會「竭盡所能幫助台灣自衛」。正如中國前外交部長（李肇星）所說：「自尼克遜以來，沒有一位美國總統做過這樣的表示。」

對美國來說，中國和台灣維持現狀是符合它的國家利益的。如果台灣宣佈獨立，美國將會陷入戰爭危機；如果兩岸統一，美國便不能繼續左右逢源。

43.13　奧巴馬（Obama）（2009-2017）

(1)　美國爆發金融風暴，需要中國幫它渡過難關。美國認為在國際大事之中，尤其是在伊朗、北韓和氣候暖化方面，需要中國的合作。奧巴馬和胡錦濤宣佈成立史無前例的「中美戰略與經濟對話」，以方便兩國的高層定期對話。中、美簽了一個《聯合聲明》，確認中、美雙方將共同努力，建設互相尊重、互利共贏的合作夥伴關係。多年來，美國對中國實行「接觸、合作、影響、改變」政策，希望中國會按照美國的那條道路向前走。美國期望中國加入「世貿」之後，便會朝著更加寬鬆、更加市場化的方向發展，而在經濟發展之後，會朝著更加民主的方向轉變。

其實，美國所講的「合作」，是不是基於一個大前提，是要在美國定下來的「國際秩序」（以美國為「一哥」）之下的「合作」？

(2)　奧巴馬宣稱「美國絕不做老二」，矛頭直指中國。美國國務卿（希拉莉／Hillary Clinton）發表「重返亞洲」和「亞太再平衡」的政策。中、美之間的矛盾，包括美國對台軍售、奧巴馬會見達賴、韓國「天安艦」事件、釣魚台事件等。

(3)　美國定下來的「國際秩序」，對美國有利。中國認為長久下去是不行的，亦是不公平的，便似乎欲「另起爐灶」。在2013-2015年間，中國提出「一帶一路」計劃（把亞洲、歐洲和東非連接起來，成為沿線國家經濟建設、商業貿易、文化交流等等的平台），設立「亞投行」，發表「中國製造2025」（講述實施製造強國戰略的第一個十年行動綱領，規劃了十大重點研發領域），設立「人民幣跨境支付系統」和在南沙造島。

43.14　特朗普（Trump）（2017-2021）

特朗普上任後向中國展開多方面的戰爭（貿易、貨幣、科技、金融等等），說美、中經濟要脫鈎。美國副總統（彭斯／Pence）的一個演說，被視為集「屠龍派」觀點之大成。他說：「中國……企圖改變國際秩序，使其對它有利……當中國正飽受……『百年恥辱』之時，美國……提倡『門戶開放政策』，使我們得以有更自由的貿易和保存中國的主權……美國傳教士……在中國成立最早和最好的大學……二戰時期，美國和中國站在一起對帝國主義作戰，而戰後美國幫助中國成為聯合國的憲章會員……蘇聯解體之後……美國同意向中國開放它的經濟，又把中國帶入世貿……中國的成功大多是因為美國投資啟動的。中國共產黨利用與自由和公平貿易不符的政策為武器，包括關稅、配額、操控匯率、強迫技術轉移、盜竊知識產權和工業補貼……是這些政策建成了北京製造業的基礎，但這卻是要其競爭者尤其是美國付出代價，使美國有貿易赤字……正如特朗普總統這一個星期所說：是我們在過去的二十五年重建中國的。」美國國務卿（蓬佩奧／Pompeo）發表「共產主義中國及自由世界之未來」演說，被視為對中國開啟「新冷戰」的宣言。他說「直至中國改變前，世界不會安全」。他倡議建立「民主聯盟」以「改變中國」。美國拉幫結派，希望建造一個國際性的反中大聯盟。美國的「反中」情緒已經不是特朗普的問題，亦不是共和黨或民主黨的問題，而是大多數美國人的情緒。

美國副總統把美、中關係說成美國是耶穌，打救中國。其實當年尼克遜紆尊降貴，遠道而來，是不是為了尋求中國的幫忙，解決越戰問題，是要「聯中抗蘇」？當年卡特放棄台灣和中國建交，是不是因為美國更加需要中國抗蘇？當年美國不反對中國加入「世貿」，是不是這方便它的商人進入龐大的中國市場？當年美國商人在中國設廠，是不是他們的商業決定，以減低成本？長話短說，美國是

不是「為利而來」的？與此同時，中國和美國做了朋友之後，亦從中取利，而且大國崛起了。中國不是聽聽話話的英國或日本。美國怕中國會取代它「一哥」的地位。美國要「處理」中國了。美國國務卿把美、中的問題講成「文明」與「野蠻」，「民主」與「獨裁」，「自由」與「專制」，「光明」與「黑暗」……其實，一路以來，美國是不是「為利而來，為利而往」而卻要包裝成「為義而來，為義而往」？

參考：
(1) 布萊德利（James Bradley），《中國幻象》（*The China Mirage: The Hidden History of American Disaster in Asia*），p. 38
(2) 白邦瑞（Michael Pillsbury），《2049百年馬拉松》（*The Hundred-Year Marathon*），p. 167
(3) 布萊德利（James Bradley），《中國幻象》（*The China Mirage: The Hidden History of American Disaster in Asia*），p. 51
(4) 資中筠，《美國這樣走來（修訂版）》，p. 109，p. 159
(5) 劉大年，《美國侵華史》，pp. 87-88
江涌，《誰在操縱世界的意識》，pp. 151-152
(6) 布萊德利（James Bradley），《中國幻象》（*The China Mirage: The Hidden History of American Disaster in Asia*），p. 52
Jerry Israel, *Progressivism and the Open Door: America and China*, 1905-1921, p. 19
George Herring, *The American Century & Beyond*, p. 55
(7) 白邦瑞（Michael Pillsbury），《2049百年馬拉松》（*The Hundred-Year Marathon*），p. 166
(8) 布萊德利（James Bradley），《中國幻象》（*The China Mirage: The Hidden History of American Disaster in Asia*），p. 335
(9) George Herring, *The American Century & Beyond*, pp. 364-365
Peter Navarro, *The Coming China Wars (revised and expanded edition)*, p. 155
奈伊（Joseph Nye, Jr.），《強權者的道德》（*Do Morals Matter? Presidents and Foreign Policy from FDR to Trump*），pp. 130-131
(10) Henry Kissinger, *On China*, pp. 152-158
George Herring, *The American Century & Beyond*, pp. 364-365
(11) Jim Mann, *"U.S. Considered '64 Bombing to Keep China Nuclear-Free", Los Angeles Times*, September 27, 1998
(12) Henry Kissinger, *On China*, p. 364
Michael Pillsbury, *The Hundred-Year Marathon*, p. 72
(13) 李肇星，《說不盡的外交》，p. 20
Michael Pillsbury, *The Hundred-Year Marathon*, p. 78

美國搞亂中國

44.1 「和平演變」

(1) 美國多年來希望透過武器化了的「軟實力」來「和平演變」中國。美國尋求以政治、經濟和文化滲透中國，要用美國的價值觀改變中國人，希望多些中國人發「美國夢」。鄧小平早便說過：「西方國家正式在打一場沒有硝煙的第三次世界大戰。所謂沒有硝煙，就是要社會主義國家和平演變。」

(2) 早在有百多年前，美國大學校長（詹姆士）在他給總統（狄奧多‧羅斯福／Theodore Roosevelt）的信指出：「哪個國家能夠做到成功教育這一代中國青年，哪個國家為此付出的一些努力，就會在道義、文化及商業的影響力方面獲取最大的回報……我們可以通過文化知識上和精神上對中國領袖群體起主宰作用，以最令人滿意又最微妙的方式控制中國的走向。」
(1)

(3) 美國總統（甘迺迪／Kennedy）說要「通過援助、貿易、旅遊、新聞事業、學生和教師的交流，以及我們的資金和技術」來具體實現「和平演變」的戰略目標。

(4) 美國總統（克林頓／Clinton）說：「美國不是通過武力，而是通過訊息、國際交流以及類似的軟手段來破壞中國的共產主義制度，在中國對此持任何異議的人都無法阻止。」

(5) 一如過往，美國政府方便做的，便自己做；不方便做的，便讓美國國會去做；美國國會不方便做的，便讓「中情局」秘密地

做；「中情局」不做的，便由「非政府組織」（尤其是「國家民主基金會」）去做。

美國是不是希望可以在中國重演在蘇聯「不戰而屈人之國」？如果有人問美國政府有沒有搞亂中國，它的答案肯定是「沒有」。因為「中情局」做了亦不會承認，而「非政府組織」並不是政府的一部分！正如美國「國家民主基金會」的前主席承認，此「國家民主基金會」「今天所做的大部分工作，二十五年前是由『中情局』偷偷摸摸地做的」。[2] 因此，若要理解美國怎樣企圖以「和平演變」搞亂中國，是不是要細看各「非政府組織」尤其是「國家民主基金會」在中國的所作所為？

44.2　肢解中國？

因為團結便是力量，所以美國的戰略往往是把敵人解體。美國之前已經不費一兵一卒地把蘇聯解體。美國怕阿拉伯人團結，已經把阿拉伯世界搞到天昏地暗，日月無光。美國的下一個目標，自然是可能會挑戰它「一哥」地位的中國。美國樂見中國解體，以除後患。中國少數民族居住的新疆和西藏，地大人少，資源豐富。另一方面，漢人多而相對上所佔的土地和資源都是比較少。如果中國失去了新疆、西藏，中國便不能成為強國，可能連生存也會成問題。美國想搞亂中國，自然會從新疆和西藏下手。

如果中國分裂，自然會有親美的、親俄的、親日的、親韓的、親土耳其的、堅持統一的、主張分立的、富有的、貧窮的、漢人的、非漢族的、北方的、南方的、沿海的、內陸的等等的「國家」出現。國與國之間，利益自然會有所衝突。動口之後很快便會動手，而自然會有人去找外援。還有很多「國外勢力」在背後推波助瀾。中國是不是很快便會出現幾十倍「敘利亞」式的悲劇？美國會不會又在其高原訓練西藏戰士，然後把他們送回西藏戰鬥？美國會不會重施

故技，把世界各地的伊斯蘭教的「聖戰者」送到新疆打「聖戰」，實行「讓中國人經歷他們的越南」？到時，美國是否又會在台前講大道理，而繼續會有我們的精英相信它，更仍然會有人搖頭擺腦地朗誦它領導人詩歌式的良言美語？美國是否會在幕後偷笑，並樂於大賣軍火給各方，製造第二個中東，然後安枕無憂地繼續做其「世界一哥」？美國是不是會一如既往為親美的「國家」維穩，而給反美的「國家」輸出民主、自由和人權，直至它們變成親美？前車可鑒，中國人是不是不能掉以輕心？

44.3　新疆

(1) 新疆佔中國領土的六分之一，約有四十六個台灣之大！新疆不單地大，而且物博。新疆人口最多的民族是維吾爾族人。他們信奉伊斯蘭教。基於各種原因，新疆真的是問題多多（包括民族、宗教、文化、語言、教育、人口）。多年來，「維吾爾族獨立運動」鼓吹新疆為「東突厥斯坦」。新疆既有內憂，亦有外患。

(2) 美國自然會伺機在新疆製造更多的問題。「中情局」在新疆的活動，包括在阿富汗境內的「疆獨訓練營」提供「顧問團體」。美國的「國家民主基金會」每年撥二十一萬五千美元給「世界維吾爾代表大會」。這一個會的宗旨是「凝聚全球維吾爾人的力量，為推動、實現東突厥斯坦的民主和人權而奮鬥」，把新疆問題國際化，推動新疆脫離中國，成立「東突厥斯坦」。這一個「代表大會」的活動，包括在華盛頓開了一個「維吾爾人民的人權抗爭」和一個「東突厥斯坦：六十年中國之下的管治」會議。另外，它在華盛頓舉辦了一個「東突厥斯坦維吾爾族人民之未來」的會議。著名新疆異見人士（熱比婭・卡德爾／Rebiya Kadeer）獲得美國政治庇護。她在美國成立了一個名

為「東突厥斯坦人權發展基金會」。美國政府資助的「自由亞洲廣播電台」，設有向新疆播送的維語節目。[3]

當然，美國是有言論和集會自由等等。但是不知道它有沒有向沙地阿拉伯和埃及播放民主、自由和「美國夢」等等的「福音」？亦不知道「國家民主基金會」等的「非政府組織」有沒有在沙地、埃及這些親美國家舉行相關的大會？美國國會有沒有關心沙地和埃及人民的人權狀況？你有沒有聽過美國政府要制裁任何沙地的王室或埃及的軍人？

44.4　西藏

(1)　西藏發生動亂，達賴喇嘛出走，在印度成立流亡政府。達賴是想借助美國的勢力，以武力推翻中國在西藏的管治。在 1950-1960 年代期間，美國「中情局」在科羅拉多州（Colorado）一帶高原訓練藏人游擊隊，利用流亡藏人在中國從事破壞工作，又給達賴每年提供十八萬美元 [4]。多年之後，達賴批評「中情局」當年「支援西藏獨立運動並非因為關心西藏獨立，而是顛覆全世界的共產政府行動的一部分」。[5]達賴的二哥（嘉樂頓珠）亦寫了《噶倫堡的麵條商：西藏抗爭中我不曾講述的往事》（The Noodle Maker of Kalimpong: The Untold Story of My Struggle for Tibet）這本自傳，後悔當年接受「中情局」的軍事援助，指責美國為自己的利益而刻意挑起矛盾。他說：「我這一生只有一個遺憾，那就是我跟『中情局』的來往。一開始，我真的相信美國人會幫助我們爭取獨立，最後，我才明白『中情局』無意幫助圖博成為獨立國家……他們只想製造麻煩困擾，利用圖博人在中國與印度之間播下誤解與不和的種子。他們最後當然是成功了。1962 年的中印邊界戰爭就是其悲劇的後果。」[6]

達賴逃離西藏之時，印度總理（尼克魯／ Nehru）似乎有先見之明。他對達賴說：「如果你到西方國家求助，只會『看似一件商品』……」今時今日，世界各地（包括香港）是不是仍然有不少人士以為美國真正關心他們的民主自由而自動獻身成為美國的「商品」？

(2) 美國和中國建交之後，便停止在軍事上支持西藏。達賴明白「我們人口有六百萬人，中國卻有十億！打算用暴力是很愚蠢的行為……」當達賴知道沒有了「他力」（美國）是不可能成功之時，他便面對現實，改行「和平」及「非暴力」之路。他搖身一變，變成了一個講和平、講人權、講自由的精神領袖，而他亦獲得了諾貝爾和平獎。[(7)]

西方社會和達賴創造出一個神話式的西藏，一個虛擬的香格里拉的西藏，一個令人神往的人間天堂。人們講到達賴，便想起一個慈祥和充滿愛心的老人家。一想起西藏，內心便浮現出一幅如詩如畫的香格里拉。西藏流亡政府，尤其是達賴，形象工程是做得十分成功的。在這一方面，中國的公關（包括常常把「自古以來」和「依法辦事」掛在口邊）是差勁的。講者面黑，聽者反感，老外偷笑。還有，究竟漢人有多了解西藏？達賴說：「在西藏議題上，很難從中國媒體和教科書中得到正確的資訊。」為甚麼？答案是不是我們「自古以來」只是從中央看周邊，而沒有真正地從周邊看中央？

(3) 中國有沒有「妖魔化」達賴時代的西藏？究竟當年達賴統治下的西藏是一個甚麼的社會呢？它是不是人們心中的香格里拉呢？第一，它是神權統治。第二，它是農奴制度。因此，達賴統治下的西藏，並無民主、自由、人權、法治可言。

從常理和常識來看，一個神權和農奴社會，會是小說中的「香格里拉」嗎？當年達賴是特權階級之首。在他統治下的嚴刑峻

法，是不是包括挖眼、刑足、割舌、砍手、推崖、溺死等？當時監獄用來懲罰農奴的刑具，是不是包括鐵火印、夾手棍、挖眼兇器？請查看達賴統治西藏期間，有沒有為達賴用人皮祀壽的事件（「下密院全體人員須念忿怒十五施食回遮法，為切實克成該次佛事，須於當日拋食，急需濕腸一副、頭顱兩顆、各種血、人皮一整張」）？有一個學者（李敖）問：「諾貝爾獎評審委員們，大概沒有看到那張人皮吧？」[8]

(4) 達賴希望重回到西藏繼續他的統治。話說他在印度的流亡政府推廣民主。

　　如果他一朝回到西藏執政，你相信他會把從前的農奴制度改為民主、自由和有人權的制度嗎？試想，如果達賴回到西藏，他頭上諾貝爾和平獎的光環可以維持多久？君不見昂山素姬（Aung San Suu Kyi）的先例？古今中外，從來都是批評容易建設難。還有，如果有這一天，人民當家作主之後，他們的要求和不滿會不會與日俱增？到時美國人來了，印度人來了，俄羅斯人來了，土耳其人亦可能來了，爭相要「幫助」對政府不滿的西藏人。如果達賴選擇「親美」的話，你想美國會在西藏「維穩」還是透過「國家民主基金會」輸出「民主」，鼓勵藏人向達賴爭取「民主」？

(5) 美國多年來在打「西藏牌」和「達賴喇嘛牌」。美國一直都直接或間接支持西藏流亡政府。根據美國「國家民主基金會」的報告，在五年內（2002-2006），它向達賴集團提供了一億三千五百七十七萬美元的資金援助。「藏青會」堅持西藏獨立，而美國的「國家民主基金會」亦長期資助這個「藏青會」。[9]

美國為甚麼支持達賴呢？這個世界有很多人既沒有民主，亦無自由，甚至連溫飽也有問題。美國是否真的關心西藏人民的民主和自

由？且看沙地或埃及這些美國多年的盟友，其人民有多少民主、自由或人權？美國有沒有關心沙地人民或者埃及人民的民主和自由？試想，如果中國指控美國對其原住民不公平，最先支持他們以武力推翻美國的管治（包括提供武器和訓練軍隊），後來改為以「和平」手段鼓吹自治，以協助他們重回到白人入侵北美洲前的「人間天堂」，美國又會怎樣回應的呢？如果中國透過一個「非政府組織」，名為「中國模式基金會」，在原住民中宣揚「中國模式」，資助原住民，教他們以「和平」的手段反政府及「爭取」權益（包括宣傳、教育、組織遊行、示威、發動「廣場」或「顏色」運動），美國又會如何的呢？己所不欲，勿施於人？

44.5 台灣

(1) 美國視台灣為一艘在中國大陸旁邊「不會沉沒的航空母艦」。美國政府雖然「承認中華人民共和國是中國唯一合法政府」，並與台灣斷交，但是美國總統轉頭便簽署國會的《台灣關係法》，又在台灣設立「美國在台協會」。美國總統（克林頓）說美國賣武器給台灣，以使台灣可以與中國取得到「軍事平衡」而達到「威懾性和平」。另一位總統（「小布殊」／George W. Bush）更說美國會「竭盡所能協助台灣自衛」。近年，美國打「台灣牌」愈來愈出格。美國一步一步地架空「一個中國」的承諾。美國國會立了一個《台灣旅行法》，又在《國防授權法》要求加強與台灣的關係。美國更通過《2019 台灣保證法》，要求政府對台灣軍售常態化。美國重啟美台貿易協定會談，支持台灣加入國際組織等等。

(2) 台灣沒有條件向美國說不，要聽命於美國。當時身在獄中的前台灣總統（陳水扁）說過：「台灣好像長期被美國視為乖寶寶，聽話的好學生。」他曾「要求」美國承認他是「美國軍政府代

理人」。他說在他的八年總統任內，他其實是美國軍政府在台灣的行政長官，始終服從美國軍政府的旨意，在許多事情上都接受「美國在台協會」主席的指示。他的說法，不可以盡信。可是美國對台灣的影響之大，是公開的秘密。

美國視台灣為棋子，利用台灣來牽制中國。所謂台海危機，基本上是不是「美國製造」出來的？

44.6 香港發生了「佔中」，「反送中」和立了《港區國家安全法》

香港有些「後物質年代」的年輕人追求他們心中的「公義」、「自由」和「民主」。他們怕香港被「大陸化」，要保護「本土」的核心價值。他們苦見上一代的抗爭者「和、理、非」了二十多年，仍然是一事無成。他們認為上一代給他們留下了一個「爛攤子」。凡此種種，開始有人基於自己的「公義」去「違法達義」，甚至有人更進一步以「勇武達義」。亦有人說「有些時候」武力是解決問題的方法。

(1) 世界上每個社會都有它的問題。有些社會既有民主，又有法治，卻仍然是問題多多，甚至似乎是束手無策。有些社會雖有法治，卻無民主。有些社會雖有民主，卻無法治。長話短說，這個世界是不完美的，「大同」仍是一個夢。人類歷史是不停地在「正」、「反」、「合」的過程中向前推進。時快時慢，有時更會倒退。和平改革之路，往往都是漫長的。透過民主過程的改革，往往是更加漫長的。因為民主社會要考慮你、我、他的利益，而在法治社會各方勢力又可以用盡程序（包括立法和司法）來達到他們的目的。另一方面，革命往往會是非常之血腥，代價極大。還有，請不要忘記，我們今天面對的政府，並不是民國初年的軍閥政府，更不是當年的秦始皇。香港雖然民主不足，但卻是一個自由和法治的社會。香港的自由指數

（The Human Freedom Index 的排名）在世界高高在上。在 2019 和 2020 年排第三位，高於美國。司法獨立（World Economic Forum 的排名），排第八，亦高於美國。順帶一提，香港的醫療和教育，在世界上亦是排名高企的。所以，我們不應該輕言政府是「暴政」。我們亦不是活在「亂世」。

(2) 「公義」看似「普世」，其實並不是必然。每個人的背景都是不盡相同。所以有人的地方，便有左、中、右思想的人。這是個自然的現象。美國和英國不同的媒體的「公義」，都時有不同。美國共和黨和民主黨的「公義」亦常有爭論。英國保守黨和工黨的「公義」亦有差異。法庭內的「公義」（基於法律）和法庭外的「公義」（基於道德）亦不一定相同。不同人有不同的「公義」，亦有不同的「有些時候」。「一人有一義，十人有十義」，是古人的智慧。還有，從古今中外的歷史可以看見，昨天的「異端邪說」，可能變成今天的「普世真理」。而今天的「普世真理」，亦可能變成明天的「異端邪說」。古語有云「理無常是，事無常非」。文明的態度，是盡量不要把自己的「普世價值」自視過高，甚至強加於他人的頭上。默許暴力，把暴力合理化或者甚至鼓吹暴力，會帶來以暴易暴。跌進了暴力的漩渦，便會後患無窮，是走上無政府狀態之不歸路。遲早一天，你曾經默許或者甚至支持過的暴力，會來到你的家門之前，終於自食其果。熱血的年輕人（大多數來自草根家庭），一掉磚（甚至汽油彈）成千古恨。他們的父母真的是欲哭無淚，無語問蒼天。香港有年輕人心中的「精神領袖」，他們悉心栽培自己子女之時，卻認同他人的子女「違法達義」，甚至以「暴力達義」。但是，我們往往是看不見他們自己的子女會出來「違法達義」，更不會「暴力達義」的。最了解這些「精神領袖」真面目的人，往往便是他們自己的子女。他們的

子女，會怎樣看他們的父母呢？這個世界，因因果果。今天的因，明天的果。善哉，善哉。我們要向所有違反法律的暴力（不論「黃」或「藍」，「黑」或「白」）說不，亦向語言暴力說不。

(3) 自古以來，中國人樂於生活在上有「父母官」，下有「老百姓」，家長式的「和諧社會」（「中國模式」）。但大多數香港人追求的，是「公僕」與「公民」的關係，講「權利」與「義務」的「公民社會」（「西方模式」）。一直以來，香港是一個中、西文明「融合」的地方。但是，在中、美「冷戰」前後，香港已經成為了一個中、西文明「衝突」的地方。美國有沒有把文明衝突「武器化」？在「一國兩制」下的香港，是不是已成為了「西方模式」和「中國模式」的「冷戰」戰場？

(4) 美國是不是利用香港反對派的勢力，圖把香港變成反中的橋頭堡？美國有沒有在背後推動「佔中」（「雨傘革命」）和「反送中」活動？美國政府當然說它是沒有的。美國的「中情局」有沒有便不得而知，因為「中情局」辦事，是不承認和不留證據的。從過去幾十年「中情局」在世界各地的所作所為，是不是它有參與這些活動是不足為奇？其實，會不會它沒有參加才是奇怪？香港的傳媒大亨（黎智英）說「我很想 CIA，我很想美國影響我們……為甚麼？因為他們的支持，是我們唯一能夠撐下去！」他亦說過：「香港民眾正在同美國一道，與中國進行一場價值觀的戰爭，是在為美國而戰。」[10] 不過，這都不是重要的。因為自從八十年代之後，美國是透過「非政府組織」，尤其是「國家民主基金會」去做其政府不應該做的事。而此「國家民主基金會」是以「資助」「民主」之名在背後推動反政府活動的。根據白邦瑞（Pillsbury）（美國前國防部顧問和《2049 百年馬拉松：中國稱霸全球的秘密戰略》（*The Hundred-Year Marathon: China's Secret Strategy*

to Replace American as the Global Superpower）一書的作者）所說，美國透過「國家民主基金會」資助了香港民主數百萬美元 [11]。大家是否還記得，這個「國家民主基金會」，便是那個多年來以「民主」之名，在世界各地進行「政權轉移」之實的「非政府組織」。正如它的前主席說過：「我們今天所做的大部分工作，二十五年前是由『中情局』偷偷摸摸地做的。」最近，美國政府停止供給香港的支援 [12]。美國自己亦有「佔領」（Occupy）和「黑命攸關」（Black Lives Matter）行動。如果中國在「非政府組織」的背後出錢出力，支持美國人民的行動，美國又會如何呢？中國可不可以說因為美國國內的事是會影響中國的利益為理由而出手？如果中國在國內立法，立完《黑人人權及民主法案》，又立《美國黑人自治法案》，美國又會如何？為何美國對自己的雙重標準一次又一次的視而不見？己所不欲，勿施於人？

參考：
(1) 江涌，《誰在操縱世界的意識》，p. 152
　　劉大年，《美國侵華史》，p. 87
(2) William Engdahl, *Manifest Destiny*, p. 7
(3) William Engdahl, *The Lost Hegemon*, pp. 219-229
　　William Engdahl, *Target China*, pp. 49-56
　　Kurt Nimmo, 'US Sponsored Islamist Insurgency in Xinjiang? China Jails CIA's Uighur Imams', *Infowars*, 2014, "Left out of the Aljazeera report is the fact Uighur Muslims were present at Osama bin Laden's CIA-ISI and Saudi funded training camps in Afghanistan prior to 2001. According to journalist Eric Margolis, the CIA used third parties in the effort to train the Uighur."
　　Dave McKee, 'Why the sudden interest in the Uighurs of China's Xinjiang region?', *People's World*, April 16, 2019
　　Christina Lin, 'After Syria's partition, will Xinjiang be destabilized?', Asia Times, September 13, 2018
(4) John Prados, *Safe for Democracy*, pp. 189-201
　　Tim Weiner, *Legacy of Ashes*, pp. 349-350
　　William Engdahl, *Full Spectrum Dominance*, p. 113
　　CIA Tibetan program, *Wikipedia*
(5) William Blum, *Rogue State*, p. 5
(6) 嘉樂頓珠（Gyalo Thondup）和石文安（Anne Thurston），《噶倫堡的麵條商》（*The Noodle Maker of Kalimpong*），pp. 475-476
(7) John Prados, *Safe for Democracy*, p. 203
(8) 李敖，《陽痿美國》，p. 268，pp. 547-548
(9) William Engdahl, *Target China*, pp. 41-49
　　William Engdahl, *Full Spectrum Dominance*, pp. 109-121
　　《東方日報》，2016 年 5 月 21 日
(10) 《星島日報》，2020 年 8 月 31 日
(11) Fox News interview of Michael Pillsbury, October 20, 2014
　　"…we're partially involved. We have a large consulate there that's in charge with taking care of the Hong Kong policy act passed by congress to ensure democracy in Hong Kong. We also have funded millions of dollars in programs through the National Endowment for Democracy to help democracy in Hong Kong, so in that sense the Chinese accusation [that it's America's fault] is not totally false."
　　"The National Endowment For Democracy and Support For Democracy in Hong Kong", NED, October 14, 2014
　　Tony Cartalucci, *"US Now Admits it is Funding 'Occupy Central' in Hong Kong"*, Global Research, October 1, 2014
　　William Engdahl, *Target China*, pp. 221-224
　　Laura Ru, *Agents of Chaos. How the U.S. Seeded a Colour Revolution in Hong Kong*
(12) *The Guardian*, September 24, 2020, *South China Morning Post*, September 26, 2020

美國圍堵中國

45.1　美國集結火力，圍堵中國

美國的軍事基地和先進武器都遍佈在中國周邊。美國有兩個島鏈圍堵中國。第一島鏈是從日本到菲律賓。第二島鏈是以關島為中心。除此之外，美國還有設在夏威夷為中心的第三島鏈。美國的印太司令部，是它最大的「作戰司令部」。美國指出中國正打造一條「珍珠鏈」戰略，從中東到南海，途經緬甸、巴基斯坦、斯里蘭卡，建立基地和進行外交。美國要打散這條「珍珠鏈」。美國實行透過韓國、日本、台灣、東南亞、印度等國家制約和圍堵中國，針對中國設立「全方位的圍堵圈」。[1] 順帶一提，和中國交界的國家有十四個之多。話說美國半數之上的洲際導彈都是對準北京和中國各大城市及軍事基地。[2]

美國是不是已經在中國周邊形成了一個「完美的絞索」，要把「中國龍」困死成一條「中國蟲」？在這個情況之下，中國是不是需要建立「一帶一路」，從中亞走向歐洲？但是，美國現時在中亞的軍事基地是不是已經滿佈在「西域」？是不是只要看看地圖，便可以了解到中國想到哪處，美國便封到哪處？

45.2　南韓

美軍在南韓有多個軍事基地，駐軍約有二萬多人。美國以北韓威脅為理由，加速在東北亞地區開發戰區飛彈防衛系統。美國把設在南韓導彈的射程延長，覆蓋了中國的東北。中國認為這個「薩德反導

系統」範圍覆蓋其領土，構成大的戰略威脅，遠超出南韓防衛需求。話說此系統監測的導彈部署，包括解放軍瞄準台灣的導彈。

美國是不是以防禦北韓為名，行對抗中國之實？想當年蘇聯在古巴部署導彈，差一點兒導致一場美、蘇核子大戰。如果中國在古巴設置導彈，美國的反應又是會如何？

45.3 日本

(1) 美國總統（尼克遜／Nixon）說過：「日本越強大，亞洲就越安全。」美國企圖把日本武裝起來，以抗衡中國。此既可圍堵中國，又可以牽制日本，正是一舉兩得。美國與日本加緊「對中包圍網」。[3] 美軍在日本有一百多個軍事基地，駐軍約有五萬人。美國五個最大的海外軍事基地，其中有二個是在日本。美國的第七艦隊便是駐紮在日本的橫須賀基地。

(2) 美國樂見中、日關係緊張。日本前外交官（孫崎享／Ukeru Magosaki）說：「日本在戰後一貫持有改善與中國關係的立場。但每次，美國都會威脅日本，『如果日方期待改善與中國關係，日美關係將惡化』……」[4] 日本另外一前外交官（池田維／Tadashi Ikeda）說：「我認為現在的中國想離間日、美關係的想法很強。」[5]

若中、日處於緊張關係，美國是不是較容易操控日本？

(3) 美國的「傳統基金會」（Heritage Foundation）是美國保守派的智庫。話說它是釣魚台事件的幕後搞手。日本前外交官（孫崎享）說：「期望東亞處於緊張狀態的美國『傳統基金會』……東京都知事石原慎太郎表示要以東京都的名義購買尖閣群島／釣魚臺，立刻使中日之間緊張關係升高。其實傳統基金會才是背後的主事者。」[6]

45.4　蒙古國

蒙古國是一個既人少（大約三百萬）亦貧窮的國家。它在「冷戰」時期「一面倒」親蘇。美國的如意算盤是利用蒙古國「北抑俄羅斯，南遏中國」。美國企圖「幫助」蒙古國擺脫中國和俄國的影響。蒙古國亦樂於與美國發展關係。美國和蒙古國成立「全面夥伴關係」，又進行軍演。蒙古國更派軍參與美國在阿富汗和伊拉克的聯合部隊。美國總統（「小布殊」／ George W. Bush）在百忙中仍然抽空訪問蒙古國，正式宣佈與蒙古國確立「第三鄰國」（俄羅斯和中國以外）關係。他說「美國為能成為你們的第三鄰國而感到驕傲」！美國和蒙古國加強軍事合作，而兩國的聯合軍演亦不斷升級。蒙古國派軍人赴美國接受訓練。美國必要時可臨時進入和使用蒙古國的軍事設施。「9.11 事件」之後，蒙古國宣佈向美國開放領空等等。近年蒙古國亦成為了「北約」的「和平夥伴關係國」和「戰略夥伴關係國」。

45.5　南海：菲律賓、馬來西亞、越南

中國大半的貨運是經南海的。想當年，正如中國國防部長（耿飈）所說，南海「搶回來也守不住」。現時不同了，中國在永興島有三沙市（西沙、中沙、南沙），在永暑島有海軍基地。美國又來了。它宣稱在南海自由航行是美國的「國家利益」。美國總統（奧巴馬／ Obama）說：「試看我們在南海的行動，我們成功鼓動亞洲大部分地區孤立中國，所用手段出乎中國的意料之外，老實說，壯大我們的盟友時，我們的利益也得以維持。」[(7)] 美國挑撥離間，慫恿南亞國家與中國發生爭端。美國（麥凱恩／ McCain）直言「美國和越南有共同的利益，即遏制中國的霸權」[(8)]。菲律賓、馬來西亞、越南都宣稱在南海的島嶼有主權，它們都希望借美國之力抗衡中

國。美國國務卿（蓬佩奧／Pompeo）宣稱中國在南海的領土聲索是「完全不合法」。美國指控中國「破壞南海穩定」。

45.6 巴基斯坦

巴基斯坦是中國的鄰國，亦是中國多年來在中、南亞最重要的盟友。美國企圖透過在阿富汗的「反恐」戰爭，控制巴基斯坦。美國要求巴基斯坦參加它的「反恐」，並說如果巴基斯坦不合作，美國便會把它「炸回到石器時代」！[9] 多年來，不少巴基斯坦的軍民都是支持「塔利班」（Taliban）的。巴基斯坦政府真的是左右做人難。一方面怕美國，但同時又怕國內的反美情緒。

美國從前在巴基斯坦沒有軍事基地。由於「反恐」，現在有了。「反恐」之後，你想美國會自願放棄在中國附近的軍事基地嗎？

45.7 阿富汗

阿富汗與中國為鄰。美國入侵阿富汗之後，在阿富汗設立多個軍事基地。

45.8 中亞

(1) 中亞是中國古時的「西域」。蘇聯剛解體，美國國務卿（貝克／Baker）便說美國「必須盡我們最大限度爭取他們，以符合美國的利益」。多年之後，其國家安全顧問（伯杰／Berger）亦指出「……中亞在美國對外戰略中應是特別關注的地區」。美國一直以來都企圖在中亞建立勢力，尤其是軍事基地，早在 1999 年美國已經立法進行「絲綢之路戰略」，又在 2011 年提出「新絲綢之路」計劃，在中亞擴張其勢力，以圍堵俄羅斯和中國。[10]

(2) 美國借「反恐」的機會，先進佔阿富汗，然後從阿富汗進入中亞。美國在中亞各國設立軍事基地，包括吉爾吉斯斯坦、烏茲別克斯坦和塔吉克斯坦。美國的軍事基地已經一個接一個地在中國的「西域」建立起來了。據說美國已經在阿富汗鄰近的九個國家，建立了十三個軍事基地。美國在歐亞區已經有六十個無人機的基地了。[11] 美國在「北大西洋公約組織」的「和平夥伴」計劃下，成立了名為「中亞維和營」的聯合部隊。中亞五國同意向美國開放領空。

(3) 美國在中亞進行「輸出民主」，加強思想攻勢，例如在土耳其設立了「獨立解放電台」和「美國之音」，增設對中亞的廣播。單是「國家民主基金會」在吉爾吉斯斯坦已經有二十個「公民社會中心」。

美國的「反恐」戰爭，已經在中亞催生了演變。現時美國在中國的「西域」有這麼多軍事基地，「反恐」亦好，不「反恐」亦好，美國會放棄這些在中國「西域」的基地嗎？美國助理國務卿（鍾斯／Jones）說過：「在阿富汗衝突之後，我們是不會離開中亞的。我們在此地區有長遠計劃和利益。」[12]

45.9 「印太戰略」

美國在澳洲設立軍事基地和駐軍。日本（在中國的東面）和印度（在中國的西面）計劃推廣印度洋與太平洋的「印太」合作。美國樂見日本與印度合作，針對中國。美國更計劃把印度拉入美、日、澳同盟，形成圍堵中國的橫跨太平洋、印度洋的戰略。美國賣武器給印度，又與印度聯合軍事演習。美國企圖建立亞太版的「小北約」。[13]美國、印度、日本和澳洲（四方安全對話成員國）剛在孟加拉灣舉行首次全員參與的海上聯合軍演。

長話短說。美國在東面、北面和南面進行圍堵中國之後，又成功在西面圍堵中國。如果你是中國的領導層，你會怎樣做？如果美國又在台灣、香港、西藏和新疆武器化它的「軟實力」，你又會如何？美國的「市場部門」在鏡頭前笑談崇高的「美國價值」，但是它的「強力部門」卻在鏡頭後為了「美國利益」而靜悄悄地建立一個又一個的軍事基地把你圍堵起來，你又會如何應對？

參考：
(1) William Engdahl, *Target China*, pp. 149-154
    范亞倫（Aaron Friedberg），《美國回得了亞洲嗎？》（*A Contest for Supremacy: China, America, and the Struggle for Mastery in Asia*），pp. 134-135，p. 220
(2) 王曉德，《美國文化與外交》，p. 401
(3) 岡田充（Takashi Okada），《釣魚臺列嶼問題：領土民族主義的魔力》（尖閣諸島問題：領土ナショナリズムの魔力），p. 224
(4) 孫崎享（Ukeru Magosaki），《戰後の日美同盟真相》（戰後史の正體），p. 244
    岡田充（Takashi Okada），《釣魚臺列嶼問題：領土民族主義的魔力》（尖閣諸島問題：領土ナショナリズムの魔力），pp. 119-120
(5) 池田維（Tadashi Ikeda），《動盪的亞洲外交：一位外交官的證言》（激動のアジア外交とともに×外交官の証言），p. 190
(6) 孫崎享（Ukeru Magosaki），《戰後の日美同盟真相》（戰後史の正體），pp. 14-15
(7) Alfred McCoy, *In the Shadows of the American Century*, p. 217
(8) 王曉德，《美國文化與外交》，p. 401
(9) Oliver Stone and Peter Kuznick, *The Untold History of the United States*, p. 571
    Amin Saikal, *Zone of Crisis*, pp. 59-60, p. 80, p. 85
(10) Michel Chossudovsky, *America's "War On Terrorism"*, pp. 67-72
(11) Alfred McCoy, *In the Shadows of the America Century*, p. 38
(12) William Engdahl, *Full Spectrum Dominance*, pp. 138-139
(13) 廉德瑰，《日美同盟實相》，p. 193，pp. 209-210
     William Engdahl, *Full Spectrum Dominance*, pp. 96-98
     梅卡爾夫（Rory Medcalf），《印太競逐》（*Contest for the Indo-Pacific: Why China Won't Map the Future*），p. 39

美國打壓中國崛起

46.1　美國要繼續做「一哥」

美國是老牌大國，而中國是崛起大國。美國怕中國會挑戰它的「一哥」地位，所以便未雨綢繆，展開打壓行動。美國的「國家安全戰略」建議對中國強硬。它稱中國為「亞洲的惡霸」，指控「中國夢」會破壞「世界秩序」。美國總統（奧巴馬／Obama）一上任便宣佈「美國絕不做老二」，矛頭直指中國。美國（希拉莉／Hillary Clinton）發表文章，要「重返亞洲」和要「亞太再平衡」。特朗普（Trump）更強硬打壓中國。習近平說：「中國人不認同『國強必霸論』。」他回應「中國威脅論」時說「只有那些習慣於威脅他人的人，才會把所有的人都看成威脅」。

常言道弱國無外交，甚至遭人白眼。你還記得當年美國高官（杜勒斯／Dulles）拒絕與周恩來握手嗎？你還記得美國有四次差點兒向中國使用核武嗎？你還記得中國人被稱為「東亞病夫」嗎？世界變了。今時今日，大小各國，排隊訪京。其實，美國打壓中國是一個好現象，真是可喜可賀。正所謂樹大招風，不遭人忌是庸才！

46.2　成也石油，敗也石油！

基辛格（Kissinger）說過：「如果你控制了石油，你便控制整個國家甚或多個國家。」想當年日本偷襲珍珠港的一個主要原因，便是因為美國切斷了日本的石油供應。中國需要大量石油（佔全球消耗量的五分之一），是全球最大的石油入口國。穩定的石油供應和

安全的運輸途徑乃是中國的國家安全大事。如果石油供應出了問題，便會嚴重地傷害中國的經濟、政治和軍事。試想，如果中國沒有石油的話⋯⋯中國的主要石油供應國家，除了俄羅斯外，大多在中東和非洲。中國多年來致力與這些供應國家打好關係，同時亦與「石油之路」的路經國家打好關係。中國在中亞已經設有長長的運油管道、鐵路和道路。美國為了打壓中國，便在中國的石油「供應國」和「路經國」著手，因為如果這些國家選擇「親美」而不「親中」，中國便會麻煩了。[1]

(1) 緬甸

緬甸是中國一條重要的「石油之路」。如果中國不能用馬六甲海峽的海路，還有緬甸的陸路。中國在緬甸建造運油管（來自中東和非洲的石油）。美國要找中國麻煩，便突然之間關心起緬甸人了。[2] 美國總統（「小布殊」／ George W. Bush）說他「十分關心這個國家」。美國對緬甸實施封鎖，以打擊軍政府的管治。美國希望緬甸人民起來革命，換來一個親美的政府。美國透過其「非政府組織」如「國家民主基金會」向緬甸輸出民主。凡此種種，終於在仰光有十萬人示威。[3] 美國總統（奧巴馬）是五十多年來第一位訪問緬甸的總統。美國鼓勵緬甸與中國疏遠而改為「親美」。

緬甸真的是問題多多。古今中外，從來都是批評容易建設難。在台下，昂山素姬（Aung San Suu Kyi）大講崇高的道理，成為了民主女神。但是她卻不幸上了台，要面對和處理現實世界的問題。試問，她昨天講的和今天做的是否一致，還是判若兩人？昂山素姬昨天的光環，今天去了哪裏？

(2) 美國設立「非洲司令部」（AFRICOM）

中國幾十年來在非洲努力與各國建立友好關係。習近平強調中國與非洲建立更緊密的「中非命運共同體」過程「五不」：不

干預非洲國家內政，不干預非洲國家探索符合的發展道路，不把自己的意見強加於人，不在對非援助附加任何政治條件，不在對非投資融資中謀取政治私利。美國原本對非洲興趣不大，但是眼見中國在非洲勢力的擴大，心感不忿。美國設立「非洲司令部」，目的是在非洲重建勢力以抗衡中國的影響力，尤其是打擊中國在非洲的石油供應。[4]

(3) 蘇丹

中國和蘇丹是朋友。蘇丹給中國供應石油，中國在蘇丹有大量投資，亦是蘇丹的最大貿易夥伴。美國要求蘇丹與中國疏遠。蘇丹向美國說不（「我國總不能因為你們〔美國〕的要求而與他們〔中國〕解散」）[5]。

(4) 利比亞

利比亞（卡達菲／Gaddafi）和中國合作，供應石油給中國。中國在利比亞有大型投資項目。美國希望在利比亞搞一個「政權轉移」，以切斷中國從利比亞得到的石油供應。[6] 當「阿拉伯之春」蔓延到利比亞之際，中國和俄羅斯的原意只是支持聯合國授權「北約」在利比亞設立「禁飛區」，而不是授權美國空襲利比亞。可是，後來發生的卻是「北約」的空襲，而卡達菲亦終於慘死收場。

美國的戰略是誰給中國供應石油和讓石油路經，它便會找其麻煩。中國和美國在石油「供應」和「路經」國家的搏鬥，是不是關乎中國的盛衰，甚至生死存亡的人事？

46.3 貿易、貨幣、金融、科技和網絡戰爭

(1) 在八十年代中，日本崛起，挑戰美國。美國要「處理」日本，便和日本打了一場貿易戰爭和貨幣戰爭。終於，日本被打敗，陷入了「日圓升值蕭條」。[7] 美國似乎欲重施故技，指控人民

幣價值太低，又說中國操控匯率，向中國施壓人民幣升值。美國又向中國展開一場貿易戰，把關稅和普通商品「武器化」。美國一如既往，先打輿論戰。在美國的傳媒，開始聽到和看到類似以下的言論：美國一片好心幫助中國崛起（如支持中國入「世貿」，買中國貨），但是中國卻恩將仇報，偷走了美國的知識產權，又進行「不公平」的貿易，使到美國欠債。

日本的痛苦教訓，真是前車可鑒。中國會聽命於美國嗎？順帶一提，美國立國之後的一百年，是不是不承認其它國家的知識產權？[8] 美國是不是反而承認自己是「生而為一個仿冒國家」（born as a pirate nation）？美國是不是偷啊偷啊，偷了歐洲的知識產權長達一百年之久？

(2) 美國自從第二次世界大戰以來，便雄霸了金融世界。今時今日，雖然美國債台高築，但是美元仍然是世界貨幣。一直以來，美國以債養債，靠借新錢還舊債。這個以美元為中心的金融世界，對其它國家甚為不公平。其實，在世界其它地方已經開始了一個「非美元化」（de-dollarization）的行動。但是多年來，凡有人試圖挑戰美元地位，都是沒有好結果，包括伊拉克（薩達姆・侯賽因／Saddam Hussein）和利比亞（卡達菲）。問世間，誰膽敢不用美元為買賣或者融資的貨幣？中國人掙錢，美國人借錢。現時中國已經成為了美國頭二名最大的債主。「中國賺錢給美國用」這個現象，不能無了期繼續下去。中國（胡錦濤）呼籲建立起一個新的國際金融秩序。俄羅斯早已進行「去美元化」。中國（習近平）開始一步一步地建立起人民幣的國際市場。中國提出「一帶一路」，又成立「亞投行」。中國成立「人民幣跨境支付系統」，以應對美國所控制的「環球銀行金融電信協會」。中國提出以「黃金石油」代替「美元石油」。中國版的原油期貨在上海國際能源交易中

心掛牌交易，而這個原油期貨，是以人民幣計價和有「黃金後盾」的。中國又推出「數碼貨幣電子支付系統」。雖然人民幣僅佔國際清算的一小部分，美國已經視人民幣為美元的潛在威脅。中國現時可能只是在「美元體系」內提升人民幣的力量，既無意亦無力代替「美元體系」。但是，對美國來說，這是一件非常嚴重的事，美國是一定會盡力阻止人民幣國際化。[9]

時移世易，中國現時正所謂蹲下來美國都看到它個子高，已經不可能繼續「韜光養晦」了。美國要中國進入它主導的世界體系內，接受它定下來的「世界秩序」。美國是要中國為自己定位，跟隨當年英國和日本走過的路，安守「老二」的本分，不要妄想做「一哥」，不要和美國對著幹，不要推行人民幣國際化，不要搞「一帶一路」，不要設立「亞投行」，不要搞「中國製造 2025」，不要和伊朗合作，要聽聽話話。換句話說，中國的崛起，要「符合美國的利益」。不然的話……由於美國這個世界超級大國已經視中國為假想敵，自會到處找中國的麻煩。中國所遇到的麻煩，是不是背後大多數都有美國的影子？

(3) 當年美國財長在北京大學演說時說「購買美國公債非常安全」，引來哄堂大笑。美國今天咄咄逼人，對中國開戰，為甚麼中國遲遲未大手賣手上的美國債券或者減少買美國債券？如果中國這樣做，美元便會下跌，中國的美元儲備便會「縮水」。此起彼落，美元下跌，人民幣便會升值。後果是中國出口的貨物的價格會上升，影響中國的出口。還有，當中國不買或者減少買入美國債券時，美國可能會以加息來吸引其他買家，而加息會打擊股市和樓市，使到經濟下滑。無論如何，美元儲備是人民幣發行的重要信用基礎，所以美元儲備不宜大幅度減少。長話短說，中國跌入了這個「美元陷阱」，進退兩難。正如中國外交家（何亞非）所說：「中國在美元體系裏，

國家風險大。」想當年日本的情況與今天的中國真的是何其相似。前日本外交官（孫崎享／Ukeru Magosaki）說：「不僅僅是已經借給美國的錢有去無回，日本到目前為止的存款以及今後的存款都會流入美國，而且付諸流水的可能性極高。」⁽¹⁰⁾南韓學者（鄭必模／Pil Mo Jung），所說：「美國會因危機而損失慘重，主要是因為美國花的錢比賺的還多，當然要為此付出代價，但實際上，其他國家承受的損失與痛苦比美國還嚴重。」⁽¹¹⁾俄羅斯的普京（Putin）說過美國是世界經濟的寄生蟲。

美國是一個「金融國家」，其財技之高，使人中了招也不知，就算知道中招亦無力還手。美國利用金融手段從全球向美國轉移財富，使美元流向世界，財富流向美國。美國國債能持續擴大多久？美國是不是已經以虛擬債務征服實體經濟？但是，無中生有，是不是長治久安之策？凡事都有限度的。美國的行為，是不是遲早都會逼使中國減持美國債券？

(4) 科技戰爭

話說誰控制世界的數碼基建便誰控制世界。高科技上的壟斷地位，對美國是重要的。美國不能讓中國擺脫美國的「科技控制」。但是卻事與願違。中國在人工智能、高鐵、電子商貿、無人車等等都有騰飛的發展。中國在 5G 上的研發，已超越美國。美國唯有打壓「華為」（全球第一大通訊設備的供應商）和「中興」等中國高科技企業。美國要「清網行動」。

當美國的科技領先之時，它便大力推行「自由市場」及「自由競爭」（以便進入市場）。但是當美國的科技被超越或可能被超越時，它是不是就用政治手段來阻止自由競爭？

46.4 軍事挑釁

(1) 美國成立「太空司令部」，提出「一小時之內打擊全球任何目標」的構思，以快速戰略癱瘓目標國。美國又公佈「空海一體戰」計劃，包括「網絡化、聯合、深入打擊」。美國積極拓展在亞洲的導彈防禦系統。一旦美、中發生衝突，美國將先發制人，攻擊中國指揮中心和導彈基地。[12]

(2) 多年來，美、韓與日在中國周邊大搞軍演。美國在東北亞進行十場大規模演習。當年美國航母「華盛頓」號進入黃海，在中國的門口進行軍演。近年，美、日、印更在沖繩進行聯合軍演。最近，美國龐大的海空軍隊在南海集結、巡弋和演習。

試問，如果中國戰艦在加勒比海進行演習，美國又會有何反應？如果中國派戰機在美國附近進行偵察活動，美國又會如何？同一類性質的活動，為甚麼美國做時是天經地義，理所當然，人家做的時候，卻天理不容？

(3) 雖然中國近年來軍費開支大增，其實只是從一個低基數上追落後。今時今日，中國在軍費方面，與美國相比，可說是望塵莫及。美國智庫（蘭德／ RAND）的研究報告《同中國之戰 —— 透徹設想不可設想的》（*War with China: Thinking Through the Unthinkable*）指出美國有能力打擊中國境內的各種目標，而中國則不具備打擊美國本土的相應目標能力。美國學者（薩克斯／ Sachs）說：「美國擁有約八百個海外軍事基地，中國僅得 個小型海軍基地（位於非洲）……美國在中國周邊設有眾多軍事要點，中國在美國附近則一個也沒有。美國擁有五千八百枚核彈頭，中國只有約三百二十枚……」話雖如此，中國致力於發展「殺手鐧」技術，「以小博大」。中國聚焦打「不對稱戰事」（例如以「彈道導彈攻擊大型海面船隻」）。中國的「北斗衛星導航系統」已覆蓋全球。今時今

日的戰爭，似乎已經不再是誰的船較堅炮更利了，而是打系統科技戰（system confrontation and system destruction warfare）了。美國的軍力當然遠大於中國，但是隨著中國的進步神速，不少中美專家評估中國的軍力已經越追越接近美國。[13] 當美國取勝的機會減少，開戰的機率理應將大為降低。新舊「一哥」交替之時，往往都難免一戰（「修昔底德陷阱」／ Thucydides's Trap）。中國和美國是否真的難免一戰？面對當年落後的中國，美國在韓戰（中國剛建國，一窮二白）和越戰（中國正在「文革」中，仍然是一窮二白）都有痛苦的回憶。今時今日，美國應該是不會向中國發動軍事戰爭的。

46.5 「思想戰」：醜化，甚至妖魔化中國

(1) 美國正在一點一滴地進行「洗腦」工程，製造美國人對中國人的敵意，甚至仇恨。美國加強渲染所謂「中國威脅論」。「文明衝突論」說「中美衝突不可避免」。有一位美國高官（斯金納／ Shinner），把「文明衝突論」發揚光大，說中美關係是「全然不同文明和不同意識形態的對抗」，而中國是美國首次遇上的「非白人競爭對手」，威脅程度比「冷戰」時期尤甚。美國參議員（魯比奧／ Rubio）把中國形容為「美國從來都未曾面對過的全面威脅」。他又說：「我們必須清醒地認識到中國這個國家構成的威脅，因為我們的時間無多了。」[14] 最近美國人對華的負面看法（皮尤／ Pew）創出七成三的新高。

(2) 中國經四十年開放改革之後，帶來了高速經濟成長，可以說是給最多數的人民帶來了最大的生活改善。但是，任何改革都是要付出代價的。在開放改革期間，中國真的是問題多多（包括貪污、公義和人權），而部分中國人對社會種種問題不滿是正常之現象。美國為了搞亂中國，自然會把焦點放在中國的問

題之上，大做文章。美國將會一步一步地提出一個又一個的問題。而「新疆問題」、「西藏問題」、「台灣問題」、「香港問題」、「人權問題」等等都會成為美國醜化甚至妖魔化中國的常規工具。

美國要中國臣服，中國要美國平等。美國對中國發動「新冷戰」。面對美國一波又一波的打壓，強者遇強越強，是會化「危」為「機」，把打壓化為自強的動力。中國除了自強之外，國運亦似乎不錯。蘇聯解體之後，美國再沒有需要聯中抗蘇之時，卻發生了「9.11 事件」。美國反恐戰爭過後，可以對付中國之時，卻出現了金融風暴。美國總統（特朗普）開始打壓中國之時（包括向中國啟動貿易、科技、金融等等戰爭），卻又……

參考：
(1) William Engdahl, *Target China*, pp. 14-22
(2) William Engdahl, *Target China*, pp. 34-40
(3) William Engdahl, *Full Spectrum Dominance*, pp. 89-96
(4) William Engdahl, *Target China*, pp. 22-25
(5) William Engdahl, *Full Spectrum Dominance*, p. 102
     William Engdahl, *Target China*, pp. 14-19
     William Engdahl, *Full Spectrum Dominance*, pp. 99-105
(6) William Engdahl, *Target China*, pp. 25-28
(7) 鄭必模（Pil Mo Jung），《躁動的美元》（달러의 역설），pp. 74-75，pp. 237-240
(8) John A Rothchild, *How the United States Stopped Being a Pirate Nation and Learned to Love International Copyright, 39 Peace L. Rev. 361 (2018)*
(9) William Engdahl, *Target China*, pp. 8-13
(10) 孫崎享（Ukeru Magosaki），《戰後的日美同盟真相》（戦後史の正体），p. 330
     黃樹東，《大國興衰》，pp. 366-374
(11) 鄭必模（Pil Mo Jung），《躁動的美元》（달러의 역설），p. 20
     占豪，《從美國稱霸到中國崛起》，pp. 144-157
     Geir Lundestad, *The Rise & Decline of the American "Empire"*, p. 14
(12) 豐下楢彥（Narahiko Toyoshita），《美國主導下的尖閣問題》（「尖閣問題」とは何か），p. 245
(13) Alfred McCoy, *In the Shadows of the American Century*, pp. 243-249
(14) 葉國華，《二百年的拐點：中國和美國的回應》，pp. 102-114

美國人民：
一對九十九

47.1 美國的貧富懸殊，沒有最嚴重，只有更嚴重

(1) 古今中外，一個完美的政治制度還未曾出現。資本主義和社會主義各有長短。資本主義注重創造財富，而社會主義則注重分配資源。現今世界上大多數的制度，都是希望在資本主義和社會主義之間取得適當的平衡。美國和香港都是資本主義的地方，而香港更可以說是資本主義的模範。

(2) 在資本主義制度之下，多勞多得，富貴險中求，自然會產生貧富懸殊的現象。美國現時最富有的一個百分比，佔全國約四成的財富和五成的收入。根據美國「聯邦儲備局」的報告，十個成年人之中，有四個是拿不出四百元（除非賣東西或借貸）來應付不時之需的。美國參議員（桑德斯／Sanders）說：「美國是全球最富裕的國家。但這對大多數人民來說沒有任何意義，因為絕大多數財富都控制在很少一部分的權貴手中。」[1]
當貧富懸殊嚴重時，理論上民主政制應該會發揮其功能。因為一般社會是普通人多過有錢人，而普通人會把他們的不滿甚至憤怒，選出改革者，以減低貧富懸殊所帶來的痛苦。美國為甚麼在「一人一票」的政制之下，貧富懸殊仍是越來越嚴重，富人越來越富，窮人越來越多，甚至產生一個百分比對九十九個百分比的現象？美國為甚麼選來選去都選不出一個可以解決這個問題的總統和議會？如果選出的總統和議會都是有決心「為人民服務」的，美國集世界之精

英，人才濟濟，理應可以解決這個嚴重的貧富懸殊問題。但是，為甚麼幾十年來都沒有解決這個問題？究竟美國的政治是「有病的政治」，還是「治病的政治」？

47.2　資本主義下的民主制度，本質上是不是為資本家服務？

(1)　美式選舉，是不是「金主領導民主」？

資本主義之下所設計的政治制度，自然會對資本家較為有利。雖然形式上是一人一票，但是在美國，沒有龐大的財力是難以參選，更難以在選舉中勝出的。選舉經費，往往是以數億元計。錢又是從何而來呢？大部分的競選經費都是來自大財團，而政治獻金是沒有上限規定的（因為法庭說這會違反言論自由）。[2] 得到有錢人支持的政客一旦當選，便要「識做」，要對金主好一點。因此，權力會轉而為被金錢所影響。奧巴馬（Obama）做參議員時坦言：「競選需要電視媒體和廣告，這就需要錢，去弄錢的過程就是一個產生腐敗影響的過程。拿了錢，就要照顧金錢提供者的利益……」另一位參議員（桑德斯）亦說：「……政客將全資支持競選，亦主導競選的走向。上任官員也將完全成為富人服務的員工。這就是他們的民主觀：通過金錢收買選民，選出對自己有利的候選人。」[3] 美國學者（梅爾／Mayer）說：「美國民主的內涵並不是一人一票，而是誰有錢，誰就可以控制政黨、媒體、教育，從而控制民意。」[4]

(2)　金錢和政治「共同體」

在美國的政治體系，資本家與政府高官，基本上是我中有你和你中有我，難分難解的「共同體」。資本家真是無處不在的。資本家成立了不少「智庫」，提出政策建言，對政府訂立政策有極大的影響。資本家在大學的校董會有不少代表，他們

亦能透過給大學捐贈的手段，使「學術研究」都朝向資本家的利益方向。資本家擁有和控制傳媒，可以透過日以繼夜、夜以繼日的節目，對大眾進行「洗腦」，營造對他們有利的環境。正如美國參議員（桑德斯）所說，傳媒「控制著美國人的所見所聞」。他們「掌控著媒體、智庫、高校、政治組織，他們不知不覺地轉變著輿論和國內外政策，卻很少人發覺」。[5]

當「財團資金」和「國家機器」（有錢人和政客）「合作」之時，是不是對普通人（「民主」）非常危險？富人是否會幫富人？官商是否時常勾結？此話當真？君不見在金融海嘯之時，美國政府究竟是在救市（資本家）還是救人（普通人）？有說救市如救人。但是，官商合作的「救人」，是不是把借來的錢救還有很多錢的人？而借來的錢，是不是要由下一代的普通人來還？美國有沒有救市快而準，而救人則慢慢來？話說「金融危機後政府選擇對銀行業的救助，選擇量化寬鬆，最後的結果是美國 1% 的富人，收入增長要快於剩下 99% 的人」。[6]

(3) 錢和權的「旋轉門」

美國諾貝爾獎經濟學教授（斯蒂格利茨／Stiglitz）說：「事實上，所有參議員和大部分眾議員都是來自首一個百分比，是首一個百分比的人的金錢讓他們在任。他們也知道如果為首一個百分比的人提供服務，當他們離任時，便會得到首一個百分比的人的回報。總體而言，在主要執行部門中制定貿易及經濟政策的人也是來自那首一個百分比。」政府和企業之間的「人才旋轉門」，轉來轉去，都是同一班人。他說：「美國民主早已背離林肯『民有、民治、民享』的理想，實質上美國民主已變形為『百分之一所有、百分之一所治、百分之一所享』。」另一位諾貝爾獎經濟學者（克魯曼／Krugman）亦說過：「許

多政策制定者卸公職之後，一穿越旋轉門即投奔他們的門下，克盡犬馬之勞。」

(4) 「真民主」？

有一位美國人（道寧／Dowling）說過：「美國民主政治最大的兩個障礙：一是窮人普遍都有幻覺，以為已經擁有了民主；另一是富人的長期恐懼，擔心真的得到民主。」（"The two greatest obstacles to democracy in the United States are, first, the widespread delusion among the poor that we have a democracy, and second, the chronic terror among the rich, lest we get it."）

其實美國人究竟有沒有真正的選擇，還是選來選去都是本質上相同的政客？美國的兩大政黨，是不是只是資本家內的兩個派系？美國人的「真普選」是不是選來選去都是在「可口可樂」和「百事可樂」之中二選其一，正所謂「選誰，都差不多」？[7] 誰主白宮，華爾街式的政治體制基本上都不變。如果不是的話，為何會選來選去，十年又十年（人生有幾多個十年！），仍不但解決不了貧富懸殊這個基本的民生問題，還更使到這個問題越來越嚴重？美國立國以來，有沒有出現過有影響力而又比較照顧普通人利益的工黨或社會黨？為甚麼美國有這麼多工人，卻連一個這樣的工黨也沒有？試問，一個沒有勝算的第三個政黨，會不會得到資本家的支持？究竟資本主義和「真民主」是否可以共存？美國的選舉制度，其問題的本質，是否在於基本上這是一個為資本家（小眾）設計的民主制度？控制美國的是不是不是普通人在選舉中的「投票之手」，亦不是在自由市場中的「無形之手」，而是「軍工、金融和能源綜合體」的「隱藏之手」？

47.3 普通人說「受夠了」

勞心者治人，勞力者治於人。幾十年來，普通人相信精英的智慧、能力和良心。但是，結果是普通人貧者越貧，精英則富者越富，終於出現了一對九十九的現象。凡此種種，普通人說「受夠」了。民粹潮流出現了。普通人開始向精英說不。美國選出了特朗普（Trump），英國公投脫歐。在其它地方：法國（民族陣線）、丹麥（人民黨）、荷蘭（自由黨）、西班牙（我們能黨）等等國家都出現了民粹思潮。精英不願從上而下改革，普通人便要從下而上把他們推倒。

參考：
(1) 桑德斯（Bernie Sanders），《我們的革命》（*Our Revolution*），p. 139
(2) Edward Luce, *Time To Start Thinking*, p. 217
    Mike Lofgren, *The Deep State*, p. 63
(3) 桑德斯（Bernie Sanders），《我們的革命》（*Our Revolution*），p. 134
    Nancy Snow, *Propaganda Inc.: Selling America's Culture to the World (2nd edition)*, p. 35
(4) 梅爾（Jane Mayer），《美國金權：億萬富翁如何買下美國引以為傲的「民主政治」？》（*Dark Money: The Hidden History of the Billionaires Behind the Rise of the Radical Right*），p. 28
(5) 桑德斯（Bernie Sanders），《我們的革命》（*Our Revolution*），p. 128
(6) 金焱，《親歷美國逆轉》，p. 25
(7) Mike Lofgren, *The Deep State*, p. xii

「後美國」：
「世界一哥」不再？

48.1　「世界一哥」

第二次世界大戰之後，美國取代了英國，成為「世界一哥」。自此，美國要繼續做「世界一哥」，不容許任何國家挑戰其地位。正如美國總統（奧巴馬／Obama）所說：「我不會接受美國做老二。」[1]美國人面對任何挑戰其「一哥」地位的人，都會齊心迎頭痛擊。

48.2　七十年代的蘇聯

美軍在越南的戰場失利，在國內出現了焦躁與憤怒的一代。很多學生時常示威抗議。年輕人宣稱「要做愛，不要戰爭」。在經濟方面，通脹嚴重，美匯又下跌。美國屋漏兼逢連夜雨，氣氛真是差極了！美國總統（卡特／Carter）嘆說：「信心危機……打擊我們國家的意志、心靈和靈魂。」蘇聯曾經揚言會在 1970 或 1980 年代超越美國。美國恐怕蘇聯會取代它「一哥」的地位。但是事實證明，失落之後的美國反而變得更為堅強。結果，衰落的不是美國，而是蘇聯，後者更以解體告終。

48.3　八十年代的日本

(1) 日本人日做夜做，為工作而生活，又審慎理財。日本終於從小國變成了經濟大國。一時間，美國的大街小巷都可以見到「日本製造」的貨物。日本更成為了美國最大的債權國。成功是可

以令人有飄飄然的感覺。日本人相信他們的土地絕不會跌價。據說當時東京二十三區的總地價，可以買下整個美國。[2] 有一年，日本以一天左右買下美國一家大公司。日本的愛國人士（石原慎太郎／ Shintaro Ishihara）和（盛田昭夫／ Akio Morita），高高興興的寫了一本叫《日本可以說不》（「NO」と言える日本）的書。當時的日本，真的可以說是八面威風。

(2) 美國人擔心會淪為日本的經濟殖民地。美國怕日本崛起，挑戰其「一哥」的地位。「中情局」將日本定位為美國經濟的威脅。[3] 一時之間，「恐日症」和「日本威脅論」在美國流行起來了 [4]。美國人相信是日本人搶走了他們的工作，所以他們痛恨日本人。有一天，在底特律有個中國人（陳果仁）被憤怒的美國人誤認是日本人，遭人持球棒毆死。兇手被判守行為三年和罰款三千元。美國決心要「整頓」日本，便向日本展開貿易戰和金融戰。美國指控日本操控匯率，偷美國的技術和實行不公平貿易等等。在七十年代，日本被美國逼使其日圓升值。到了八十年代，美國經濟繼續不行，日本又再一次被迫日圓升值（「廣場協議」／ Plaza Accord）。話說日本「與美國談判時，大藏省內沒有人提出反對意見。但隨後，日圓升值超出預想……」[5]。這一件事被稱為第二次貨幣戰爭，亦被視為美國向日本投下「貨幣原子彈」和日本的「第二次戰敗」。美國指控日本經濟結構和市場閉鎖，使到美、日貿易不均衡，逼使日本進行結構改革和開放市場。[6] 據說「在這場經濟戰爭中，幾乎所有的議題都是由美國提出，由美國主導，最終都實現了美國的目的。戰爭的主動權完全在美國手中，戰爭的進程和範圍，在很大程度上取決於美國在甚麼時候提出甚麼議題」。[7] 日圓長期高企。話說是美國不容許日圓貶值的。[8] 美國透過一連串的手段，使到日本徹底屈服。

(3) 日本人樂極生悲，泡沫經濟崩壞，步入了所謂「失去的二十年」。現在，莫說第一，日本連第二也保不住。

鑒古知今。當年美國打壓日本崛起的手段，與今天美國打壓中國的手段，本質上是不是何其相似？

48.4 中國來了

中國「韜光養晦」改革四十年之後，已經「崛起」，重拾從前的光輝。今時今日「中國製造」的貨品，在世界各地可見。中國成為了世界第二大經濟體系，亦成為了美國頭二名最大的債權國。有中國人早在九十年代便急不及待地編寫了一本《中國可以說不》一書。更有學者（胡鞍鋼）發表「研究成果」，宣稱中國在經濟實力、科技實力和綜合國力都超越了美國。美國視中國為一個比蘇聯和日本更難應付的對手，積極打壓中國的崛起。所謂「中國威脅論」甚囂塵上。

有人說過中國大陸「硬實力不如美國，軟實力不如台灣」。這是不是言之有理？我們做人應有的態度，是否就算財大了也不應該氣粗，更莫說未曾財大已氣粗？不然的話，可能會樂極生悲，後悔莫及。我們在走向文明的路上，應該既不狂妄自大，亦不妄自菲薄。我們應有的態度，是人民當自強。努力，努力，再努力。把過往的屈辱，化為無盡的動力。前進，前進，再前進。為人民的幸福（包括溫飽、自由和尊嚴）搏盡無悔。我們要說不的，是向「弄虛作假」說不，向「貪污舞弊」說不，向「缺乏公德」說不，向「環境污染」說不，向「差不多先生」說不，向「炮上曬褲」（無論這件事有沒有發生過）文化說不，向「義和團」（無意貶低愛國情懷）現象（無知、自大、排外）說不。

48.5 究竟美國會不會「世界一哥」不再呢？

(1) 美國打了兩場戰爭（阿富汗及伊拉克），又爆發了一場金融海嘯，使它的元氣大傷，聲望大不如前。最近更來了一場 COVID-19 的病毒。美國債台高築很多年了。如今，美國的優勢愈來愈少了。美國總統（奧巴馬）說過：「算總帳的日子已經到了。美國人經歷了一個非常時代，一個揮霍無度地購買，拋棄金融規則和缺乏長期金融計劃的時代。現在我們終於要為自己過往的行為做一次總結算。」學者（許倬雲）說：「回顧初來美國，曾經佩服這一國家立國理想，如此崇高。在這裡客居六十年，經歷許多變化，常常感慨，如此好河山，如此多元人民，何以境況如此日漸敗壞？」[9]

(2) 美國習慣了以它為中心的「世界秩序」，時常對人指指點點。它在有求於中國時（要求中國不要拋售美國國債），還是不改一貫作風，使中國（吳儀）說：「我們今天不是來聽美國人講課的。」菲律賓總統（杜特爾特／Duterte）沒有吳儀般高雅。他出口成髒（話說他保持四十五分鐘講出四十八次婊子養的非正式記錄）。他對美國總統（奧巴馬）說出不敬之言：「他以為他是誰？我並不是美國的傀儡。我是一個主權國家的總統，而我除了菲律賓人民之外並不需要對任何人作出回應，你母親是個婊子，我會罵髒話。」他告訴美國不要把菲律賓「當狗牽著走」。他又說：「不要把我們視為擦鞋墊，因為你是會後悔的，我不會跟你說話，我可以隨時到中國。」他宣稱「美國已經失敗」，要跟美國「分道揚鑣」。[10]

美國稱霸不足一百年，會不會這麼快便踏上衰落之路？究竟美國只是一個「受了傷的巨人」，還是一隻「墜地老鷹」？面對中國之崛起，美國人除了打壓中國之外，會不會痛定思痛、發奮圖強、重振雄風？在過去的幾十年，一次又一次提出「美國衰落論」的，主要

是美國人自己。這種「成功者的危機」和「愛之深而慮之遠」之憂患意識正是美國希望之所在。此外，美國人又有頑強的鬥志。今時今日的美國精英，仍然是活力十足，有拼搏精神，敢於創新，勇於冒險。更重要的，是他們仍然是十分之愛國。試問，哪一個國家的人，是有這一種性格的？今時今日的美國人，仍然是思想無邊界，表達有自由，勇於挑戰權威。今時今日的美國人，仍然是天下無難事，有志者事竟成。今時今日的美國人，還是自信「得，仍然一定得」（"Yes we still can!"）。

參考：
(1) Alfred McCoy, *In the Shadows of the American Century*, p. 39
(2) 井上亮（Inoue Makoto），《狂潮》（熱風の日本史），p. 310
(3) 孫崎享（Ukeru Magosaki），《戰後の日美同盟真相》（戰後史の正体），p. 305
(4) Daniel Burstein, *Yen! Japan's New Financial Empire and Its Threat To America*
    Ezra Vogel, *Japan as Number One: Lessons for America*
(5) 孫崎享（Ukeru Magosaki），《戰後の日美同盟真相》（戰後史の正体），p. 287
    黃樹東，《大國興衰》，pp. 280-282
(6) 廉德瑰，《日美同盟實相》，pp. 164-165
    江涌，《誰在操縱世界的意識》，p. 497
    George Herring, *The American Century & Beyond*, pp. 485-486
(7) 黃樹東，《大國興衰》，p. 251
    趙濤，劉揮，《說透了世界貿易戰》，pp. 183-204
(8) Jeffrey Sachs, *A New Foreign Policy: Beyond American Exceptionalism*, p. 146
(9) 許倬雲，《美國六十年滄桑：一個華人的見聞》，p. 321
(10) Alfred McCoy, *In the Shadows of the American Century*, pp. 220-223

索引

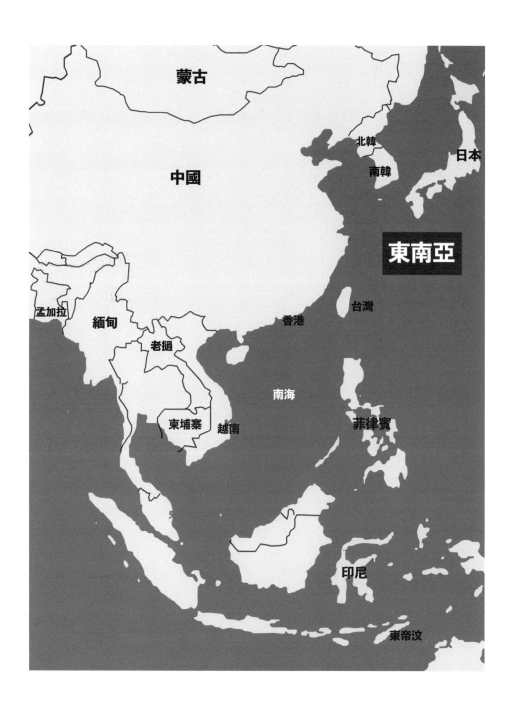

蒙古

中國

北韓

南韓

日本

東南亞

孟加拉

緬甸

老撾

台灣

香港

南海

柬埔寨

越南

菲律賓

印尼

東帝汶

288

俄羅斯

中亞及南亞

哈薩克

烏茲別克
斯坦

吉爾吉斯
斯坦

土庫曼斯坦

塔吉克斯坦

中國

伊朗

阿富汗

巴基斯坦

孟加拉

印度

俄羅斯

中東

格魯吉亞

土耳其

黎巴嫩　敘利亞

以色列
西岸，
耶路撒冷，
加沙．

約旦

伊拉克

伊朗

利比亞

科威特

巴林

埃及

沙地阿拉伯

阿拉伯
聯合酋
長國

蘇丹

也門

南蘇丹

東歐

俄羅斯

烏克蘭

克羅地亞

波斯尼亞

塞爾維亞

科索沃

格魯吉亞

希臘

土耳其

美國

墨西哥

中美洲及加勒比海

古巴

海地　多明尼加

危地馬拉

洪都拉斯

薩爾瓦多

尼加拉瓜

加勒比海

格瑞那達

巴拿馬

志海作品

中華文明圖
從中華王朝看世界
通識‧思考

陳志海

《中華文明圈》之序

　　這一本書，是從我多年前所寫的《古今中外：從中華文明看世界》一書改編而成。

　　「文化」（culture）有別於「文明」（civilization）。「文化」，是一種狀態，是並無文明與野蠻之分。而「文明」一般是指有組織的城市。人類是有了「文化」之後，然後有「文明」的。中華文明源遠流長。中華民族的血，漢中有胡，而胡中亦有漢。在中國成立王朝的胡人，最先是匈奴人。後來入主中華的胡人，主要是隋、唐時的胡（鮮卑人）漢混血兒、元朝時的蒙古人和清朝時的滿洲人。

　　自古以來，中華王朝周邊的政權，尤其是韓國、日本和越南，都引進了漢字、儒學、律令制度、漢化了的佛教、科舉制度（日本除外）、書法和建築藝術等等。中華文明已經從中國輸出到周邊的地區。一般來說，「中華文明圈」（或稱「漢字文化圈」、「儒家文化圈」、「筷子文化圈」）主要是包括東亞和南亞的國家，尤其是韓國、日本和越南。除此以外，還有散布在世界各地的「海外中華」，而在不少地方都有「唐人街」。但是，文化上的認同並不等於政治上的歸屬。中華王朝周邊的政權，是沒有一個

自願接受被中國管治的。在過去的百多年，隨著民族國家的形成，中國周邊的國家都在進行「去中國化」。現在大多數的韓國人、日本人和越南人都已經看不懂中文了。

隨著中國的再次崛起，中國成為了利益所在，世界上說華語的人（Chinese-speaking peoples）將會越來越多。由於「中國熱」（學說中文，了解中國文化），「中華文明圈」將會重回韓國、日本和越南，甚至走出亞洲。「華語世界」（Chinese-speaking world）亦將會隨著中國經濟的發展變得更大。

歷史可以利用為一件無形的武器，所以每個國家都設法「創造」出自己的歷史。一般的歷史教育其實是在宣揚民族精神，培養愛國情操。古今中外，國家歷史都是為政治服務。在各國的歷史書中，往往都可以看到美化本國和醜化鄰國的現象。其實，不論是獨裁或是民主體制的國家，都或多或少在推行「洗腦」教育，而其不同之處，只是在於程度上之大小和手法上之高低。古今中外的歷史，往往都是被「武器化」了。中國人說「滅人之國，必先去其史」。

我們對任何重要事情，都應該以比較理性及全面的角度去了解。「先有結論」，然後利用一些手法（包括以偏概全、尋章擇句、斷章取義等）去「後找理據」，是走向文明的絆腳石。如果我們（自覺或不自覺地）用這種自欺欺人的態度去「尋找真理」，我們不難從獨裁者的筆下尋找到民主、自由和法治的美麗章句；我們亦不難從殺人狂魔的口中尋找到談仁說義的詩篇。

文明的處事態度，基本上是在未有結論之前先擺事實、講道理。這看起來似乎很簡單，但實際上卻是知易行難。撫心自問，我們是不是往往都只擺自己的事實和講自己的道理，而沒有用心去了解對方所擺的事實和講的道理呢？例如，我們知不知道秦檜、吳三桂或汪精衛所擺的事實和講的道理呢？我們知不知道「台獨」、「藏獨」和「疆獨」等人士所擺的事實和講的道理呢？究竟那些否認「南京大屠殺」的日本人所擺的是甚麼事實，講的是甚麼的道理？我們知不知道日本人在釣魚台主權爭論中所擺的事實和講的道理呢？如果我們連對方所擺的事實和講的道理都不知道甚或沒有興趣去了解，那我們的「獨立思考」是沒有意義的。如果我們在未了解對方所擺的事實和講的道理之前，便對他們亂扣帽子、定黑白正邪，這種態度是不是文明的呢？在「知己」不足和缺乏「知彼」的情況下，我們可不可以真正解決問題呢？走向文明的態度，是理解別人的觀點及反省自己的立場。了解他人，才能更好地了解自己。

　　猶太人「十戒」中的不殺、不搶、不姦；孔子的「仁」和孟子的「義」；釋迦牟尼的「眾生平等」；墨子的「人無長幼貴賤」和耶穌的「愛鄰如己」等等的觀念，在二千年前已經出現了。但是，古今中外一個不幸的普遍現象，是當一個人（不管是學問高低或財富多少）面對名與利的時候，他們的核心價值便可能會開始模糊；而往往名與利越大，其核心價值便會變得越模糊。更不幸的是，有權有勢的人會透過他們的御用「專家」或「學者」發表一些似是而非的理論，以求合理化一些違反常理和常識的制度和現象，以便延續他們的既得利益。

從古書和文物中尋找真相，是一件非常困難的事。我在書中對歷史人物的評論，並無不敬之意，亦無意為任何歷史人物翻案。我只是想帶出一個訊息：世事並不是非黑即白，人亦不是非邪即正。還有，任何偉大的人物，都可能有其陰暗的一面。書中提出的問題，並不反映我的立場，其目的只是希望使讀者了解多一點事情的始末，繼而獨立地思考對與錯的問題。

　　我是個學習者，而不是學者。這一本書，並不是學術著作，而是一本為大眾而寫的書，希望增加通識，鼓勵思考。

　　本書必有錯漏，歡迎指正。如對本書有任何意見，可電郵至2008at54@gmail.com。

陳志海

All Kinds of Everything (2nd ed) 之序

history

Make no mistake. History education is a matter of national survival. It has been said: "You can wipe out an entire generation, you can burn their homes to the ground and somehow they'll still find their way back. But if you destroy their history, you destroy their achievements and it's as if they never existed." The similar old Chinese saying is "To destroy a nation, you must first destroy its history." (「滅人之國，必先去其史」)

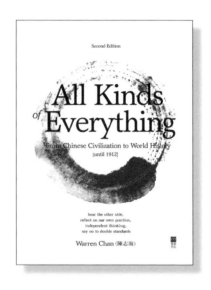

Because it is so important, history has always been treated all over the world as an essential part of national education（國民教育）. Many nations have educated their citizens to love their countries to the extent that they have to be willing to die for their countries. In order to achieve this, a little brainwashing is necessary. It is an unfortunate fact that people keep re-writing the past to control the future. As a result, history education often produces this phenomenon: "a nation is a group of people united by a mistaken view about the past and a hatred of their neighbours."

inquiry before conclusion

People tend to form their own conclusions first, very often based on their own interests, and then look for reasons to back up their conclusion（「先有結論，後找理據」）. The phenomenon of finding of arguments for a conclusion formed in advance is indeed very common. This, however, is not what a wisdom seeker, and a peace lover, should do.

hear the other side

A person who is fighting a court case naturally wants to win. He tells his lawyer the facts. Sometimes, even an honest person may not (consciously or sub-consciously) be telling the whole truth. The truth he tells may be selective, and thus misleading. Sometimes, he may even tell lies. The same thing happens to the other side. Day in and day out, lawyers are faced with conflicting stories. In determining which side is telling the truth, the judge considers the objective facts, the contemporaneous documents, the conduct of the parties, the probability of the stories and the demeanor of the witnesses. This is basically what happens in a court trial. But this approach, unfortunately, is not what happens in history education. We do not usually hear the other side. For example, Japan, Korea and Vietnam are China's neigbours. Our understanding of them basically comes from our history books.

But we seldom, if ever, read their history books. This is wrong. Any meaningful independent thinking has to be thinking out of the box.

common sense

Do not seek to find an excuse for wrongdoing by claiming that one is using present standards to judge past events. The words of wisdom of Thales ("Avoid doing what you would blame others for doing"), Confucius ("Never impose on others what you would not choose for yourself"), Siddhartha Gautama ("Hurt not others in ways that you yourself would find hurtful") and Jesus ("Do to others what you would have them do to you") were spoken some 2,000 years ago. Do we need experts to advise us that slavery and the slave trade are wrong? How come it has taken so long to abolish them? Why is the Vatican still sitting on its treasures and wealth, when so many Christians are suffering from poverty? If we judge what is right and wrong by our common sense, and less by our self-interests, we should (I dare say) have a better chance of making correct decisions. The problem is that, very often, we allow our common sense to be clouded or even blinded by self-interests.

say no to double standards

History is full of double standards. The trouble is that many people do not realize, or do not want to know, that they have often adopted double standards. Let us try to practise what we preach. We should reflect on ourselves, before we criticize others.

making the world a better place

History has been bloody. The root of human suffering is basically greed, power and lust. Despite moral and religious education, such vices cannot, and will never, be eliminated. How then, do we reduce human suffering? How do we avoid the repetitions of history? I suggest this as a starting point. Let us hear the other side. Let us reflect on what is right and wrong with more common sense, and less self-interests. Let us say no to double standards.

There is no intention to single out the West for criticisms. Hong Kong had been a haven for refugees from Mainland China, and a British colony for about 150 years. For a variety of reasons, many people tend to focus on the bright side of Western civilizations, and by the same token, the dark side of Chinese civilization. The intention here is just to tilt the balance a bit so that, hopefully, people would have a more balanced view.

This book is basically about the world outside China. My other book (《古今中外》), written in Chinese, is about Chinese civilization.

Your opinion will be appreciated. My email address is 2008at54@gmail.com.

Chan Chee-hoi, Warren

美國
另外的一面
（第三版） （從1898開始）

作者：陳志海
編輯：沈楓琪
封面設計：霧室
內文設計：4res

出版：紅出版（青森文化）
地址：香港灣仔道 133 號卓凌中心 11 樓
出版計劃查詢電話：(852) 2540 7517
電郵：editor@red-publish.com
網址：http://www.red-publish.com

香港總經銷：香港聯合書刊物流有限公司
台灣總經銷：貿騰發賣股份有限公司
地址：新北市中和區立德街 136 號 6 樓
電話：(886) 2-8227-5988
網址：http://www.namode.com

出版日期：第一版　2018 年 10 月
　　　　　增訂版　2019 年 10 月
　　　　　第三版　2020 年 12 月
ISBN：978-988-8664-82-5
上架建議：歷史
定價：港幣 100 元正／新台幣 400 元正